H alf test

진가영 영어

적중

하프
모의고사

진가영 편저

**합격,
박문각 공무원**

동영상강의 www.pmg.co.kr
네이버 카페 cafe.naver.com/easyenglish7

✎ 실제 문제와 흡사한
모의고사 문제 제공

🖥 압도적인 강의력의
저자 해설 강의 제공

📖 효율적인 학습을
위한 복습 자료 제공

이 책에
들어가기 전에

진심을 다하는 단기합격 길라잡이로서
수험생들을 위한 공무원 영어 〈진가영 영어 적중 하프 모의고사〉를 펴내며

안녕하세요, 여러분들의 단기합격 길라잡이 진가영입니다.

노량진에 와서 다년간의 수업을 통해 수험생들의 단기합격을 위해서 가장 중요한 것이 '선택과 집중'이라는 것을 알게 되었습니다. 또한 단순한 이론을 알고 있는 것과 이를 문제 풀이에 적용한다는 것은 다른 차원의 일이기에 반드시 배운 문법 이론을 실전 문제에 적용할 수 있는 훈련이 필요하다고 느꼈습니다.

특히, 여러 시행착오와 다년간 이루어진 수험생들과의 직접적인 소통을 통해 공무원 시험에서 어휘와 생활영어 그리고 문법과 독해 영역을 매일 꾸준히 연습하는 것이 성적향상의 지름길임을 경험했기 때문에 질 좋은 모의고사 문제들을 통해서 훈련은 이제 선택이 아닌 필수라고 믿습니다.

여러분들의 실질적인 성적향상을 만들어 내는 효율적인 문제 풀이 교재가 필요하다고 느꼈고, 이러한 믿음 하에 이를 위해 끊임없이 교재의 내용을 수정하며 알찬 교재를 만들고자 노력했습니다.

그리고 그 결과로 나온 교재가 바로 〈진가영 영어 적중 하프 모의고사〉입니다.

시험에 나올 수 있는 필수적인 문제를 먼저 선택과 집중으로 풀어보면서 중요한 이론을 복습하고 중요한 내용을 실전 문제와 흡사한 문제로 적용해보면서 본인의 실력이 향상할 수 있는 교재로서 여러분들의 문제 풀이 능력을 향상하는데 탁월한 교재가 될 것입니다.

〈진가영 영어 적중 하프 모의고사〉를 통해 꼭 빠른 합격을 이루시길 항상 응원합니다.
Heaven helps those who help themselves!
하늘은 스스로 돕는 자를 돕는다!

여러분들의 노력이 반드시 합격으로 이어지도록 같이 현명한 길라잡이로서 더 좋은 모습으로 수업을 통해 뵙도록 하겠습니다.

9월 노량진 연구실에서
박문각 영어 1위 진가영

이 책의
강의 계획서

강사	진가영 (박문각 영어 전임 및 대표강사, 박문각 영어 1위)
강좌	진가영 영어 하프 모의고사 [단원별 기본 문제 풀이 단계]
강의 순서	• 문제 풀이 (15분): 7시 30분 ~ 7시 45분 • 채점 및 틀린 문제 확인 (5분): 7시 45분 ~ 7시 50분 • 해설 강의 (40분): 7시 50분 ~ 8시 30분
특징 및 장점	"진가영 적중 하프 모의고사"는 공무원 영어 시험에서 가장 중요한 과정 중 하나인 문제 풀이를 하는 데 생기는 어려움을 극복하고 최대한 학습자가 쉽게 문제를 풀 수 있도록 도움을 준다. 또한, 올인원 이론 과정에서 배운 내용을 실제 기출 문제와 유사한 형태의 문제에 적용해봄으로써 배운 내용을 다시 한번 점검하고 확실하게 머릿속에 각인시키며 자신이 부족한 부분을 발견해서 부족한 부분을 즉각적으로 채워 학습의 효율성을 극대화한다.
수강 대상	• 공무원 영어 문제 풀이에 자신감을 키우고 싶은 모든 수험생 • 공무원 영어 문제 풀이를 효율적으로 배우고 싶은 모든 수험생 • 공무원 영어 이론을 단원별 문제 풀이를 통해 정리하고 싶은 모든 수험생
수업 준비물	• 하프 수업 필기 및 오답 노트 • 삼색 펜 & 형광펜
카페	http://cafe.naver.com/easyenglish7

이 책의
목차

적중 하프 모의고사

정답 및 해설

진가영 영어
적중 하프 모의고사
Half test

적중
하프
모의고사

01회~24회

01 밑줄 친 부분의 의미와 가장 가까운 것을 고르시오.

> We were horrified at the conditions prevailing in local prisons.

① logical　　　　　② implicit
③ respectable　　　④ widespread

02 밑줄 친 부분에 들어갈 말로 가장 적절한 것을 고르시오.

> She came in _____ a sweet odor of lilac.

① breaking into　　② giving out
③ letting off　　　④ standing out

03 밑줄 친 부분에 들어갈 말로 가장 적절한 것을 고르시오.

> A growing enterprise is required to have a bold and _____ leader to be successful.

① perilous　　　　② dismal
③ passionate　　　④ impoverished

04 어법상 옳지 않은 것은?

① She laughed to cover up her feeling of awkwardness.
② His intention was to depart a week earlier.
③ You seem destitute of ordinary human feelings.
④ He became solely responsibility for the firm.

05 어법상 옳지 않은 것은?

① Few writers approach to his richness of language.
② She offered us five different kinds of cakes.
③ I didn't notice him leaving.
④ Hypnosis helped me give up smoking.

06 밑줄 친 부분에 들어갈 말로 가장 적절한 것은?

> W : Hey, Mike. How's your shoulder? Are you still in pain?
> M : No, I feel totally fine, Emily. I should be ready for the table tennis tournament.
> W : That's good to hear. Then do you want to practice with me now?
> M : _____.
> W : Why not? Do you have to work on your history homework?
> M : No, I already submitted it to Mr. Jackson.

① Is that time okay for you?
② I think I'm ready for it.
③ I'm sorry but I can't right now.
④ Where's it held?

07 다음 글의 주제로 가장 적절한 것은?

In order to efficiently use and measure time, everyone in the world would like to fix noon as the time at which the sun is at its highest point in the sky. However, this seems to be impossible without the use of time zones. Since the Earth rotates at the rate of 15 degrees every hour, the sun is at its highest point in the sky at different times in the day for different countries around the globe. The idea behind time zones is that we can divide the world into 24 equal slices or zones, 15 degrees each, and adjust the clocks accordingly for each zone. We can thus preserve the need to fix noon as the time when the sun is highest in the sky for each country, and also make it easy to understand times between different zones.

① The reason why we have time zones
② The origin of dividing a day into 24 hours
③ International policies for daylight saving time
④ The advantage of using the clockwise direction

08 다음 글의 주제로 가장 적절한 것은?

The culture of consumption grew as a direct result of the process of industrialization within capitalist economies. It became increasingly necessary for manufacturers to produce and sell more and more goods to more and more people in order to guarantee their companies' profits. The success of this formula also depended on the growth of the mass market. As the general level of richness rose, there were increasing numbers of new consumers who sought new goods to reflect their improved social status. Most of them followed their "social superiors" by imitating their purchases. Everywhere, the new consumers displayed their newfound wealth and demonstrated the nature of their social ambitions through the many goods they bought.

① Ways to get wealth and happiness
② Money as the essence of capitalism
③ Various promotions to sell products
④ Advent of a mass consumption society

09 다음 글의 제목으로 가장 적절한 것은?

Almost everyday, when I start my day, I have a private ritual. First, I get up early in the morning before anyone else in my family. I use this time to stretch, have a quiet cup of coffee, read a chapter or two in my favorite book, and sometimes meditate or reflect on my life. I cherish this special ritual in my day. Obviously, everyone is different. Some people like to squeeze a little exercise into their routine. Others like to browse bookstores or have a quiet cup of coffee before work. Still others like to take a warm bath or shower at a predetermined time. The point is, it's your time — a special part of the day that is reserved for you. If your goal is to become more relaxed and happy, create an activity that is yours exclusively.

① Try to Be a Morning Person
② The Importance of Meditation
③ Rituals As Medical Treatment
④ Merits of Having Private Time

10 다음 글의 주제로 가장 적절한 것은?

The story of a drama is told by the characters. The author communicates his ideas to the audience through the actors. The actor does this through his actions and voice. He must interpret the role to the audience, and in doing so he will put his unique personality on the character. For this reason, the actor is the most important component in the drama. Unless he speaks and moves in the manner in which the imaginary character whose part he is playing would do, the story will not be clearly communicated to the audience. The audience must depend solely on the actor since there can be no reasonable explanation by the author, as we find in a novel. What the actor fails to transmit immediately is lost forever to the audience.

① 소설과 희곡의 다른 점
② 훌륭한 배우를 양성하는 과정
③ 연극에서 배우가 차지하는 중요성
④ 연극 관람 시 필요한 예절

1 단어

순번	단어	뜻	순번	단어	뜻
1	prevailing		7	let off	
2	logical		8	stand out	
3	implicit		9	passionate	
4	respectable		10	perilous	
5	give out		11	dismal	
6	break into		12	impoverished	

2 문법

순번	문장	
1	She laughed to cover up her feeling of awkwardness.	○ / ×
2	His intention was to depart a week earlier.	○ / ×
3	You seem destitute of ordinary human feelings.	○ / ×
4	He became solely responsibility for the firm.	○ / ×
5	Few writers approach to his richness of language.	○ / ×
6	She offered us five different kinds of cakes.	○ / ×
7	I didn't notice him leaving.	○ / ×
8	Hypnosis helped me give up smoking.	○ / ×

01 밑줄 친 부분의 의미와 가장 가까운 것을 고르시오.

> Silicon Valley start-ups absolutely abhor government involvement.

① detest
② tolerate
③ resign
④ sniff

02 밑줄 친 부분의 의미와 가장 가까운 것을 고르시오.

> The college counselor can amend Tim's schedule so that he has more time for his required classes.

① assess
② confirm
③ renounce
④ modify

03 밑줄 친 부분에 들어갈 말로 가장 적절한 것을 고르시오.

> She powdered her face and _____ her lipstick.

① get on
② put on
③ take after
④ get on with

04 어법상 옳지 않은 것은?

① The first edition was published in 2002.
② I had not waited long before he came.
③ I have worked with Mark in the same team for over five years.
④ The game put off because of the rain.

05 어법상 옳지 않은 것은?

① I'll wait outside until the meeting's over.
② We were given five different kinds of cakes.
③ Bad data can be resulted in bad decisions.
④ He was seen to enter the building.

06 밑줄 친 부분에 들어갈 말로 가장 적절한 것은?

> M : Mike, did you reserve a study room for our group project meeting tomorrow?
> W : I'm looking at a website to book a room. Let's book it together.
> M : Sure. Oh, only these rooms are available.
> W : Yeah. Hmm, _____.
> M : Right. We need a room big enough to accommodate six of us.
> W : Okay. Now, let's look at the times. We all agreed to meet after 1 p.m., right?
> M : Yes. Then let's skip this one.

① This event is open to anyone
② this one is too small for us
③ we have five professional certified trainers
④ I'll revise my plan

07 다음 글의 요지로 가장 적절한 것은?

Residential mobility in the United States is highly associated with freedom, opportunity, and entrepreneurship. Yet the circumstances surrounding a move make a profound difference in how it affects families, especially young children. For example, when a family moves to a new neighborhood or across the country, to allow a parent to pursue a better job, or to allow the children to attend a better school, children may benefit, even if their lives are temporarily disrupted. On the other hand, frequent moves for bad reasons, particularly if these moves also require frequent changes in schools, are more likely to have a negative impact on young children. The concepts of residential mobility and school mobility overlap significantly in the context of concern about students' welfare, in part because frequent school mobility is often brought about by family residential mobility.

① 이사를 통해 아이의 도전 정신을 길러 줘야 한다.
② 부모의 사회적 지위가 자녀의 학교 수준을 결정한다.
③ 거주 이전의 자유는 경제 사정에 의해 제한을 받는다.
④ 주변 상황에 따라 이사는 자녀에게 다양한 영향을 미친다.

08 다음 글의 제목으로 가장 적절한 것은?

Perhaps someday we will be able to read the genetic information from a plant or animal into a powerful computer which can store that information for the rest of time. Perhaps we will even develop a method of reconstituting those genes and recreating the chemicals, or even reconstitute the original plant or animal of which the information was once a part. Then we will no longer need to fear extinction; the genetic library will be safely stored in computer memories. However, that day is far in the future. We are not even close to having such capabilities today. They are centuries in the future. For now it is of great importance that we protect Earth's vast genetic library by preserving the librarians who keep that information.

① Protection of Genetic Library
② Recreating Various Chemicals
③ Collecting Genetic Information
④ Importance of Protecting Animals

09 다음 글의 제목으로 가장 적절한 것은?

Many people believe that if they stop exercising, their muscle will turn to fat. This is simply not true; neither muscle nor fat will turn into the other. Both are highly specialized kinds of tissue that play specific roles in your body. Muscles consist of spaghetti-like fibers that contain contractile proteins designed to exert force. Fat cells are round containers designed to store fat. The reason muscle grows or gets smaller is that training increases the size of muscle fibers, whereas stopping exercise reduces the size of these fibers. Fat cells, in contrast, grow in size as they store more fat due to excessive calorie intake. If, on the other hand, you use more calories than you take in, fat cells shrink. But in no case do your long, thin muscle fibers change into round masses of fat, or vice versa.

① The Best Way to Get Fit : Weight Training

② How to Make Your Body Function Properly

③ Weight Gain Comes from Excessive Calorie Intake

④ Behind the Myth that Unused Muscle Turns to Fat

10 다음 글의 주제로 가장 적절한 것은?

We all worry about getting old. We all worry about getting sick. But we really worry about losing our minds. Yes, the brain at middle age has lost a step. Our problems are not imaginary, and our worries are not unreasonable. But neuroscientists have found that the middle-aged brain actually has surprising talents. It has developed powerful systems that can cut through the intricacies of complex problems to find concrete answers. It more calmly manages emotions and information than in younger years. Indeed, one new series of fascinating studies suggests that the way our brains age may give us a broader perspective, and even be more creative. Older brains are also better at making connections. Yes, the old take longer to assimilate new information. But faced with information that relates to what they already know, their brains tend to work quicker and smarter, discerning patterns and jumping to the logical end point.

① Ways to delay brain aging

② The problems of getting old

③ Benefits of the brain with aging

④ Effects of exercise on creativity

1 단어

순번	단어	뜻	순번	단어	뜻
1	abhor		7	confirm	
2	tolerate		8	renounce	
3	resign		9	put on	
4	sniff		10	get on	
5	amend		11	take after	
6	assess		12	get on with	

2 문법

순번	문장	
1	The first edition was published in 2002.	○ / ×
2	I had not waited long before he came.	○ / ×
3	I have worked with Mark in the same team for over five years.	○ / ×
4	The game put off because of the rain.	○ / ×
5	I'll wait outside until the meeting's over.	○ / ×
6	We were given five different kinds of cakes.	○ / ×
7	Bad data can be resulted in bad decisions	○ / ×
8	He was seen to enter the building.	○ / ×

01 밑줄 친 부분의 의미와 가장 가까운 것을 고르시오.

> She is too cowardly to talk back to us.

① meticulous   ② lenient

③ gutless   ④ unbiased

02 밑줄 친 부분의 의미와 가장 가까운 것을 고르시오.

> They decided to meditate on the matter for an additional week or so.

① discard   ② aggravate

③ contract   ④ contemplate

03 밑줄 친 부분에 들어갈 말로 가장 적절한 것을 고르시오.

> The special body is also set to _____ scores of dubious suicide cases inside military barracks.

① make up to

② delve into

③ take down

④ come down with

04 어법상 옳지 않은 것은?

① He has gone to New York on business.

② Our complaint was dealt with it satisfactorily.

③ Unemployment has climbed steadily over last few months.

④ They were disposed of in diverse ways.

05 어법상 옳은 것은?

① I will undertake it on condition that you will help me.

② The mountain peaks was receded into the distance.

③ Farmers are being encouraged to diversify into new crops.

④ We often look upon death an inevitable but remote event.

06 밑줄 친 부분에 들어갈 말로 가장 적절한 것은?

> W : Honey, I'm home.
>
> M : Is everything all right? You seem low on energy.
>
> W : I am. I'm pretty burnt out.
>
> M : It's no wonder. You've been so stressed out from work these days.
>
> W : Yeah, I can't remember the last time that I really got to enjoy myself.
>
> M : You need to recharge your batteries. Why don't you spend some time alone this weekend?
>
> W : Maybe you're right. _____.
>
> M : Yes. And don't worry about the kids. I'll take care of them.

① I'm going to decorate our club's room with ribbons

② We'll help you solve these problems

③ You'll be worn out if you stick to your plan

④ I might need my own personal time

07 다음 글의 제목으로 가장 적절한 것은?

The conception of the dignity of toil did not enter into Greek philosophy. It was considered beneath the dignity of a free-born citizen to undertake manual labor, rather as in Victorian times "trade" was beneath the dignity of a gentleman. Thus, artists, who were regarded as a class of craftsmen, held no high place in the social scale. Arnold Hauser in "The Social History of Art" quotes Pultarch as saying : "No generous youth, when contemplating the Zeus of Olympia, will desire to become a Phidias." But classical scholars point out that this picture is somewhat exaggerated. The sculptor Phiidas was the friend of the great statesman Pericles. The painter Apelles and the sculptor Lysippus were court artists to Alexander the Great. The surviving anecdotes represent some of the more famous Greek artists as eccentric, men of enormous wealth, and notable for arrogance. However, by and large, the artists was treated as a mere workman.

① The Development of Aesthetic theory in Greece
② The Social Status of the Greek Artists
③ The Respect for Manual Labor in Greece
④ The Relationship of Artists with Greek Statesmen

08 다음 글의 제목으로 가장 적절한 것은?

It is necessary to be objective about games — to play every one as though it were one's last, seriously, with purpose, at full alert. The point of games is to propel oneself into a more intense mode of being. Not to play hard is to kill time. To concentrate on the game is, in a sense, to be indifferent about one's opponent or oneself. It is to refuse to be distracted by wayward passions. If an opponent plays unfairly, the sweetest revenge is not revenge but victory; one avoids striking back in kind in order to concentrate on the one thing necessary : perfect execution. Concentration on the game itself is the best safeguard against indulgence in ugly, errant passions. It is the highest form of sportsmanship. It is not so much a moral as an ontological attitude. One is not trying to "be good," but to act perfectly.

① Respect for Opponents
② Play Fair, Win a Victory
③ Devote Yourself to the Game
④ Be Confident about Your Play

09 다음 글에서 필자가 주장하는 바로 가장 적절한 것은?

Have you ever wondered what the dictionary says about the word 'life'? Here is what I found : 'Life is the quality which distinguishes an active being from a dead one.' Well, do you think this is helpful? If not, here's another definition : 'the period of usefulness of something.' If usefulness determines our being alive or dead, then it seems to me that many 'living' people are really dead. I think the most likely definition is like this : 'to spend time existing.' As far as I can see, most of us are just spending the time of our existence. Not many of us are really living a full and useful life. But I'm certain that as long as you just follow other people, you'll never truly 'live.' You have to choose for yourself and make your own life worth living.

① 말이나 글로 '삶'의 정의를 내릴 수 없다.
② '삶'에 대한 정의는 개인의 가치관에 따라 다르다.
③ 살아 있는 생명체들은 모두 가치 있는 삶을 살고 있다.
④ '삶'은 자신이 스스로 가치 있게 가꿀 때 진정한 의미를 갖는다.

10 다음 글의 주제로 가장 적절한 것은?

Some biologists are interested in how different types of animals live. They are particularly interested in why one type of animal lives a long time and another type of animal lives only a short time. Studies show that life span is related to metabolism. Metabolism is the rate at which an organism uses energy. With mammals, the larger the animal is, the longer it lives. This is because larger mammals have slower metabolisms. This is genetically true, although because of modern medicine, humans are an exception. Mammals with slower metabolisms burn energy more slowly and have slower heart rates. For example, an elephant, the largest land mammal, has a heart rate of about 30 beats per minute. An elephant lives a relatively long life of about 70 years. The tiny shrewmouse, on the other hand, has a heart rate of about 600 beats per minute. A shrewmouse has a life span of about one and a half years.

① The difference of heart rates among mammals
② The relationship between size and life span
③ The way of metabolism functions in an organism
④ The secret of relatively long life of an elephant

1 단어

순번	단어	뜻	순번	단어	뜻
1	cowardly		7	aggravate	
2	meticulous		8	contract	
3	lenient		9	delve into	
4	unbiased		10	make up to	
5	meditate		11	take down	
6	discard		12	come down with	

2 문법

순번	문장	
1	He has gone to New York on business.	○ / ×
2	Our complaint was dealt with it satisfactorily.	○ / ×
3	Unemployment has climbed steadily over last few months.	○ / ×
4	They were disposed of in diverse ways.	○ / ×
5	I will undertake it on condition that you will help me.	○ / ×
6	The mountain peaks was receded into the distance.	○ / ×
7	Farmers are being encouraged to diversify into new crops.	○ / ×
8	We often look upon death an inevitable but remote event.	○ / ×

01 밑줄 친 부분의 의미와 가장 가까운 것을 고르시오.

> He's one of the arrogant people who think that they're always right about everything.

① condescending ② debatable
③ unwieldy ④ exclusive

02 밑줄 친 부분의 의미와 가장 가까운 것을 고르시오.

> Computers may one day be able to compensate for some of the missing faculties of disabled people.

① crop up ② make up for
③ turn down ④ make out

03 밑줄 친 부분에 들어갈 말로 가장 적절한 것을 고르시오.

> She was _____ in the knowledge that time was limited.

① reconcilable ② insolvent
③ impatient ④ efficient

04 어법상 옳지 않은 것은?

① Early to bed and early to rise makes a man healthy.
② Either of these methods is successful.
③ One of the penalties of fame is loss of privacy.
④ The unemployed seeks aid from the government.

05 어법상 옳지 않은 것은?

① It is no use to dispute with him.
② I object to being treated like a child.
③ What you do is not consistent with what you say.
④ Swimming in the sea is the best kind of exercise.

06 밑줄 친 부분에 들어갈 말로 가장 적절한 것은?

> M : Front desk. How may I help you?
> W : I'm in Room 201. I specifically booked a non-smoking room, but I smell cigarette smoke in my room.
> M : We're sorry about that. Let me check that for you. You're Wendy Parker, right?
> W : Yes, that's correct.
> M : Hmm, the record says we assigned you a non-smoking room.
> W : Then why do I smell cigarette smoke here?
> M : Well, since your room is close to the ground level, cigarette smoke must have come in from outside. Sorry for the inconvenience. _____
> W : Yes, please. The smell is really bothering me.
> M : Let me first check if there are any rooms available.

① How should I know where you've left your bag?
② Could we stop by next week?
③ Would you like to switch rooms?
④ I would appreciate it if you would exchange the item.

07 다음 글에서 전체 흐름과 관계없는 문장을 고르시오.

The pull effect of a destination can be positively influenced by the introduction and reinforcement of pro-tourism policies that make a destination more accessible. ① Governments, for example, can and often do employ awareness campaigns among the resident population to promote a welcoming attitude towards visitors, in order to foster a positive market image. ② However, because such campaigns depend on widespread social engineering, and because their effects can be counteracted by random acts of violence, positive outcomes cannot be guaranteed. ③ Most governments in developing countries encourage international tourism because tourists from wealthy countries usually spend more. ④ Furthermore, it is the behaviour of some tourists, and the structure and development of tourism itself, that often generate negative attitudes within the host community. This implies that major structural changes to tourism itself, rather than awareness campaigns, may be required to foster a welcoming attitude.

* pull effect of a destination : 여행지의 유인 효과

08 다음 글에서 전체 흐름과 관계없는 문장을 고르시오.

Doubtless, the capacity for contact has a determining influence on health. People with greater capacity for contact have a stronger immune system than those less able to establish relationships with others. ① One study directly measured individuals' sociability in relation to the efficiency of their immune systems. ② Questionnaires and interviews given to 334 people examined their sociability — the quantity and quality of their relationships in everyday life. ③ Researchers didn't know how to obtain a representative sample of the population. ④ These people were then exposed to a common cold virus. It was found that the more sociable a person was, the less subject he was to contagion.

09 다음 글에서 전체 흐름과 관계없는 문장을 고르시오.

If a person constantly wiggles or bounces his or her feet or legs and suddenly stops, you need to take notice. ① This usually signifies that the individual is experiencing stress, an emotional change, or feels threatened in some way. ② Ask yourself why the person's brains kicked their survival instincts into the "freeze" mode. Perhaps something was said or asked that might lead to revealing information the person doesn't want you to know. ③ Moving the lower body means you are not anxious about something, and you can control your body movement if you are aware of that. Possibly the individual has done something and is afraid you will find him out. ④ The foot freeze is another example of responses which show the tendency of an individual to stop activity when faced with danger.

10 다음 글에서 전체 흐름과 관계없는 문장을 고르시오.

We live in a society where pets are more popular than they have ever been. The number of dogs and cats owned has doubled in the last ten years. ① In fact, more than 57 percent of American households now have at least one pet of some sort. The money spent on supplies, toys, food, and care for these pets currently totals more than $4 billion a year. ② Of that amount, $200 million is spent on grooming alone, and $400 million is spent on health care. ③ Some dogs may be very clever, and they can be trained to perform in circuses. ④ Indeed, many people are not concerned about the money spent on pets because they treat their pets just like members of the family.

04회 적중 하프 모의고사 복습 테스트

冊 ___년 ___월 ___일

1 단어

순번	단어	뜻	순번	단어	뜻
1	arrogant		7	turn down	
2	debatable		8	make out	
3	unwieldy		9	impatient	
4	exclusive		10	reconcilable	
5	compensate for		11	insolvent	
6	crop up		12	efficient	

2 문법

순번	문장	
1	Early to bed and early to rise makes a man healthy.	○ / ×
2	Either of these methods is successful.	○ / ×
3	One of the penalties of fame is loss of privacy.	○ / ×
4	The unemployed seeks aid from the government.	○ / ×
5	It is no use to dispute with him.	○ / ×
6	I object to being treated like a child.	○ / ×
7	What you do is not consistent with what you say.	○ / ×
8	Swimming in the sea is the best kind of exercise.	○ / ×

점수 |　　　　시간 |

01 밑줄 친 부분의 의미와 가장 가까운 것을 고르시오.

Police and detectives pursue and <u>apprehend</u> individuals who break the law and then issue citations or give warnings.

① exhume　　　　② stabilize
③ swear　　　　④ arrest

02 밑줄 친 부분의 의미와 가장 가까운 것을 고르시오.

He was constantly devising means to <u>alleviate</u> her sufferings from the loss of her puppy.

① complement　　　② accelerate
③ calculate　　　　④ relieve

03 밑줄 친 부분에 들어갈 말로 가장 적절한 것을 고르시오.

Investors think that market recovery may be imminent unless consumers _____ and stop spending.

① have faith in them
② be engrossed in it
③ get cold feet
④ make do with it

04 어법상 옳지 않은 것은?

① Don't talk with your eyes closed.
② He stood leaning against the wall.
③ He is reported to be killed in the war.
④ I heard the man talking about me.

05 다음 영작 중 어법상 옳지 않은 것은?

① 집에 올 때 계란 몇 개 사는 것을 기억하세요.
➡ Remember to buy some eggs when you come home.
② 그는 어떻게 영어 단어들을 발음하는지 배웠다.
➡ He was taught how to pronounce English words.
③ 그녀가 그 편지를 보낸 것은 사려 깊었다.
➡ It was considerate for her to send the letter.
④ 그는 아무리 바빠도 다른 이들에게 호의를 베풀어 준다.
➡ He is never too busy to do favors for others.

06 밑줄 친 부분에 들어갈 말로 가장 적절한 것은?

A : There is nothing to keep us apart.
B : You are really crazy about your girl friend.
A : Yeah! She is delicate and beautiful like a rose.
B : Oh, stop it! You can think what you want, though.
A : She lights up my life and...
B : Oh please! _____

① Get it off your chest.
② Enough is enough.
③ I couldn't help it.
④ It is up to you.

07 다음 글의 흐름상 가장 어색한 문장은?

There has been a recent shift in emphasis with regard to the information that manufacturers communicate to consumers — from the back to the front of the pack. This has occurred as a direct response to the type of information that people now actively seek out. ① People are more conscious about their health and want to eat more healthily. ② They are also increasingly concerned about how products are made and the nature of their ingredients and materials. ③ Food ingredients have been used for many years to preserve, flavor, blend, thicken and color foods, and have played an important role in reducing serious nutritional deficiencies among consumers. ④ Manufacturers have responded to such consumer concerns by repositioning such information where it can be most easily seen — onto the front label.

08 다음 글의 흐름상 가장 어색한 문장은?

Photos are made with light, which means the amount of light plays a big role in how your picture will appear. If it's too dark or too light when you take your picture, you won't be able to recognize anything in the photograph. ① Cameras have a variety of automatic features that control light, and they will usually help you take great pictures. ② But once in a while a photo will turn out too dark or too light. ③ You usually want to take pictures that show the emotion of that moment. ④ When this happens, you can use the simple brightness correction feature. If you move the indicator toward the plus sign, the picture will become lighter; toward the minus sign, it will become darker.

05

09 다음 글의 흐름상 가장 어색한 문장은?

Recently, one of the major changes in the U.S. college population is that there are fewer foreign students than several years ago but that more U.S. students are studying abroad. There are over half a million foreign students in colleges and universities in the United States. ① The total population of foreign students is down by 5~6 percent and the leading country of origin is India, followed by China, Korea, and Japan. ② Meanwhile, there are 175,000 U.S. students who are studying abroad, though American students typically spend much less time abroad. ③ Studying abroad can be an eye-opening adventure, where learning extends to the world beyond the classroom walls. ④ That is to show that American students studying abroad are up by 7.5 percent.

10 다음 글의 흐름상 가장 어색한 문장은?

When you buy locally grown produce or locally butchered meat, the benefits are endless. You help prevent global warming because your food doesn't travel across the country or the continent in order to reach your kitchen table. ① Buying local food keeps your money circulating in your community and also helps to make farming more profitable. ② In addition, locally grown produce is fresher, better tasting, and more nutritious than transported produce, since nutritional value starts to decline as soon as the produce is picked or harvested. ③ The produce you grow in your own yard will contain more vitamins and minerals than the produce available in grocery stores. ④ Last, by buying locally grown food, you promote your region's self-reliance and avoid supporting huge farming corporations that put their own profits over the environment.

1 단어

순번	단어	뜻	순번	단어	뜻
1	apprehend		7	accelerate	
2	exhume		8	calculate	
3	stabilize		9	get cold feet	
4	swear		10	have faith in	
5	alleviate		11	be engrossed in	
6	complement		12	make do with	

2 문법

순번	문장	
1	Don't talk with your eyes closed.	○ / ×
2	He stood leaning against the wall.	○ / ×
3	He is reported to be killed in the war.	○ / ×
4	I heard the man talking about me.	○ / ×
5	집에 올 때 계란 몇 개 사는 것을 기억하세요. ➡ Remember to buy some eggs when you come home.	○ / ×
6	그는 어떻게 영어 단어들을 발음하는지 배웠다. ➡ He was taught how to pronounce English words.	○ / ×
7	그녀가 그 편지를 보낸 것은 사려 깊었다. ➡ It was considerate for her to send the letter.	○ / ×
8	그는 아무리 바빠도 다른 이들에게 호의를 베풀어 준다. ➡ He is never too busy to do favors for others.	○ / ×

01 밑줄 친 부분의 의미와 가장 가까운 것을 고르시오.

In regions that are susceptible to electrical storms, we recommend that you plug your system into a surge suppressor.

① daring   ② vulnerable

③ equivalent   ④ affirmative

02 밑줄 친 부분의 의미와 가장 가까운 것을 고르시오.

We must not become complacent about progress.

① palpable   ② adverse

③ self-satisfied   ④ principal

03 밑줄 친 부분에 들어갈 말로 가장 적절한 것을 고르시오.

It is almost impossible to keep abreast of all the latest developments in computing.

① be acquainted with   ② get inspired by

③ have faith in   ④ keep away from

04 다음 영작 중 어법상 옳지 않은 것은?

① 날씨가 나빠서 우리는 외출할 수 없었다.
   ➡ It being bad weather, we couldn't go out.

② 그는 그렇게 취급받는 것에 반대했다.
   ➡ He objected to treating like that.

③ 그는 일을 마치고 산책하러 밖으로 나갔다.
   ➡ The work done, he went out for a walk.

④ 당신은 체온을 쟀나요?
   ➡ Have you had your temperature taken?

05 어법상 옳지 않은 것은?

① There are some guests for us to invite.

② One of the situations that make people very nervous are a job interview.

③ When overcome by excitement, people may have trouble thinking clearly.

④ Having read the article on the paper before, I know the fact a little.

06 밑줄 친 부분에 들어갈 말로 가장 적절한 것은?

W : I'm going to the mall. Do you want to tag along?

M : To tell you the truth I'm not crazy about it.

W : Why not? You usually want to go.

M : Since It's been under construction half of the stores are closed.

W : There are still a lot of stores open.

M : There aren't enough stores open for me to put up with the construction.

W : _____. I'm not going to beg you to go.

M : What time do you think You'll be home?

① Don't bother me

② Suit yourself

③ Let's have a ball

④ Just bring yourself

07 글의 흐름상 가장 어색한 문장은?

Biking is meant to be a fun and healthy experience, but in order to make it a pleasant experience, it is important to take a moment to remember safety. ① A crash or fall can occur in a split second and can happen anywhere; even in your backyard or the sidewalk around your block. ② These types of accidents can potentially have serious or fatal effects, but if you are wearing a helmet, that helmet can absorb the impact and protect your head and brain. ③ However, the limited protection offered by a helmet can easily become ineffective if a cyclist rides less carefully. ④ Governments get motivated to pass mandatory bicycle laws, which always have the effect of decreasing the number of cyclists.

08 글의 흐름상 가장 어색한 문장은?

① Scientists in search for an air-purification system for space stations have come up with one decidedly fantastic option : house-plants. ② When they placed a spider plant, golden pothos or syngonium in a chamber filled with formaldehyde gas, the most common indoor pollutant, levels of the gas were reduced by at least half within 6 hours. ③ The spider plant was the most effective air cleaner, removing more than 90% of the formaldehyde within 24 hours. ④ Formaldehyde is used to make many household products, such as paneling and particle board, and escapes from these as a colorless gas.

09 글의 흐름상 가장 어색한 문장은?

If you lead a busy life and are short of time, you may find that you are eating a full meal only about once a day. From the standpoint of health, this is a bad practice. ① You would be treating your body with more consideration if you had several small meals instead of a single big one. ② A given amount of food is used more efficiently by the body if it is spaced throughout the day rather than eaten at one setting. ③ Such symptoms are likely to occur in people who drink more than five cups of strong black coffee in a single day. ④ People who have large, infrequent meals tend to gain more weight and to have a higher level of fat in the blood than do those who eat smaller quantities at regular intervals.

10 글의 흐름상 가장 어색한 문장은?

Through various studies, it has been observed that the sense of smell is of great importance in attracting the opposite sex. ① For example, in an experiment by a research team from the University of Toronto, some men and women were put in a single room to mingle. ② After choosing an individual they felt most attracted to, the women were blindfolded and asked to smell the clothing of various men in order to find the one they felt had the "preferred" scent. ③ Before the experiment, women felt that they were attracted to handsome men who possess musky scents. ④ Putting their sense of smell to good, each woman was able to choose the same man selected during the mingling time, by olfactory skills alone.

1 단어

순번	단어	뜻	순번	단어	뜻
1	susceptible		7	adverse	
2	daring		8	principal	
3	equivalent		9	keep abreast of	
4	affirmative		10	get inspired by	
5	complacent		11	have faith in	
6	palpable		12	keep away from	

2 문법

순번	문장	
1	날씨가 나빠서 우리는 외출할 수 없었다. ➡ It being bad weather, we coudn't go out.	O / X
2	그는 그렇게 취급받는 것에 반대했다. ➡ He objected to treating like that.	O / X
3	그는 일을 마치고 산책하러 밖으로 나갔다. ➡ The work done, he went out for a walk.	O / X
4	당신은 체온을 쟀나요? ➡ Have you had your temperature taken?	O / X
5	There are some guests for us to invite.	O / X
6	One of the situations that make people very nervous are a job interview.	O / X
7	When overcome by excitement, people may have trouble thinking clearly.	O / X
8	Having read the article on the paper before, I know the fact a little.	O / X

01 밑줄 친 부분의 의미와 가장 가까운 것을 고르시오.

> He made a lot of money by living a thrifty life and known as a rich man.

① frugal
② impecunious
③ affluent
④ timid

02 밑줄 친 부분의 의미와 가장 가까운 것을 고르시오.

> They had an unquenchable thirst for information about the star.

① eloquent
② aesthetic
③ recessive
④ insatiable

03 밑줄 친 부분에 들어갈 말로 가장 적절한 것을 고르시오.

> Because sales in August _____ nearly 25% of our annual revenue, getting the right pens in stock is critical.

① carry on
② figure out
③ account for
④ depend upon

04 다음 어법상 옳지 않은 것은?

① He is diligent and so are you.
② Not until today I knew the fact.
③ No sooner had she left the place than it rained
④ There must have been a few misunderstandings then.

05 다음 영작 중 어법상 옳지 않은 것은?

① 그녀는 최선을 다해 오지 않았고 그들도 마찬가지였다.
  ➡ She has not done her best and neither they have.
② 어떤 상황에서도 다른 이들을 괴롭혀서는 안 된다.
  ➡ Under no circumstances should you harass others.
③ 빌은 열차 지연에 기분이 좋지 않았고, 나도 마찬가지였다.
  ➡ Bill wasn't happy about the train delay, nor was I.
④ 피터가 심각해 보이다니 무슨 일이 그에게 생겼음에 틀림없다.
  ➡ Something must have happened to Peter for he looks serious.

06 밑줄 친 부분에 들어갈 말로 가장 적절한 것은?

> W : My friends and I are going to hit the karaoke bar downtown tonight. You should come along.
> M : Thanks for the invite, but I think ____.
> W : Are you sure? You've been cooped up in this house all weekend.
> M : I'm positive. I can't carry a tune at all.
> W : Well, if you feel like joining us, just give me a ring.

① I might pop in later
② I will sit this one out
③ you should mind your own business
④ it won't be the same

07 다음 글의 내용과 일치하는 것은?

In Sumerian civilization marriage was already a complex institution regulated by many laws. The bride kept control of the dowry given her by her father in marriage, and though she held it jointly with her husband, she alone determined its bequest. She exercised equal rights with her husband over their children; and in the absence of the husband and a grown-up son she administered the estate as well as the home. She could engage in business independently of her husband, and could keep or dispose of her own slaves. Sometimes, like Shub-ad, she could rise to the status of queen, and rule her city with luxurious and imperious grace. But in all crises the man was lord and master. Under certain conditions he could sell his wife, or hand her over as a slave to pay his debts. The double standard was already in force : adultery in the man was a forgivable whim, but in the woman it was punished with death. She was expected to give many children to her husband and the state; if barren, she could be divorced without further reason.

① Shub-ad managed to rise to the status of a queen and rule her city.

② Both the man and the woman who committed adultery had to be put to death.

③ As the bride's father gave the dowry to the bridegroom, he had the total control of it.

④ In the absence of the husband and a grown-up son a woman couldn't possess the estate.

08 다음 글의 내용과 일치하지 않는 것은?

Hwang is one of the few Korean composers to successfully bridge the gap between tradition and modern creation. During the Korean War, he happened to hear the kayagum for the first time at a refuge in the southern port city of Pusan and was charmed. In 1954, when Hwang was a third-year high school student, he won first prize in the instrumental division of the national traditional music contest. He won the same honors again when he was a law student in the university. It was then that Hwang first began to attract widespread attention. In those days, traditional music was usually handed down from father to son, so for a law student to capture first prize in the contest was quite a revelation.

① Hwang은 전통과 현대의 조화를 모색한 작곡가이다.

② Hwang은 고등학교 때 처음 경연 대회에서 우승했다.

③ Hwang은 대학에서는 법학을 전공했다.

④ Hwang은 아버지로부터 국악을 배웠다.

09 다음 글의 내용과 가장 일치하는 것은?

The American family has also gone through many changes in the past fifty years. Primary among these changes is the current attitude about divorce, the legal end of a marriage. Until the 1960s, divorce was quite uncommon. However, in the next twenty years, there is one divorce for every two marriages. With less emphasis on tradition, on religion, and on the economic dependence of women on men, Americans seem less likely to remain in a marriage that has problems. They are not forced by economic, social, or religious pressure to keep married. Partly as a reaction to the high divorce rate, many Americans live together without being married.

① Americans' attitude toward divorce has never changed.
② In the 1980s, the divorce rate in the US reached about 20%.
③ Nothing seems to prevent the divorce rate from increasing in the US.
④ Many American women prefer to stay married due to financial reasons.

10 다음 글의 내용과 일치하지 않는 것은?

Pianist, composer, and big band leader, Claude Bolling, was born on April 10, 1930, in Cannes, France, but spent most of his life in Paris. He began studying classical music as a youth. He was introduced to the world of jazz by a schoolmate. Later, Bolling became interested in the music of Fats Waller, one of the most excellent jazz musicians. Bolling became famous as a teenager by winning the Best Piano Player prize at an amateur contest in France. He was also a successful film music composer, writing the music for more than one hundred films. In 1975, he collaborated with flutist Rampal and published Suite for Flute and Jazz Piano Trio, which he became most well-known for. He died in 2020, leaving two sons, David and Alexandre.

① Claude Bollings는 학교 친구를 통해 재즈를 소개받았다.
② Claude Bollings는 20대에 Best Piano Player 상을 받았다.
③ Claude Bollings는 성공적인 영화 음악 작곡가였다.
④ Claude Bollings는 1975년에 플루트 연주자와 협업했다.

07

1 단어

순번	단어	뜻	순번	단어	뜻
1	thrifty		7	aesthetic	
2	impecunious		8	recessive	
3	affluent		9	account for	
4	timid		10	carry on	
5	unquenchable		11	figure out	
6	eloquent		12	depend upon	

2 문법

순번	문장	
1	He is diligent and so are you.	○ / ×
2	Not until today I knew the fact.	○ / ×
3	No sooner had she left the place than it rained	○ / ×
4	There must have been a few misunderstandings then.	○ / ×
5	그녀는 최선을 다해 오지 않았고 그들도 마찬가지였다. ➡ She has not done her best and neither they have.	○ / ×
6	어떤 상황에서도 다른 이들을 괴롭혀서는 안 된다. ➡ Under no circumstances should you harass others.	○ / ×
7	빌은 열차 지연에 기분이 좋지 않았고, 나도 마찬가지였다. ➡ Bill wasn't happy about the train delay, nor was I.	○ / ×
8	피터가 심각해 보이다니 무슨 일이 그에게 생겼음에 틀림없다. ➡ Something must have happened to Peter for he looks serious.	○ / ×

점수 l   시간 l

01 밑줄 친 부분의 의미와 가장 가까운 것을 고르시오.

> A facilitator's fee of modest percentage was paid into a bank account of unknown <u>anonymity</u>.

① hospitality
② convenience
③ disrespect
④ namelessness

02 밑줄 친 부분의 의미와 가장 가까운 것을 고르시오.

> If we continue to cool these proposed boats would <u>aggravate</u> the problem and food would be even scarcer.

① curtail
② dispute
③ exacerbate
④ volunteer

03 밑줄 친 부분에 공통으로 들어갈 말로 가장 적절한 것은?

> • The military government is determined to _____ all opposition.
> • Let me _____ your address in this form.

① put down
② drop by
③ fill up
④ abide by

04 다음 영작 중 어법상 옳지 않은 것은?

① 그가 지금 나와 함께 있다면 좋을텐데.
  ➡ I wish he had been with me now.
② 그는 나보다 나이가 두 살 더 많다.
  ➡ He is senior to me by two years.
③ 그가 그 일을 혼자의 힘으로 했을 리가 없다.
  ➡ He cannot have done it by himself.
④ 그녀는 그 영수증을 보관했어야 했다.
  ➡ She should have kept the receipt.

05 다음 중 문법적으로 틀린 것은?

① Had I not been busy, I would have gone there.
② With a rich sponsor, he could have succeeded.
③ The greater your sense of humor you have, the more ideas you will have.
④ The tasks confronting him is different from that facing his predecessor.

06 밑줄 친 부분에 들어갈 말로 가장 적절한 것은?

> A : I'd like to introduce Jake Suh. He's going to join our family.
> B : Hello. I'm honored to be a member and work with you all.
> A : Let's give Mr. Suh a warm welcome and help him adjust to the job.
> B : I'd appreciate it. I'll try to _____.

① get something off my chest soon
② get the hang of things quickly
③ have it out with everyone surely
④ make it up with everyone later

07 다음 글의 내용과 일치하지 않는 것은?

In the seventeenth and eighteenth centuries, the British East India Company had the mother-of-all strategic positions. The company made today's Microsoft look like a timid mom-and-pop shop by comparison. It completely monopolized trade in four countries, had worldwide interests ranging from coffee and woolens to opium, had its own private army and navy, was empowered by the crown to declare war when its business interests were threatened, and effectively ruled over a fifth of the world's population. The British East India Company surely would have been at the top of any "most admired (and feared) companies" list in its day. Yet, despite all its economies of scale and scope, its barriers to competition, its privileged relationships, and its many core competencies (such as brutally oppressing the natives), during the nineteenth century, its massive wall of competitive advantage crumbled in the face of technological innovation and the entry of new competitors, and in 1873, the company went out of business. Although the British East India Company had a good, long run, in the end, the world changed and it didn't.

① Technological innovation was one of the factors that caused it to collapse.

② Its scale was much larger than that of today's Microsoft.

③ It would have been the most admired and feared company in its day.

④ It had to get permission from the crown if it was to declare war.

08 다음 글의 내용과 일치하지 않는 것은?

Without guidance from their teacher, students will not embark on a journey of personal development that recognizes the value of cooperation. Left to their own devices, they will instinctively become increasingly competitive with each other. They will compare scores, reports, and feedback within the classroom environment—just as they do in the sporting arena. We don't need to teach our students about winners and losers. The playground and the media do that for them. However, we do need to teach them that there is more to life than winning and about the skills they need for successful cooperation. A group working together successfully requires individuals with a multitude of social skills, as well as a high level of interpersonal awareness. While some students inherently bring a natural understanding of these skills with them, they are always in the minority. To bring cooperation between peers into your classroom, you need to teach these skills consciously and carefully, and nurture them continuously throughout the school years.

① Teachers should guide students to learn the value of cooperation.

② Students will behave in the classroom as they do in sports.

③ Students innately know well that cooperating is valuable.

④ Only a few students understand the need of social skills in a successful group.

09 다음 글의 내용과 일치하지 않는 것은?

Patricia Bath spent her life advocating for eye health. Born in 1942, she was raised in the Harlem area of New York City. She graduated from Howard University's College of Medicine in 1968. It was during her time as a medical intern that she saw that many poor people and Black people were becoming blind because of the lack of eye care. She decided to concentrate on ophthalmology, which is the branch of medicine that works with eye diseases and disorders. As her career progressed, Bath taught students in medical schools and trained other doctors. In 1976, she co-founded the American Institute for the Prevention of Blindness (AiPB) with the basic principle that "eyesight is a basic human right." In the 1980s, Bath began researching the use of lasers in eye treatments. Her research led to her becoming the first African-American female doctor to receive a patent for a medical device.

① It was in the Harlem area of New York City where she grew.

② During her college days, she began to take an interest in eye care.

③ After her career about ophthalmology stored up, she taught students in medical schools.

④ AiPB was based on the basic principle that "eyesight is a basic human right."

10 다음 글의 내용과 일치하지 않는 것은?

Organisms living in the deep sea have adapted to the high pressure by storing water in their bodies, some consisting almost entirely of water. Most deep-sea organisms lack gas bladders. They are cold-blooded organisms that adjust their body temperature to their environment, allowing them to survive in the cold water while maintaining a low metabolism. Many species lower their metabolism so much that they are able to survive without food for long periods of time, as finding the sparse food that is available expends a lot of energy. Many predatory fish of the deep sea are equipped with enormous mouths and sharp teeth, enabling them to hold on to prey and overpower it. Some predators hunting in the residual light zone of the ocean have excellent visual capabilities, while others are able to create their own light to attract prey or a mating partner.

① Most deep-sea organisms do not have a bladder.

② Deep-sea organisms are cold-blooded organisms that adjust their body temperature to the surrounding environment.

③ Deep-sea organisms need a lot of energy to survive at low temperatures.

④ Deep-sea organisms have huge mouths and sharp teeth to control their prey.

08

1 단어

순번	단어	뜻	순번	단어	뜻
1	anonymity		7	dispute	
2	hospitality		8	volunteer	
3	convenience		9	put down	
4	disrespect		10	drop by	
5	aggravate		11	fill up	
6	curtail		12	abide by	

2 문법

순번	문장	
1	그가 지금 나와 함께 있다면 좋을텐데. ➡ I wish he had been with me now.	○ / ×
2	그는 나보다 나이가 두 살 더 많다. ➡ He is senior to me by two years.	○ / ×
3	그가 그 일을 혼자의 힘으로 했을 리가 없다. ➡ He cannot have done it by himself.	○ / ×
4	그녀는 그 영수증을 보관했어야 했다. ➡ She should have kept the receipt.	○ / ×
5	Had I not been busy, I would have gone there.	○ / ×
6	With a rich sponsor, he could have succeeded.	○ / ×
7	The greater your sense of humor you have, the more ideas you will have.	○ / ×
8	The tasks confronting him is different from that facing his predecessor.	○ / ×

01 밑줄 친 부분의 의미와 가장 가까운 것을 고르시오.

> After I stopped drinking, I have never had any health problems. I really feel good in my <u>sobriety</u>.

① temperance   ② concern
③ solicitude   ④ disrespect

02 밑줄 친 부분의 의미와 가장 가까운 것을 고르시오.

> Following the speech, Pakistan's parliament criticized the Pope for making '<u>derogatory</u>' comments and demanded that he retract them 'in the interest of harmony between religions'.

① feasible   ② pejorative
③ fleeting   ④ desirous

03 밑줄 친 부분의 의미와 가장 가까운 것을 고르시오.

> I don't <u>see eye to eye</u> with him and he's hard to work with.

① quarrel   ② evoke
③ muffle   ④ agree

04 어법상 옳지 않은 것은?

① He has ten times as many books as I have.
② He paid off his loan as soon as possible.
③ The harder you try, sooner you will pass.
④ Steve's house is as luxurious as Peter's.

05 어법상 옳지 않은 것은?

① Never have I met such a generous man before.
② On top of the mountain stand many monuments.
③ Mike's grades have improved, and so has mine.
④ Only in this way you can solve these problems.

06 밑줄 친 부분에 들어갈 말로 가장 적절한 것은?

> A : I was just going to call you.
> B : Oh, What's on your mind?
> A : I plan to make cake this Christmas.
> B : I feel I need to remind you that you burned your last cake.
> A : Hey, it wasn't that bad, was it?
> B : _____. I love your cooking.
> A : But...
> B : Cakes are just not your specialty.

① Don't jump the gun
② Don't get me wrong
③ Don't look the other way
④ Don't beat around the bush

07 다음 글의 내용과 일치하지 않는 것은?

Many marine species including oysters, marsh grasses, and fish were deliberately introduced for food or for erosion control, with little knowledge of the impacts they could have. Fish and shellfish have been intentionally introduced all over the world for aquaculture, providing food and jobs, but they can escape and become a threat to native species, ecosystem function, or livelihoods. Atlantic salmon are reared in ocean net-pens in Washington State and British Columbia. Many escape each year, and they have been recovered in both saltwater and freshwater in Washington State, British Columbia, and Alaska. Recreational fishing can also spread invasive species. Bait worms from Maine are popular throughout the country. They are commonly packed in seaweed which contains many other organisms. If the seaweed is discarded, it or the organisms on it can colonize new areas. Fishing boots, recreational boats, and trailers can pick up organisms at one location and move them elsewhere.

① Many marine species have been introduced for use as food or to prevent erosion.

② Fish and shellfish introduced for aquaculture provided food and jobs.

③ Fish and shellfish that had been farmed escaped the fish farm, causing damage to native species and ecosystems.

④ Bait bugs from Maine are invasive species that become a threat to native species.

08 다음 글의 내용과 일치하지 않는 것은?

When trying to sustain an independent ethos, cultures face a problem of critical mass. No single individual, acting on his or her own, can produce an ethos. Rather, an ethos results from the interdependent acts of many individuals. This cluster of produced meaning may require some degree of insulation from larger and wealthier outside forces. The Canadian Inuit maintain their own ethos, even though they number no more than twenty-four thousand. They manage this feat through a combination of trade, to support their way of life, and geographic isolation. The Inuit occupy remote territory, removed from major population centers of Canada. If cross-cultural contact were to become sufficiently close, the Inuit ethos would disappear. Distinct cultural groups of similar size do not, in the long run, persist in downtown Toronto, Canada, where they come in contact with many outside influences and pursue essentially Western paths for their lives.

① Culture needs a certain number of people to maintain independent ethos.

② Individuals who act alone cannot create ethos

③ The Inuit are a group of about 24,000 people living in Canada.

④ The ethos of the Inuit disappeared due to close intercultural contact with Canadians.

09 bush cricket 관한 다음 글의 내용과 일치하는 것은?

There are around 6,800 different bush cricket species, found in many different parts of the world. Although they look very similar to grasshoppers, bush crickets can usually be distinguished from them by the length of their antennae, which are typically longer than the body. Indeed, these creatures used to be known as "long-horned grasshoppers," due to their long, thread-like antennae, but bush cricket is actually a more appropriate name, clearly distinguishing them from their grasshopper cousins. Just four weeks after becoming an adult, the female begins egg-laying, which continues throughout the cricket's brief life of just four to six months. While most species eat a variety of plant matter, some are accomplished predators, preying on anything they can catch and kill, including other insects. Although most bush crickets have little economic significance, on rare occasions a few species can become numerous enough to become a major agricultural pest.

① They often cause serious damage to the crops.
② In general, their body is longer than their antennae.
③ Just four months after becoming an adult, the female begins egg-laying.
④ Some of the species are carnivorous, while most species are herbivorous.

10 다음 글의 내용과 일치하지 않는 것은?

Chomsky has written on most things it seems; but what he has concentrated on most is the United States. His view of the last remaining superpower can hardly be described as flattering. For instance, the international system he believes is an American creation. This system is not a benign one. That far from representing a force for good in the world, the USA is an aggressive and ruthless hegemon whose principal aim has always been to make the world safe for the multinationals. Moreover, even when it does promote moral policies such as democracy and human rights it only does so for self-interested reasons. Furthermore, whatever its own citizens might think, the United States is an empire one of whose great successes has been to convince the world—not to mention itself—that it is not an empire! Naturally, like any good radical, Chomsky sees no divide between foreign policy and domestic politics; thus the former he argues can be used to frame and discipline what is discussed at home; and what is discussed at home will always be conditioned by the interests of an elite keen to export American values to the rest of the world.

① The United States rules the current international system at her will.
② The hidden reason why USA promotes moral policies is for US interest.
③ USA has favorable policies toward U.S. multinational corporations.
④ There is no difference between foreign policy and domestic politics.

09

1 단어

순번	단어	뜻	순번	단어	뜻
1	sobriety		7	fleeting	
2	concern		8	desirous	
3	solicitude		9	see eye to eye	
4	disrespect		10	quarrel	
5	derogatory		11	evoke	
6	feasible		12	muffle	

2 문법

순번	문장	
1	He has ten times as many books as I have.	○ / ×
2	He paid off his loan as soon as possible.	○ / ×
3	The harder you try, sooner you will pass.	○ / ×
4	Steve's house is as luxurious as Peter's.	○ / ×
5	Never have I met such a generous man before.	○ / ×
6	On top of the mountain stand many monuments.	○ / ×
7	Mike's grades have improved, and so has mine.	○ / ×
8	Only in this way you can solve these problems.	○ / ×

01 밑줄 친 부분의 의미와 가장 가까운 것을 고르시오.

> He said that the local marshals were more officious than the New York police.

① gregarious
② inanimate
③ ineffective
④ meddlesome

02 밑줄 친 부분의 의미와 가장 가까운 것을 고르시오.

> We are living in the era of nanoseconds where yesterday's new technologies are already obsolete today.

① outmoded
② significant
③ rebellious
④ sporadic

03 밑줄 친 부분의 의미와 가장 가까운 것을 고르시오.

> The 1980s witnessed the explosive resurgence of a historic American urban social problem : children and youth gangs.

① defection
② paucity
③ comeback
④ obligation

04 어법상 옳지 않은 것은?

① I was never aware of what the situation would be like.
② I have a lot of friends, some of them were doctors.
③ He lowered his voice for fear he should be overheard.
④ English is believed to be hard to learn, but it's not.

05 다음 영작 중 어법상 옳지 않은 것은?

① 그는 아팠는데도, 약속을 지켰다.
➡ Sick as he was, he kept his appointment.
② 사건이 일어난 곳은 바로 이 방이었다.
➡ It was in this room that the incident took place.
③ 남에게 들키지 않도록 변장하고 나갔다.
➡ I went out in disguise, for fear someone should recognize me.
④ 그는 감옥에 있을 때 어떤지를 몰랐다.
➡ He didn't know how it was like to be when he was in prison.

06 밑줄 친 부분에 들어갈 말로 가장 적절한 것은?

> A : He has the whole world against him now!
> B : What's the matter with him?
> A : He gambled all his fortune away.
> B : _____
> A : Why don't you help him once more?
> B : What? Look, I have enough problems of my own right now. OK?

① Not that I know of.
② That's a steal.
③ I have a hangover.
④ It serves him right.

07 다음 글의 빈칸 (A), (B)에 들어갈 말로 가장 적절한
것은?

The geographical diversity of the value given to metals and fuels has been reduced by modern communication systems and expanding world trade. Generally the global value of such resources is determined by the demands and technologies of advanced nations. _(A)_ , there is much less international consensus over the assessment of environmental resources such as air, landscapes, wilderness areas or plant species. To a Brazilian peasant farmer, for example, the tropical rain forest may simply be an obstacle which must be removed before the valued resource, land, can be utilized. The notion that the forest itself is a vital resource, either through its contribution to the global carbon cycle or because of the diversity of tropical forest species, is unlikely to mean much to the farmer. _(B)_ , the long-term possibilities of global warming of the climate are of little concern to those living on the edge of starvation.

	(A)	(B)
①	However	On the contrary
②	However	Similarly
③	In other words	Moreover
④	In other words	Nonetheless

08 다음 글의 빈칸에 들어갈 말로 가장 적절한 것은?

For a decade or more, researchers have pursued the hypothesis that some television viewers are addicted to watching. But only this year have a handful of studies produced the strongest evidence that some compulsive viewers are indeed addicted under standard diagnostic criteria. The studies _____ shed new light on more ordinary viewing habits, showing that people who are emotionally dependent on television simply represent extremes of behavior seen from time to time in most viewers.

① also   ② as a result

③ therefore   ④ however

09 다음 글의 빈칸 (A), (B)에 들어갈 말로 가장 적절한 것은?

Reconstructing the skeletons of extinct animals from their fossil bones is a challenging and exacting science. Fossil bones almost never survive unbroken. When found, the bones of one animal may be scattered far and wide. __(A)__ , bone fragments of several animals may come to rest in the same riverbed or sandbar, and careful efforts must be taken not to mismatch them. __(B)__ , paleontologists must spend years studying the skeletons of living animals, documenting their forms and functions, and comparing structural details of related creatures before attempting to assemble a museum display. A collection of fossils, however fascinating, reveals its true worth only when assembled by a dedicated expert.

	(A)	(B)
①	However	Accordingly
②	However	In fact
③	Furthermore	Likewise
④	Furthermore	Accordingly

10 다음 글의 빈칸 (A), (B)에 들어갈 말로 가장 적절한 것은?

Sometimes, journalists see and must report about terrible events. Of course, journalists try to be "objective" about these situations and just report the facts. __(A)__ , these events do have an effect on journalists emotionally. If journalists see too many of these kinds of events, they could develop emotional problems. __(B)__ , some newspapers and television stations hire psychologists to help journalists deal with their emotions after reporting terrible events.

	(A)	(B)
①	In addition	For instance
②	However	For this reason
③	For example	However
④	However	For example

1 단어

순번	단어	뜻	순번	단어	뜻
1	officious		7	rebellious	
2	gregarious		8	sporadic	
3	inanimate		9	resurgence	
4	ineffective		10	paucity	
5	obsolete		11	predator	
6	significant		12	obligation	

2 문법

순번	문장	
1	I was never aware of what the situation would be like.	O / ×
2	I have a lot of friends, some of them were doctors.	O / ×
3	He lowered his voice for fear he should be overheard.	O / ×
4	English is believed to be hard to learn, but it's not.	O / ×
5	그는 아팠는데도, 약속을 지켰다. ➡ Sick as he was, he kept his appointment.	O / ×
6	사건이 일어난 곳은 바로 이 방이었다. ➡ It was in this room that the incident took place.	O / ×
7	남에게 들키지 않도록 변장하고 나갔다. ➡ I went out in disguise, for fear someone should recognize me.	O / ×
8	그는 감옥에 있을 때 어떤지를 몰랐다. ➡ He didn't know how it was like to be when he was in prison.	O / ×

11회 적중 하프 모의고사

진가영 영어

01 밑줄 친 부분의 의미와 가장 가까운 것을 고르시오.

> If you <u>disparage</u> someone or something, you speak about them in a way which shows that you do not have a good opinion of them.

① belittle   ② squander

③ mock   ④ construe

02 밑줄 친 부분의 의미와 가장 가까운 것을 고르시오.

> When you see a good man, try to <u>emulate</u> his example, and when you see a bad man, search yourself for his faults.

① imitate   ② announce

③ divide   ④ excruciate

03 밑줄 친 부분에 들어갈 말로 가장 적절한 것을 고르시오.

> He said people do not _____ him for being different; they admire him for having extra fingers and toes.

① come under fire   ② probe into

③ fritter away   ④ make fun of

04 어법상 옳지 않은 것은?

① You can give it to whoever you think is honest.

② He didn't say a word, that made her irritated.

③ He wanted to marry her, which was impossible.

④ She never listened to the advice which I gave to her.

05 어법상 옳지 않은 것은?

① The population of Korea is much larger than that of Philippines.

② The reason he has been such a success is that he never gives up.

③ The extent which the policy had promoted our interests was questionable.

④ Is the climate of Italy somewhat like that of Florida?

06 밑줄 친 부분에 들어갈 말로 가장 적절한 것은?

> A : So how did you do at your job interview?
> B : I haven't heard the results.
> A : Are you nervous?
> B : I'm _____.
> A : Was the interview tough?
> B : Mainly stressful, but not really that tough.

① on pins and needles

② out of order

③ taking the lead

④ out of the question

07 다음 글의 빈칸 (A), (B)에 들어갈 말로 가장 적절한 것은?

Your expectations are likely to influence your perceptions of people with whom you interact. Most people have a tendency to expect positive behaviors from people they like and respect, and negative behaviors from people they could easily live without. __(A)__ suppose that, as you are walking down the street, you come across someone you know. That individual, rather than smiling and greeting you, instead looks the other way and passes silently by. If this is a person you admire, you might perceive the individual to be deep in thought and therefore not paying any attention to other pedestrians on the street. __(B)__ if you dislike the person, you might interpret the behavior as an inappropriate demonstration of arrogance and elitism. It is extremely difficult for you to perceive people objectively, particularly if you have expectations — based on your past experiences — about how those people are likely to be.

	(A)	(B)
①	For example	On the other hand
②	For example	As a result
③	By contrast	As a result
④	By contrast	In other words

08 다음 글의 빈칸에 들어갈 말로 가장 적절한 것은?

Those who hold political office want people to cooperate by participating in personally costly acts ranging from paying taxes to fighting in wars. Further, it is equally important for people to actively participate in society in ways that are not required, such as by voting, by maintaining their communities through working together to deal with community problems, and by otherwise helping the polity to thrive. _____ understanding how to motivate cooperation is central to political scientists, leading to an interest in exploring why people do or do not have trust and confidence in the government.

① Strange to say
② In spite of this
③ For these reasons
④ Contrary to popular belief

09 다음 글의 빈칸 (A), (B)에 들어갈 말로 가장 적절한 것은?

In the early 1900s, Henry Ford created the assembly line so that mass consumerism could take place — uniformly. Thousands of workers produced one black car, millions and millions of times. There were few options to consumers. ___(A)___, today's coffee shops are governed by the idea that people make choices — in their coffee, their milk, their sweetener — and that the more choices people have, the greater satisfaction they feel. They are successful because they can offer all things to all people. ___(B)___, whereas in the Ford economy the masses were served by many people working to make one, uniform product, in the coffee shop economy, the masses are served by a few people working to make thousands of customized products.

	(A)	(B)
①	By contrast	In other words
②	By contrast	Nevertheless
③	Similarly	In other words
④	Moreover	Nevertheless

10 다음 글의 빈칸 (A), (B)에 들어갈 말로 가장 적절한 것은?

Progress is a very recent invention. In the age of Queen Elizabeth and William Shakespeare, people believed that the humankind was in a state of chronic decay. ___(A)___ printing, the compass and gunpowder, the earlier world was considered to be the riper. Those who actually lived through what we have learned to regard as one of the most brilliant and progressive epochs of all history regarded themselves as men of decadence. We, ___(B)___ regard ourselves as men of the dawn and the threshold, an army in advance, not in retreat. It remains to be seen what the judgment of future historians will be.

	(A)	(B)
①	Regardless of	in other words
②	In spite of	on the contrary
③	Instead of	in other words
④	Thanks to	for example

1 단어

순번	단어	뜻	순번	단어	뜻
1	disparage		7	divide	
2	squander		8	excruciate	
3	mock		9	make fun of	
4	construe		10	come under fire	
5	emulate		11	probe into	
6	announce		12	fritter away	

2 문법

순번	문장	
1	You can give it to whoever you think is honest.	○ / ×
2	He didn't say a word, that made her irritated.	○ / ×
3	He wanted to marry her, which was impossible.	○ / ×
4	She never listened to the advice which I gave to her.	○ / ×
5	The population of Korea is much larger than that of Philippines.	○ / ×
6	The reason he has been such a success is that he never gives up.	○ / ×
7	The extent which the policy had promoted our interests was questionable.	○ / ×
8	Is the climate of Italy somewhat like that of Florida?	○ / ×

01 밑줄 친 부분의 의미와 가장 가까운 것을 고르시오.

> You may have heard about the prodigal son dissipated his father's fortune and returned home penniless.

① extravagant   ② obsequious

③ pernicious   ④ notorious

02 밑줄 친 부분의 의미와 가장 가까운 것을 고르시오.

> Almost all ancient maps, even including those published in Japan, corroborate the fact that Dokdo belongs to Korea.

① oppress   ② authenticate

③ assimilate   ④ embarrass

03 밑줄 친 부분에 들어갈 말로 가장 적절한 것을 고르시오.

> The river became too narrow and _____ to navigate.

① secretive   ② firm

③ shallow   ④ concurrent

04 어법상 옳지 않은 것은?

① Sheila is an English teacher who voice is very husky.

② As is often the case with him, he went out for a walk.

③ He returned to the village which he had left penniless.

④ He gave a promotion to a man who he thought was diligent.

05 어법상 옳지 않은 것은?

① Can you talk her out of her foolish plan?

② Two girls of an age are not always of a mind.

③ He died at the age of 70, friendless and no money.

④ You can see me from 10 an to 2 pm on Sundays.

06 밑줄 친 부분에 들어갈 말로 가장 적절한 것은?

> A : When are we going to arrive?
>
> B : We'll arrive at Hochimin about 2:30 p.m.
>
> A : Is that the local time? I didn't adjust my watch yet.
>
> B : Right. It's the local time. It's two hours earlier than where we left.
>
> A : Okay. Then, it takes about six hours to get to the destination from the city we left.
>
> B : That's correct.
>
> A : _____
>
> B : Many people say the similar thing.

① That's way farther than I imagined before.

② You should fill out the form before we arrive.

③ I make it a rule to wear a watch while traveling.

④ Since our flight was delayed, we'll arrive by 4:00.

07 다음 글의 빈칸에 들어갈 말로 가장 적절한 것은?

Shared and networked printers tend to be larger in order to support the workload from multiple users and thus more expensive. However, when you amortize the cost of the printers over a larger user base, you will find that networking printers saves money. ____, when you support fewer printers if you choose to standardize on a single vendor and a few select models, you can reduce the variety of inkjet refills or laser cartridges you stock, which makes inventory management less cumbersome.

① In contrast   ② Therefore
③ Additionally   ④ Nevertheless

08 다음 글의 빈칸 (A), (B)에 들어갈 말로 가장 적절한 것은?

It's natural to think that everyone else speaks their language in the same way that we do. But we discover the reality is very different. We'll probably notice the unfamiliar sounds first, and have some difficulty getting our mouth to make them properly. ___(A)___ English doesn't have the [ch] sound that's used in such words as Gaelic 'loch' ('lake') and Welsh 'bach' ('little'), so English speakers usually substitute a [k] sound and make these words sound like 'lock' and 'back.' It only takes a little bit of practice to pronounce them well. ___(B)___, with some languages, it can take a long time before we realize what the speakers are doing. This is one of the reasons why mother-tongue English speakers find Chinese a tricky language at first. Speakers of Chinese speak in a 'sing-song' way to English ears.

	(A)	(B)
①	For instance	However
②	For instance	Therefore
③	In addition	Similarly
④	In addition	Therefore

09 다음 글의 빈칸 (A), (B)에 들어갈 말로 가장 적절한 것은?

Healthy living in individuals lays the foundation for healthy living throughout society and the world. For instance, healthy relationships depend upon healthy individuals sharing personally and working mutually to develop win-win agreements on how to grow and maintain the relationship.   (A)   , healthy parenting depends upon healthy parents. Children learn the foundations of how the world works and how to develop their personal reality relative to the consciousness and behaviors of their parents. They model and subconsciously embrace much of their parents' behavior, so it becomes their own. Thus, the beliefs and behaviors of parents provide psychological and social information to the children that function almost like food does for the body; in this case, the information helps build their personal realities and shape their behaviors.   (B)   , psychological, social, as well as the physical diets provided by parents must all be healthy or the children learn to repeat the unhealthy patterns of their parents.

	(A)	(B)
①	Similarly	On the contrary
②	Similarly	Consequently
③	However	Otherwise
④	However	Consequently

10 다음 글의 빈칸 (A), (B)에 들어갈 말로 가장 적절한 것은?

The alternatives to reason have always been a bit suspect, as if they were both inferior to, and less legitimate than, the appeal to reason.   (A)   , there is nothing irrational or unreasonable about appealing to your own character or to the emotions of your audience. Decisions are rarely made on the basis of pure reason. People commonly rely on trust or confidence and feelings when deciding what to do, and in many contexts, these sentiments are no less legitimate than logic.   (B)   , few people can neatly separate their "logical selves" from their "trusting selves" or "emotional selves". Nor is it necessarily desirable to do so. Generally speaking, the most persuasive arguments partake of all three modes of appeal : They "make sense" logically, they are advocated by someone worthy of confidence, and they are agreeable to the sentiments of the audience.

	(A)	(B)
①	Therefore	That is
②	Therefore	For example
③	In fact	However
④	In fact	Moreover

1 단어

순번	단어	뜻	순번	단어	뜻
1	prodigal		7	assimilate	
2	obsequious		8	embarrass	
3	pernicious		9	shallow	
4	notorious		10	secretive	
5	corroborate		11	solid	
6	oppress		12	concurrent	

2 문법

순번	문장	
1	Sheila is an English teacher who voice is very husky.	○ / ×
2	As is often the case with him, he went out for a walk.	○ / ×
3	He returned to the village which he had left penniless.	○ / ×
4	He gave a promotion to a man who he thought was diligent.	○ / ×
5	Can you talk her out of her foolish plan?	○ / ×
6	Two girls of an age are not always of a mind.	○ / ×
7	He died at the age of 70, friendless and no money.	○ / ×
8	You can see me from 10 an to 2 pm on Sundays.	○ / ×

01 밑줄 친 부분의 의미와 가장 가까운 것을 고르시오.

> They all agreed that the legacy of the corrupt corporation was chaos, bankruptcy and despair.

① remission   ② inheritance

③ utility   ④ coherence

02 밑줄 친 부분의 의미와 가장 가까운 것을 고르시오.

> Can militant trade union activism offset the foreign inventions that do exacerbate Korean inequality?

① resist   ② revise

③ underestimate   ④ aggravate

03 밑줄 친 부분의 의미와 가장 가까운 것을 고르시오.

> Kimberly would never do anything stupid. She is very down-to-earth.

① venturesome   ② practical

③ gradual   ④ visible

04 어법상 옳지 않은 것은?

① Their opinion will not affect on my decision.

② I suggested that the party not be put off.

③ Do as you are told, and you will succeed.

④ Happiness consists in being kind to others.

05 어법상 옳지 않은 것은?

① On no account must the error remain.

② We need time to inform ourselves thoroughly of the problem.

③ She appears conscious of the results.

④ Let's discuss about the matter over dinner.

06 밑줄 친 부분에 들어갈 말로 가장 적절한 것은?

> A : How'd your blind date go?
>
> B : _____ I thought she was interesting at first, but I was wrong.
>
> A : What do you mean?
>
> B : Well, after a while, she kept asking me these typical boring questions. I mean, I think she asked me three times what I like to do in my spare time.

① I tossed and turned all night.

② It was a total drag.

③ It was a close call.

④ I will make it up to you.

07 주어진 문장 다음에 이어질 글의 순서로 가장 적절한 것은?

> For most of history, people's biggest problem has been getting enough to eat. Five hundred years ago, all but the richest people would have had great difficulty hunting, gathering or farming their own food.

> (A) In turn, these children become greedy and want to eat excessive amount of junk food, foods that are full of fat but offer little energy.
>
> (B) One of the clearest examples of this is the emergence of fat "little emperors" in China. With the one-child policy, fewer children are being born but still have the affection of parents, who translate love into giving children more food than they need.
>
> (C) Today, in many countries, the opposite is true. Too many people eat too much. Or rather, they do not balance what they eat with how much energy they use.

① (C) − (B) − (A)
② (B) − (A) − (C)
③ (B) − (C) − (A)
④ (C) − (A) − (B)

08 주어진 문장 다음에 이어질 글의 순서로 가장 적절한 것은?

> The United States is often thought of as a two-party system.

> (A) At the same time, however, the country has produced a plethora of third and minor parties over the years.
>
> (B) For example, 58 parties were represented on at least one state ballot during the 1992 presidential elections.
>
> (C) In practical effect it is : either a Democrat or a Republican has occupied the White House every fourth year since 1852.

① (A) − (C) − (B)
② (B) − (A) − (C)
③ (B) − (C) − (A)
④ (C) − (A) − (B)

09 주어진 문장 다음에 이어질 글의 순서로 가장 적절한 것은?

John Quincy Adams, an enthusiastic swimmer, used to bathe naked in the Potomac before starting the day's work. The newspaperwoman Anne Royall had been trying for weeks to get an interview with the President and had always been turned away.

(A) If he attempted to get out, she would scream loud enough to reach the ears of some fishermen on the next loud. She got her interview while Adams remained decently submerged in the water.

(B) One morning she tracked him to the riverbank and after he had got into the water stationed herself on his cloths. When Adams returned from his swim, he found a very determined lady awaiting him. She introduced herself and stated her errand.

(C) "Let me get out and dress." pleaded the President, "and I swear you shall have your interview." Anne Royall was adamant; she wasn't moving until she had the President's comment on the questions she wished to put to him.

① (A) − (C) − (B)
② (B) − (A) − (C)
③ (B) − (C) − (A)
④ (C) − (A) − (B)

10 주어진 문장 다음에 이어질 글의 순서로 가장 적절한 것은?

The Internet is changing journalism, but not as many had expected.

(A) But according to a recent report the news agenda seems to be narrowing, with many web-sites primarily packaging news that's produced elsewhere.

(B) In fact, it was once believed that the Internet would democratize the media, offering many new voices, stories and perspectives.

(C) Another unexpected finding, the report says web-sites and blogs created by citizen are less welcoming to outside commentary than the so-called mainstream media.

① (B) − (A) − (C)
② (B) − (C) − (A)
③ (C) − (A) − (B)
④ (C) − (B) − (A)

13

1 단어

순번	단어	뜻	순번	단어	뜻
1	legacy		7	revise	
2	remission		8	underestimate	
3	utility		9	down-to-earth	
4	coherence		10	venturesome	
5	exacerbate		11	gradual	
6	resist		12	visible	

2 문법

순번	문장	
1	Their opinion will not affect on my decision.	○ / ×
2	I suggested that the party not be put off.	○ / ×
3	Do as you are told, and you will succeed.	○ / ×
4	Happiness consists in being kind to others.	○ / ×
5	On no account must the error remain.	○ / ×
6	We need time to inform ourselves thoroughly of the problem.	○ / ×
7	She appears conscious of the results.	○ / ×
8	Let's discuss about the matter over dinner.	○ / ×

01 밑줄 친 부분의 의미와 가장 가까운 것을 고르시오.

> The judge warned the lawyer not to browbeat the witness.

① refute   ② appease

③ initiate   ④ intimidate

02 밑줄 친 부분의 의미와 가장 가까운 것을 고르시오.

> It is necessary for auditors to be meticulous when they are going over a company's financial records.

① auspicious   ② careful

③ synonymous   ④ placid

03 밑줄 친 부분에 들어갈 말로 가장 적절한 것을 고르시오.

> He reiterated his opposition to the creation of a central bank.

① renounce   ② nurture

③ uphold   ④ recapitulated

04 어법상 옳지 않은 것은?

① I haven't eaten since breakfast.

② I have been to Je-Ju with my father last winter.

③ We have found the story more interesting than last one.

④ He suggested to her that they go to the park.

05 어법상 옳지 않은 것은?

① She said the champagne tasted 'absolutely fabulous'.

② The World Cup held every four years.

③ He stood leaning against the wall.

④ She was robbed of her bag while travelling.

06 밑줄 친 부분에 들어갈 말로 가장 적절한 것은?

> A : Oops, I just spilt Tomato Sauce on the couch. Now there's big stain on it.
>
> B : Don't worry. I have a good solution for that.
>
> A : Really? What's that?
>
> B : Just pour soda on it. Soda can be used as a natural cleaner.
>
> A : Soda, That sounds crazy!
>
> B : _____. Pour soda on it. I've seen it work.
>
> A : Okay, I'll try it.

① I'm serious   ② You said it

③ As you wish   ④ I didn't mean

07 주어진 문장 다음에 이어질 글의 순서로 옳은 것은?

Many animals spend most of their waking hours looking for food and eating it. They search their environment for things to eat. Some animals search alone, and others search together, but in general they get their food directly from nature.

(A) Probably most, if not all, of what you ate came either from supermarkets, where the food prepared by others is sold, or in dining establishments such as restaurants and cafeterias, where food grown by some people is cooked and served by others.

(B) If all those institutions abruptly went out of business and people had to get their food directly from nature, most of us would not know how to go about it. Many people would go hungry.

(C) Human food comes from nature too, but most people now get their food from other people. Over the past year, how much of what you ate did you get directly from nature, by picking it from plants or hunting and killing animals?

① (C) − (B) − (A)
② (B) − (A) − (C)
③ (B) − (C) − (A)
④ (C) − (A) − (B)

08 주어진 문장 다음에 이어질 글의 순서로 옳은 것은?

Many Westerners are uncomfortable with silence, which they find embarrassing and awkward.

(A) Some proverbs support this point of view, saying "In much talk there is great weariness," and "One who speaks does not know; one who know does not speak."

(B) These proverbs suggest that remaining quietness is the proper state when there is nothing essential to be said.

(C) In contrast, Asian cultures have for thousands of years promoted quietness and discouraged the expression of thoughts and feelings.

① (A) − (B) − (C)
② (A) − (C) − (B)
③ (B) − (C) − (A)
④ (C) − (A) − (B)

09 주어진 문장 다음에 이어질 글의 순서로 옳은 것은?

Ancient humans recognized patterns in the organized and regular motions of stars and other celestial objects, just as present-day scientists search for patterns and trends in natural phenomena.

(A) This cycle consists of 235 lunar periods and is the point where both the solar and lunar years are harmonized. They also acquired a vast amount of astrological information from the Babylonians.

(B) In fact, ancient Chinese astronomers were keen observers of the skies, and they made some of the earliest astronomical accomplishments. One of them was their calculation of "the cycle of nineteen years."

(C) The information enabled them to develop a cycle to predict both lunar and solar eclipses and instruments to measure the movement of heavenly bodies — at least 500 years before the west accomplished the same tasks.

① (A) − (C) − (B)　　② (B) − (A) − (C)
③ (B) − (C) − (A)　　④ (C) − (A) − (B)

10 주어진 문장 다음에 이어질 글의 순서로 옳은 것은?

Life circumstances that bring about a mismatch between your biological clock and your sleep cycle affect how you feel and act.

(A) Jet lag occurs because the internal circadian rhythm is out of phase with the normal temporal environment. For example, your body says it's 2 a.m. — and thus is at a low point on many physiological measures — when local time requires you to act as if it is noon.

(B) People also experience disruptions when they engage in long-distance air travel. When people fly across time zones, they may experience jet lag, a condition whose symptoms include fatigue, irresistible sleepiness, and subsequent unusual sleep-wake schedules.

(C) For example, individuals who work night shifts often experience both physical and cognitive difficulties because their circadian rhythms are disrupted. Even after long periods on the night shift, most people are unable to adjust their circadian rhythms to overcome these negative effects.

* circadian rhythm : 24시간 주기 리듬

① (C) − (B) − (A)
② (B) − (A) − (C)
③ (B) − (C) − (A)
④ (C) − (A) − (B)

1 단어

순번	단어	뜻	순번	단어	뜻
1	browbeat		7	synonymous	
2	refute		8	placid	
3	appease		9	reiterate	
4	initiate		10	renounce	
5	meticulous		11	nurture	
6	auspicious		12	uphold	

2 문법

순번	문장	
1	I haven't eaten since breakfast.	○ / ×
2	I have been to Je-Ju with my father last winter.	○ / ×
3	We have found the story more interesting than last one.	○ / ×
4	He suggested to her that they go to the park.	○ / ×
5	She said the champagne tasted 'absolutely fabulous'.	○ / ×
6	The World Cup held every four years.	○ / ×
7	He stood leaning against the wall.	○ / ×
8	She was robbed of her bag while travelling.	○ / ×

01 밑줄 친 부분의 의미와 가장 가까운 것을 고르시오.

Government representatives have tried to placate the raged monkeys with bananas and sweets, but have been ignored.

① associate   ② distort

③ obliterate   ④ appease

02 밑줄 친 부분의 의미와 가장 가까운 것을 고르시오.

New research helps the disease continues to abate in Africa.

① arouse   ② attenuate

③ linger   ④ underestimate

03 밑줄 친 부분에 들어갈 말로 가장 적절한 것을 고르시오.

If I don't _____ the work within this week, it'll be hectic next week.

① blow up   ② wrap up

③ use up   ④ put up

04 어법상 옳지 않은 것은?

① The victim has not yet been identified.

② She came near to running over by a car.

③ The university conducts the poll every five years.

④ Feminism has effected many changes in society.

05 어법상 옳지 않은 것은?

① She is what is called a walking dictionary.

② This training will teach you the fundamentals of an efficient workout.

③ The circus members greet him with big smiles.

④ The comedian made the guests to laugh heartily.

06 밑줄 친 부분에 들어갈 말로 가장 적절한 것은?

A : So what are you doing this weekend?

B : My plans are _____.

A : If the rain stops, I'm hoping to play some golf. Do you want to play?

B : No. You know I'm not into golf. It's not my game.

A : How's your leg? You hurt it last week, didn't you?

B : It's on the mend. It's getting better.

A : Good.

B : I'm just going to stay home and do some reading and writing.

A : That sounds like a relaxing weekend.

B : So I'll see you on Monday.

① out of the blue

② from top to toe

③ up in the air

④ on pins and needles

15

07 다음 글의 순서로 가장 적절한 것은?

Many American schools are looking for ways to save money on school bus transportation because of high fuel prices.

(A) Although the four-day school week is expected to save thousands of dollars a year in transportation costs, working parents may have to pay for child care for that fifth day, which will be a great burden to them.

(B) Some schools, especially in rural areas, are changing to a four-day week. Each school day will be about sixty minutes longer to make up for a missing day's work.

(C) In addition, not much instruction takes place during the extra hour of a school day because teachers and students are too tired with the intensive daily schedule.

① (A) − (C) − (B)
② (B) − (A) − (C)
③ (B) − (C) − (A)
④ (C) − (A) − (B)

08 다음 글의 순서로 가장 적절한 것은?

When people hear the word "sport" a number of images come to mind. Ask someone for illustrations of sports and they are likely to respond with traditional examples such as football, baseball, basketball, and hockey.

(A) However, upon further reflection, this gut reaction response may actually require further thought. At the very least, it requires a working definition of the word "sport."

(B) But asking someone to define "sport" — especially to provide a definition that clearly distinguishes activities that may otherwise be labeled as forms of recreation and leisure — is more challenging than one might think.

(C) For example, recently I asked one of my university colleagues, "Is playing video games a sport?" His immediate response was, "No, of course not."

① (B) − (A) − (C)
② (B) − (C) − (A)
③ (C) − (A) − (B)
④ (C) − (B) − (A)

09 다음 글의 순서로 가장 적절한 것은?

There has been a major increase in the number of prisoners in the American penal system since the 1990s.

(A) After the new laws took effect, the prison population skyrocketed. Over 1,000 new jails had to be built to compensate for the dangerous overcrowding, and it cost American society hundreds of millions of dollars.

(B) Some people believe the sudden influx of American inmates was caused by new drug laws that were introduced because of the drug epidemic that took over America in the 1980s.

(C) Unfortunately, taxpayers had to supply the money to build the new jails. America today still spends around 120 billion dollars on its correctional institutions, and some state spend more on the prison system than they do on education.

① (A) − (C) − (B)
② (C) − (B) − (A)
③ (B) − (A) − (C)
④ (A) − (B) − (C)

10 다음 글의 순서로 가장 적절한 것은?

Egyptian hieroglyphics, the most famous of all ancient writing systems, are usually assumed to be the product of independent invention, but the alternative interpretation of idea diffusion is more feasible than in the case of Chinese writing.

(A) Although each of those systems used distinctive sets of signs not borrowed from Egypt or Sumer, the peoples involved could hardly have been unaware of the writing of their neighboring trade partners.

(B) In contrast, the similarly dry climate of Sumer has yielded abundant evidence of the development of Sumerian cuneiform. Equally suspicious is the appearance of several other, apparently independently designed, writing systems in Iran, Crete, and Turkey (so-called proto-Elamite writing, Cretan pictographs, and Hieroglyphic Hittite, respectively), after the rise of Sumerian and Egyptian writing.

(C) Hieroglyphic writing appeared rather suddenly, in nearly full-blown form, around 3000 B.C. Egypt lay only 800 miles west of Sumer, with which Egypt had trade contacts. I find it suspicious that no evidence of a gradual development of hieroglyphs has come down to us, even though Egypt's dry climate would have been favorable for preserving earlier experiments in writing.

① (A) − (C) − (B)　　② (B) − (C) − (A)
③ (C) − (A) − (B)　　④ (C) − (B) − (A)

1 단어

순번	단어	뜻	순번	단어	뜻
1	appease		7	linger	
2	associate		8	conform	
3	distort		9	wind up	
4	obliterate		10	blow up	
5	abate		11	use up	
6	arouse		12	put up	

2 문법

순번	문장	
1	The victim has not yet been identified.	○ / ×
2	She came near to running over by a car.	○ / ×
3	The university conducts the poll every five years.	○ / ×
4	Feminism has effected many changes in society.	○ / ×
5	She is what is called a walking dictionary.	○ / ×
6	This training will teach you the fundamentals of an efficient workout.	○ / ×
7	The circus members greet him with big smiles.	○ / ×
8	The comedian made the guests to laugh heartily.	○ / ×

적중 하프 모의고사

01 밑줄 친 부분의 의미와 가장 가까운 것을 고르시오.

> His fortunate circumstances <u>attenuate</u> the merit of his achievement.

① lessen ② manacle
③ sanction ④ square

02 밑줄 친 부분의 의미와 가장 가까운 것을 고르시오.

> It is certainly <u>futile</u> for North Korea to escalate tensions with the South.

① impending ② incipient
③ versatile ④ fruitless

03 밑줄 친 부분의 의미와 가장 가까운 것을 고르시오.

> There was an <u>inexorable</u> rise in the price of oil after 1974.

① oblivious ② ruthless
③ arbitrary ④ sufficient

04 어법상 옳지 않은 것은?

① Millionaire as he was, he kept working hard.
② There is no telling you the truth right now.
③ Half of the money invested in the company belong to me.
④ Early to bed and early to rise makes a man healthy, wealthy and wise.

05 어법상 옳지 않은 것은?

① Remember buying some eggs when you come home.
② She stood still, with her arms folded.
③ The new show was by far less interesting than the old one.
④ It was she that made such a blunder.

06 밑줄 친 부분에 들어갈 말로 가장 적절한 것은?

> A : This information is confidential.
> B : Okay, I understand.
> A : So, don't tell a soul.
> B : Don't worry. My lips are sealed.
> A : I really mean it. And whatever you do, don't let Jane know.
> B : No, I won't. Everybody knows she _____.

① has got a big mouth
② will keep it to herself
③ is all ears and eyes
④ is very generous

07 다음 글 다음의 순서로 적절한 것은?

You might think iced desserts would be a fairly recent creation due to the problems of refrigeration in the past.

(A) What we call ice cream today was created in the early seventeenth century by a French chef for King Charles I of England. After that, it was introduced and popularized in the United States by First Lady Dolly Madison.

(B) He brought the recipe back to Italy, where it has been a favorite ever since. The Arabs and Indians picked up the idea from the Chinese as well, and named this delicious dessert sherbet. But it did not have the exact form and name of ice cream yet.

(C) The Chinese, however, who had perfected ice storage using the principle of evaporation in the eighth century B.C., were enjoying fruit-flavored ices by the time Marco Polo visited in the thirteenth century.

① (A) − (B) − (C)
② (B) − (A) − (C)
③ (B) − (C) − (A)
④ (C) − (B) − (A)

08 다음 글 다음의 순서로 적절한 것은?

Bread is a major foodstuff and today there are few countries where bread products are not made and eaten. Bread products have evolved to take many forms, thanks to craft bakers.

(A) They have even adapted and changed pre-existing processing techniques and on occasions developed entirely new ones to make the best bread.

(B) Today, scientific study and technical development provide faster and more cost-effective methods of making bread, but even so bakers are still using their collective knowledge, experience, and craft skills.

(C) Over the centuries, craft bakers have developed our traditional bread varieties using their knowledge on how to make the best use of their available raw materials to achieve the desired bread quality.

① (A) − (C) − (B)　　② (B) − (A) − (C)
③ (B) − (C) − (A)　　④ (C) − (A) − (B)

09 다음 글 다음의 순서로 적절한 것은?

Recent evidence suggests that when it comes to processing visual information, men and women see things differently. Females tend to be better at discriminating one object from another.

(A) On the other hand, males tend to be better at processing moving objects and the spatial aspects of objects. Males' ability to process movement and spatial information may have helped them perform hunting duties.

(B) Females also tend to show a preference for using many colors. By being able to discriminate among objects and colors well, females are well suited to gathering food.

(C) Gerianne Alexander has argued that such gender differences in visual processing are neurological and that they have evolved to facilitate the performance of traditional male/female roles. In many societies, males have historically hunted for food, whereas women have gathered crops and nurtured their children.

① (C) − (B) − (A)
② (A) − (B) − (C)
③ (B) − (A) − (C)
④ (C) − (A) − (B)

10 다음 글 다음의 순서로 적절한 것은?

We have known for some time that pupil size adjusts according to light intensity and nearness; the brighter the light and the nearer the object, the smaller will the pupil size be.

(A) Western scientists, however, have recently discovered that pupil size also varies with emotion, and that if you are confronted with a sight that especially interests you, your pupil size will automatically increase.

(B) While presenting jades for the customer's inspection, the Chinese dealer pays close attention to the customer's emotion, waiting for an increase in pupil size and when this increase has been observed, the dealer sets an appropriate price.

(C) Such changes are small, but can be noticed by careful observation like a case of a jade dealer in China who has been aware of it for many years.

① (A) − (B) − (C)
② (A) − (C) − (B)
③ (B) − (C) − (A)
④ (C) − (A) − (B)

16

1 단어

순번	단어	뜻	순번	단어	뜻
1	attenuate		7	incipient	
2	manacle		8	versatile	
3	sanction		9	inexorable	
4	square		10	oblivious	
5	futile		11	arbitrary	
6	impending		12	sufficient	

2 문법

순번	문장	
1	Millionaire as he was, he kept working hard.	O / X
2	There is no telling you the truth right now.	O / X
3	Half of the money invested in the company belong to me.	O / X
4	Early to bed and early to rise makes a man healthy, wealthy and wise.	O / X
5	Remember buying some eggs when you come home.	O / X
6	She stood still, with her arms folded.	O / X
7	The new show was by far less interesting than the old one.	O / X
8	It was she that made such a blunder.	O / X

01 밑줄 친 부분의 의미와 가장 가까운 것을 고르시오.

> The sudden resignation of the financial director put the company in a very vulnerable position.

① juvenile
② voracious
③ susceptible
④ threshold

02 밑줄 친 부분의 의미와 가장 가까운 것을 고르시오.

> It is not known whether agents that ameliorate aspects of the insulin resistance syndrome are useful for reducing stroke risk.

① verify
② repeal
③ improve
④ retain

03 밑줄 친 부분에 들어갈 말로 가장 적절한 것을 고르시오.

> To correct your answer, you have to _____ a wrong one first.

① cross out
② pull over
③ see off
④ close down

04 어법상 옳지 않은 것은?

① There being no objection, the meeting adjourned.
② The leaflet explains how to apply for a place.
③ The sun having been risen, I took a walk.
④ She was to be here at 8.30 but she didn't arrive.

05 어법상 옳지 않은 것은?

① Having lived in America, he is proficient in English.
② He is the last man to do such a thing.
③ He was astonished to learn he'd won the competition.
④ The task is too laborious for her to finish it.

06 밑줄 친 부분에 들어갈 말로 가장 적절한 것은?

> W : Honey, I'm home.
> M : How was your day?
> W : Alright. Hey, did you order something? There's a large box outside the door.
> M : It's the tent we bought online for our camping trip. I'm returning it.
> W : Is it because of the size? I remember you said it might be a little small to fit all of us.
> M : Actually, when I set up the tent, _____ _____.
> W : Then, did you find a cheaper one on another website?
> M : No, price is not the issue.

① it seemed big enough to hold us all
② it's too heavy to carry around
③ I already scheduled a pickup
④ We'll be going out early to go shopping

17

07 주어진 문장이 들어가기에 가장 적절한 것은?

Population outbreaks of mule deer can also change ecology in unforeseen ways, such as by killing trees when starving deer chew on tree bark.

In Europe, roe deer populations will only expand until the population reaches a certain density before numbers stabilize. Some populations of roe deer seem to have fewer offspring as resources become scarcer. (①) North American mule deer, on the other hand, did not evolve such a self-regulating mechanism. (②) Without predators to keep their populations under control, mule deer will reproduce until there are so many deer that food becomes scarce, and many of them starve. (③) Populations that are unable to self-regulate depend on predators and other limiting factors for regulation. (④) That is why it is said "wolves are the enemy of deer but the friend of deer populations."

08 주어진 문장이 들어가기에 가장 적절한 곳은?

Effective, honest, and timely communication is always important, but when staff reductions are imminent, it becomes critical.

Companies often wield the ax with little or no regard for the well-being of the people involved to stay competitive. (①) For example, in the past years some companies have dismissed thousands of managers and employees through downsizing. (②) Industry analysts assert that if organizations wish to consider themselves responsible, ethical corporate citizens, they must demonstrate concern for their employees. (③) Organizations concerned about easing their employees' shock and stress at being laid off can do so through careful planning and preparation. (④) With such communication, employees who know what is going on can prepare themselves for the inevitable, and are much better able to cope when the ax finally does fall.

09 주어진 문장이 들어가기에 가장 적절한 것은?

Its aims have been interpreted by some as treating Goguryeo as a local government within China, rewriting history textbooks and restoring important Goguryeo sites in China.

The Chinese government launched a 20-billion-yuan (2.4 billion US dollars) project dealing with China's Northeast. (①) This was followed by protests from scholars from Korea, Japan, and Russia. (②) This was threatening to lead to diplomatic disputes between China and Korea. (③) Moreover it was also contributing to growing anti-Chinese sentiment in Korea. (④)

10 주어진 문장이 들어가기에 가장 적절한 곳은?

In real life, however, our scripts are far more general and ambiguous.

When we interact, we behave like actors by following scripts that we have learned from others. These scripts essentially tell us how to behave in accordance with our statuses and roles. But this stage analogy has limitations. (①) On stage, the actors have a detailed script that allows them to rehearse exactly what they will say and do. (②) They cannot tell us precisely how we are going to act or how the other person is going to act. In fact, as we gain new experiences every day, we constantly revise our scripts. (③) It is therefore much more difficult to be well rehearsed. (④) This means that we have to improvise a great deal, saying and doing many things that have not crossed our minds before that very moment.

1 단어

순번	단어	뜻	순번	단어	뜻
1	vulnerable		7	repeal	
2	juvenile		8	retain	
3	voracious		9	cross out	
4	threshold		10	pull over	
5	ameliorate		11	see off	
6	verify		12	close down	

2 문법

순번	문장	
1	There being no objection, the meeting adjourned.	○ / ×
2	The leaflet explains how to apply for a place.	○ / ×
3	The sun having been risen, I took a walk.	○ / ×
4	She was to be here at 8.30 but she didn't arrive.	○ / ×
5	Having lived in America, he is proficient in English.	○ / ×
6	He is the last man to do such a thing.	○ / ×
7	He was astonished to learn he'd won the competition.	○ / ×
8	The task is too laborious for her to finish it.	○ / ×

01 밑줄 친 부분의 의미와 가장 가까운 것을 고르시오.

> He was born around 1650 but his origins remain obscure.

① pompous　　　② innocent
③ vague　　　　④ dejected

02 밑줄 친 부분의 의미와 가장 가까운 것을 고르시오.

> After finishing her dinner she went to her room, having instructed the boy to tell any other callers that she was indisposed.

① tattered　　　② automatic
③ passive　　　④ unwilling

03 밑줄 친 부분에 들어갈 말로 가장 적절한 것을 고르시오.

> She went for a long walk to _____ an appetite.

① make fun of　　② work up
③ close off　　　④ let on

04 어법상 옳지 않은 것은?

① You had better let him go when you are asked to.
② Many a girl are more likely to have her own job.
③ I cannot help thinking that he is still alive.
④ She doesn't know what it is like to go hungry.

05 어법상 옳지 않은 것은?

① 그의 이야기는 너무 실망스러워서 나는 방을 나갔다.
➡ His story was so disappointing that I went out of the room.
② 그는 그들이 착수하려는 일의 위험성을 경고했다.
➡ He warned them of the dangers involved in their undertaking.
③ 어제 한 할머니가 거의 버스에 치일 뻔 했다.
➡ An old woman came near to running over by a bus yesterday.
④ 저는 열여덟 살 때 부모님으로부터 독립을 선언했습니다.
➡ I declared my independence of my parents when I was eighteen.

06 밑줄 친 부분에 들어갈 말로 가장 적절한 것은?

> Tim : Are you busy this week?
> Mark : Yes, it is the beginning of the semester at school.
> Tim : What time will you finish?
> Mark : Late tonight.
> Tim : _____.
> Mark : Yes, I am afraid so.

① I'm with you all the way
② We are in the same boat
③ Those were the days
④ Let's face facts

07 주어진 문장이 들어가기에 가장 적절한 것은?

If society responded more adequately to people who have impairments, they would not experience nearly as many challenges and limitations.

Many people find it difficult to relate to someone who has a physical disability, often because they have not had any personal interaction with anyone with a disability. For example, they might be unsure what to expect from a person who has a mobility impairment and uses a wheelchair because they have never spent any time with wheelchair users. (①) This lack of understanding can create additional challenges for people with disabilities. (②) Consider office workers who happen to use wheelchairs. (③) Provided that there is only one level or there are ramps or elevators between levels, they may need no assistance whatsoever in the workplace. (④) In other words, in an adapted work environment, they do not have a disability.

08 주어진 문장이 들어가기에 가장 적절한 것은?

But as time went on, students started naming others with similar attitudes as their friends.

In a classic study of friendship formation, Theodore M. Newcomb provided free housing for male transfer students in exchange for their taking part in his study. Since the students were transfers from other schools, none of them knew each other before taking up residence in Newcomb's dormitory. (①) Upon their arrival, Newcomb measured their attitudes toward such topics as politics and then each student was randomly assigned to share a room with another student. (②) Every few weeks Newcomb asked the students to state who their friends were. (③) At first, proximity determined friendship; roommates named each other. (④) Newcomb found that the similar attitudes of transfer students predicted the formation of friendships.

09 주어진 문장이 들어가기에 가장 적절한 것은?

However, unhealthy family systems may experience difficulties at this stage.

Family systems enter a new stage when the oldest child enters early adulthood. A family system's developmental tasks center on assisting adult children to individuate fully and to maintain a home base while this process is taking place. (①) This stage often involves dealing with various financial, social, and emotional stressors. (②) Parents in healthy family systems shift to a more equalitarian interaction style with adult children, which supports the efforts of adult children to emancipate completely into adult lifestyles. (③) In some systems, parents want children to individuate, but the children are resistant for various reasons. (④) In others, parents wish to continue dependencies while the children wish to individuate completely. In both situations, individual family members who want to adjust the nature of relationships may initiate changes to help themselves move toward healthy developmental paths.

10 주어진 문장이 들어가기에 가장 적절한 것은?

Thus, it appears sensible for many athletes and active people to consume a diet high enough in carbohydrates to replace muscle glycogen used during exercise.

It is common knowledge that carbohydrates are important for athletic performance. High levels of stored glycogen before endurance exercise can help prevent fatigue during exercise. (①) Carbohydrate intake during exercise, especially exercise lasting longer than an hour, can help increase performance and prolong time to fatigue. (②) Moreover, after exercise, diets high in carbohydrates help refill muscle glycogen levels, improving recovery. (③) Unfortunately, many of them often consume inadequate levels of carbohydrates. (④) Proper dietary carbohydrates levels depend on total energy intake; body size; health status; and the duration, intensity, frequency, and the type of exercises in which an individual participants.

18

1 단어

순번	단어	뜻	순번	단어	뜻
1	obscure		7	automatic	
2	pompous		8	passive	
3	innocent		9	work up	
4	dejected		10	make fun of	
5	indisposed		11	close off	
6	tattered		12	let on	

2 문법

순번	문장	
1	You had better let him go when you are asked to.	O / X
2	Many a girl are more likely to have her own job.	O / X
3	I cannot help thinking that he is still alive.	O / X
4	She doesn't know what it is like to go hungry.	O / X
5	그의 이야기는 너무 실망스러워서 나는 방을 나갔다. ➡ His story was so disappointing that I went out of the room.	O / X
6	그는 그들이 착수하려는 일의 위험성을 경고했다. ➡ He warned them of the dangers involved in their undertaking.	O / X
7	어제 한 할머니가 거의 버스에 치일 뻔 했다. ➡ An old woman came near to running over by a bus yesterday.	O / X
8	저는 열여덟 살 때 부모님으로부터 독립을 선언했습니다. ➡ I declared my independence of my parents when I was eighteen.	O / X

01 밑줄 친 부분의 의미와 가장 가까운 것을 고르시오.

> The French government has condemned the coup in Haiti and has demanded the restoration of the legitimate government.

① precarious   ② legal

③ suspensive   ④ precedented

02 밑줄 친 부분의 의미와 가장 가까운 것을 고르시오.

> The man was apprehended when he tried to abduct the child.

① kidnap   ② distort

③ exaggerate   ④ interrogate

03 밑줄 친 부분에 들어갈 말로 가장 적절한 것을 고르시오.

> I tried to _____ my wife, but she refused to talk with me.

① make against   ② make over

③ make away with   ④ make up with

04 어법상 옳지 않은 것은?

① On the platform was a woman in a black dress.

② It will be long before the next train departs.

③ She will do it on condition that she is paid.

④ Only then the 'Kong Mountains' disappeared from maps.

05 어법상 옳지 않은 것은?

① It was not until I came to Korea that I learned Han-geul.

② I must have handed in the paper, but I forgot to.

③ Scarcely did he speak about the difficulties in his work.

④ I have no option but to fire you if you keep on being lazy.

06 밑줄 친 부분에 들어갈 말로 가장 적절한 것은?

> A : Guess who I met at the department store.
>
> B : I can't imagine.
>
> A : Do you remember Mr. Edwards from our elementary school?
>
> B : That name _____, but I can't place him.
>
> A : He was our home room teacher when we were at the sixth grade.
>
> B : Oh, yes. Now I remember. He was tall and wore glasses.

① gets along well   ② rings a bell

③ calls me   ④ gets my idea

07 주어진 문장이 들어가기에 가장 적절한 것은?

Likewise, we should not be afraid to do the same in the case of voting.

Liberal democracy relies upon direct participation by individuals, and from this viewpoint, our democracy is endangered by a lack of participation. (①) The resolution of such a crisis may in a small way restrict some personal liberties, but it is in the interests of society as a whole. We compel people to wear safety belts when riding in a vehicle. (②) We definitely need this kind of measure in that low participation rates are doubly dangerous. (③) They mean not only that there is a general lack of interest in political issues and decisions but that our politicians are not representative of the population as a whole. (④) Since the poor and disadvantaged are far less likely to vote than any other group, they can easily be ignored by mainstream politicians.

08 주어진 문장이 들어가기에 가장 적절한 것은?

Targeting the unresponsive people, the state asked popular Dallas Cowboys football players to participate in television ads, in which they collected litter, smashed beer cans in their bare hands, and growled, 'Don't mess with Texas!'

Consider Texas's creative and stunningly successful effort to reduce littering on its highways. Texas officials were enormously frustrated by the failure of their well-funded advertising campaigns which attempted to convince people that it was their civic duty to stop littering. (①) Many of the litterers were men between the ages of eighteen and twenty-four, who were not deeply impressed by the fact that bureaucratic elites wanted them to change their behavior. (②) Public officials decided that they needed a tough-talking slogan that would resort to the unique spirit of Texas pride. (③) The campaign was successful and credited with reducing litter on Texas highways 72% between 1986 and 1990. (④) More than its immediate success at reducing litter, the slogan became a Texas cultural phenomenon.

09 주어진 문장이 들어가기에 가장 적절한 것은?

Even so, research confirms the finding that nonverbal cues are more credible than verbal cues, especially when verbal and nonverbal cues conflict.

Researchers have reported various nonverbal features of sarcasm. (①) Most disagree as to whether nonverbal cues are essential to the perception of sarcasm or the emotion that prompts it. (②) Also, nonverbal cues are better indicators of speaker intent. (③) As the nature of sarcasm implies a contradiction between intent and message, nonverbal cues may "leak" and reveal the speaker's true mood as they do in deception. (④) Ostensibly, sarcasm is the opposite of deception in that a sarcastic speaker typically intends the receiver to recognize the sarcastic intent; whereas, in deception the speaker typically intends that the receiver not recognize the deceptive intent.

10 주어진 문장이 들어가기에 가장 적절한 것은?

But the most powerful computer on the planet can't drive a truck.

You can appreciate the power of your visual system by comparing human abilities to those of computers. (①) When it comes to math, science, and other traditional "thinking" tasks, machines beat people—no contest. (②) Five dollars will get you a calculator that can perform simple calculations faster and more accurately than any human can. (③) With fifty dollars you can buy chess software that can defeat more than 99 percent of the world's population. (④) That's because computers can't see, especially not in complex, ever changing environments like the one you face every time you drive. Tasks that you take for granted—for example, walking on a rocky shore where footing is uncertain—are much more difficult than playing top level chess.

1 단어

순번	단어	뜻	순번	단어	뜻
1	legitimate		7	exaggerate	
2	precarious		8	interrogate	
3	suspensive		9	make up with	
4	precedented		10	make against	
5	abduct		11	make over	
6	distort		12	make away with	

2 문법

순번	문장	
1	On the platform was a woman in a black dress.	○ / ×
2	It will be long before the next train departs.	○ / ×
3	She will do it on condition that she is paid.	○ / ×
4	Only then the 'Kong Mountains' disappeared from maps.	○ / ×
5	It was not until I came to Korea that I learned Han-geul.	○ / ×
6	I must have handed in the paper, but I forgot to.	○ / ×
7	Scarcely did he speak about the difficulties in his work.	○ / ×
8	I have no option but to fire you if you keep on being lazy.	○ / ×

점수 l   시간 l

01 밑줄 친 부분의 의미와 가장 가까운 것을 고르시오.

Sleep has often been thought of as being in some way analogous to death.

① cover   ② precise
③ similar   ④ altruistic

02 밑줄 친 부분의 의미와 가장 가까운 것을 고르시오.

His writings reveal an unattractive preciousness of style.

① exhort   ② compassionate
③ let on   ④ threaten

03 밑줄 친 부분의 의미와 가장 가까운 것을 고르시오.

His lawyers are poring over the small print in the contract to detect details misleading.

① dispense with   ② delving into
③ cater to   ④ resort to

04 어법상 옳지 않은 것은?

① It is about time that the thing be done.
② We have come a long way because of technology.
③ He behaved as if nothing had happened.
④ If you should see Ga-young, give her best wishes.

05 어법상 옳지 않은 것은?

① 나는 너에게 아무것도 숨기지 않는다.
   ➡ I do not conceal anything from you.
② 그의 아버지는 3년 전에 돌아가셨다.
   ➡ His father has been dead for 3 years.
③ 7월 매출은 6월보다 훨씬 높았습니다.
   ➡ Sales in July were a lot higher than that in June.
④ 나에게는 행복은 우리 가족과 밀접한 관계가 있다.
   ➡ For me, happiness is closely tied to my family.

06 밑줄 친 부분에 들어갈 말로 가장 적절한 것은?

A : Have you made up your mind?
B : No. I don't know what to do.
A : _____
B : You're right. I need to decide.

① Let's hit the road.
② The ball's in your court.
③ I'll flip you for it.
④ My hands are tied.

20

07 주어진 문장이 들어가기에 가장 적절한 것은?

The latest mind-body research, however, shows that the brain is just another organ, although more complex than the rest.

The more we learn about the inner workings of the mind, the more we realize the mind is not different from the body. (①) The world of the mind has been considered very different from that of our body. (②) Cut into the body, and blood pours forth. (③) But slice into the brain, and thoughts and emotions do not spill out into the operating table. (④) The thoughts and emotions are the result of complex electric and chemical interactions between nerve cells. The feelings of worthlessness that accompany depression are no more than diseases in brain electrochemistry.

08 주어진 문장이 들어가기에 가장 적절한 것은?

Even so, the majority of dead animals and plants enter the food chain almost immediately, being digested by animals or decomposed by bacteria.

Every plant or animal that has ever lived has not turned into a fossil. Indeed, if this were the case, the surface of the Earth would be covered in avalanches of fossils everywhere. (①) No one knows what proportion of life has ended up fossilized, but it is clearly a tiny fraction, much less than one percent. (②) Plants or animals must at least have hard parts such as a skeleton, a shell, or a toughened, woody trunk to be readily preservable. (③) Dead organisms can turn into fossils only if sedimentation is happening. (④) In other words, they get fossilized only if sand or mud is being dumped on top of their remains, perhaps on the floor of a deep lake, under a sandbar in a river, or deep in the ocean.

09 주어진 문장이 들어가기에 가장 적절한 것은?

Therefore, British film directors often have to go to Hollywood because the resources they need are limited in Britain.

The cinema in Britain is often regarded as entertainment, not a part of art. (①) Partly for this reason, Britain is unique among European countries in giving no financial help to film industry. (②) As a result, comparatively few films of quality are made in the country. (③) However, some of the films which Britain does manage to make become highly respected around the world. (④)

10 주어진 문장이 들어가기에 가장 적절한 것은?

This may or may not be directly related to their date of construction.

Retirement is an ambiguous term in the world of airplanes. Reassignment is the better one, as actual scrapping is fairly uncommon. It comes for various reasons, and age, strictly speaking, isn't always one of them. (①) Planes are sold, traded, or mothballed not because they've become unsafe or are falling apart, but because they've become uneconomical. (②) Take the case of Delta and American, who chose to "retire" their McDonnell Douglas MD-11s, yet plan to hold on to older MD-80s and Boeing 767s for many years. (③) Operators will speak of a particular model's "mission," one in which very fragile balances tiny, shifting percentages of expenses and revenues — make the difference between red and black. (④) Poor performance means a quick exit to the sales block. To another carrier with different costs, routes, and needs, that same aircraft might be profitable.

1 단어

순번	단어	뜻	순번	단어	뜻
1	analogous		7	compassionate	
2	cover		8	threaten	
3	precise		9	pore over	
4	altruistic		10	dispense with	
5	reveal		11	cater to	
6	exhort		12	resort to	

2 문법

순번	문장	
1	It is about time that the thing be done.	○ / ×
2	We have come a long way because of technology.	○ / ×
3	He behaved as if nothing had happened.	○ / ×
4	If you should see Ga-young, give her best wishes.	○ / ×
5	나는 너에게 아무것도 숨기지 않는다. ➡ I do not conceal anything from you.	○ / ×
6	그의 아버지는 3년 전에 돌아가셨다. ➡ His father has been dead for 3 years.	○ / ×
7	7월 매출은 6월보다 훨씬 높았습니다. ➡ Sales in July were a lot higher than that in June.	○ / ×
8	나에게는 행복은 우리 가족과 밀접한 관계가 있다. ➡ For me, happiness is closely tied to my family.	○ / ×

21회

진가영 영어

적중 하프 모의고사

점수 | 시간 |

01 밑줄 친 부분의 의미와 가장 가까운 것을 고르시오.

> You ought to make a few discreet inquiries before you sign anything.

① dilapidated   ② greedy

③ circumspect   ④ lukewarm

02 밑줄 친 부분의 의미와 가장 가까운 것을 고르시오.

> I was ready to take a relaxing nap, but the incessant noise from outside began to bother me.

① bizarre   ② substantial

③ inevitable   ④ constant

03 밑줄 친 부분의 의미와 가장 가까운 것을 고르시오.

> Exfoliation will take off any rough dry skin and help dispense with ingrown hairs.

① go without   ② take off

③ leave out   ④ come up with

04 어법상 옳지 않은 것은?

① He will take the job providing he may do it in his own time.

② It had excellent British food as well as French food.

③ He doesn't want to visit other countries, much less live in one.

④ Rarely I have eaten better food so far.

05 어법상 옳지 않은 것은?

① Were it not for your help, I couldn't finish the course.

② He demanded that the sheep is brought into the courtroom.

③ They would rather work than live on welfare.

④ She works in Atlanta and so does her brother.

06 밑줄 친 부분에 들어갈 말로 가장 적절한 것은?

> M : Pop-up ads all over the Internet. They're really bothersome.
>
> W : I know how you feel. They're so irritating when you visit a website. But I don't have that problem anymore.
>
> M : Really? How did you get rid of those useless ads?
>
> W : Well, I installed an ad blocking program. It virtually stops all pop-ups.
>
> M : Can you tell me the name of the program? I'd like to use it, too.
>
> W : Oh, _____, but I can't remember it right now.

① it's on the tip of my tongue

② walls have ears

③ it is out of the question

④ it's a tip of the iceberg

07 다음 글의 빈칸에 들어갈 말로 가장 적절한 것은?

What's interesting about animals being afraid is that _____.
A fearful prey animal like a deer ought to just get out of there whenever it sees something strange and different that it doesn't understand. But that's not what happens. The more fearful the animal, the more likely he is to investigate. Indians used this principle to hunt antelope. They'd lie down on the ground holding a flag, and when the antelope came up to investigate they'd kill it. I've never heard of Indians lying down on the ground holding a flag to catch buffalo. I don't think a buffalo is going to be as compelled to investigate a flag flying in the middle of the prairie. He's a great big strong buffalo; what does he have to worry about? But a delicate little antelope has a lot to worry about, and that's why he's always looking into things.

① fear seems to be related with intelligence
② prior experience helps avoid danger later in life
③ their fear is directly connected to their survival
④ the most fearful animals are also the most curious

08 다음 글의 빈칸에 들어갈 말로 가장 적절한 것은?

In serious journalistic quarters, bias has a very bad name. It is synonymous with malevolent agendas, lies, and authoritarian attempts to deny audiences the freedom to make up their own minds. Yet we should perhaps be more _____ toward bias. In its pure form, a bias simply indicates a method of evaluating events that is guided by a coherent underlying thesis about human functioning and flourishing. It is a pair of lenses that slide over reality and aim to bring it more clearly into focus. Bias strives to explain what events mean and introduces a scale of values by which to judge ideas and events.

① critical   ② generous
③ vulnerable   ④ conscious

09 다음 글의 빈칸에 들어갈 말로 가장 적절한 것은?

_____ has had a great influence on science and has begun to radically alter medicine and agriculture. One of the first steps in shedding new light on human evolution and in controlling many diseases was taken in the early 1990s, when scientists took apart the smallest human chromosomes. Breaking these chromosomes into small pieces allowed researchers to reproduce these segments in large quantities. Researchers believe that this will lay the groundwork for controlling all genes, including those that may be responsible for certain diseases.

① Science fiction
② Internet network
③ Genetic engineering
④ Computer programming

10 다음 글의 빈칸에 들어갈 말로 가장 적절한 것은?

Whenever people are asked about the barriers blocking their success, people immediately mention all the causes that are to blame. It is either their boss's fault that they cannot get promoted, or the bank's fault for refusing their loan for their new business, or the fault of their friends, family, or spouse for holding them back. If the success they are trying to achieve is significant weight loss, they blame their family genes or diet. Strangely enough, all the causes that might keep them from the success are _____.

① financial
② external
③ temporary
④ abstract

1 단어

순번	단어	뜻	순번	단어	뜻
1	discreet		7	substantial	
2	dilapidated		8	inevitable	
3	greedy		9	dispense with	
4	lukewarm		10	take off	
5	incessant		11	leave out	
6	bizarre		12	come up with	

2 문법

순번	문장	
1	He will take the job providing he may do it in his own time.	○ / ×
2	It had excellent British food as well as French food.	○ / ×
3	He doesn't want to visit other countries, much less live in one.	○ / ×
4	Rarely I have eaten better food so far.	○ / ×
5	Were it not for your help, I couldn't finish the course.	○ / ×
6	He demanded that the sheep is brought into the courtroom.	○ / ×
7	They would rather work than live on welfare.	○ / ×
8	She works in Atlanta and so does her brother.	○ / ×

01 밑줄 친 부분의 의미와 가장 가까운 것을 고르시오.

Korean food combines intricate preparations with spicy, intense flavors.

① adverse
② weak
③ complex
④ polite

02 밑줄 친 부분의 의미와 가장 가까운 것을 고르시오.

Patience is one of the most important attributes in a teacher.

① attractions
② traits
③ atrocities
④ competence

03 밑줄 친 부분의 의미와 가장 가까운 것을 고르시오.

Critics said that children need to be exposed to positive role model consistent with their racial origins, culture, and gender.

① keep abreast of
② congruent with
③ incompatible with
④ obsessed with

04 어법상 옳지 않은 것은?

① So negligently did he work that he got fired.
② I would like you to help me with my research.
③ Don't provoke those living crabs with a stick.
④ However you go fast, you never move anywhere.

05 어법상 옳지 않은 것은?

① He made haste lest he be late.
② The instant he left his home, it began to snow.
③ I have many books, some of which are really interesting.
④ The book is so difficult that he can't read.

06 밑줄 친 부분에 들어갈 말로 가장 적절한 것은?

A : Hey John, why does Mr. Smith always sit on the couch in the singing room?
B : He doesn't like singing. He is tone-deaf.
A : But he always told us that he is a really good singer.
B : When he sings, _____ .
A : Is his song the worst ever?

① you drive a hard bargain
② you drop him a line
③ you will have goose bump
④ That'll help keep you fit

07 다음 글의 빈칸에 들어갈 말로 가장 적절한 것은?

One of the most important factors that influences an organization's response to its external environment is its culture. Organization culture is the set of important assumptions about the organization and its goals and practices that members of the company share. In this way, company's culture provides a framework that organizes and directs people's behavior on the job. Thus, the culture of an organization _____. For example, the way people dress and behave, the way they interact with each other and with customers, and the qualities that are likely to be valued by their managers are usually quite different at a bank than they are at a rock-music company, and different again at a law firm or an advertising agency.

① becomes easily ignored by people
② aligns with the cooperative environment
③ promotes members' loyalty to the group
④ shows variety depending on the workplace

08 다음 글의 빈칸에 들어갈 말로 가장 적절한 것은?

It's one thing to talk about making a commitment. It's another thing to actually do something about it. What do you do to achieve your commitments? If you're having a problem taking the first step toward making a commitment, try doing what Thomas Edison did. When he had a good idea for an invention, he called a press conference to announce it. He made a statement of his commitment to his invention. After the press conference was over, he went back into his lab and began work on the project. You don't have to call a press conference, but let your coworkers, employees, and bosses know what your goals are. By making your commitments _____, you will be more committed to following through on them.

① deliberate
② condescending
③ public
④ realistic

09 다음 글의 빈칸에 들어갈 말로 가장 적절한 것은?

Companies in the U.S. spend more on training annually than do all the public school systems in the country. The $210 billion invested by American employers in informal and formal training clearly illustrates the importance of organizational training. However, this investment may be inadequate; by some estimates, in order to attain a modest economic growth of only 3%, the skills of 25 million workers must be upgraded by as much as 40%. These figures are even more sobering when you consider that as few as 15,000 companies account for 90% of these investments. That means that _____.

① some companies will have to change their hiring practices

② the majority of employees will be prepared for the future

③ the U.S. government has to provide additional financial support

④ most organizations do not offer any type of formalized training

10 다음 글의 빈칸에 들어갈 말로 가장 적절한 것은?

People seem to be more motivated by the thought of losing something than by the thought of gaining something of equal value. According to some researchers, college students experienced much stronger emotions when asked to imagine losses as opposed to gains in their romantic relationships or in their grade point averages. Especially, under conditions of risk and uncertainty, the threat of potential loss plays a critical role in human decision-making. In this vein, physicians' advice to smokers, describing the number of years to be gained if they do quit, may be somewhat _____ when compared with advice describing the number of years of life to be lost if they do not quit.

① indispensable

② inaccessible

③ incompatible

④ ineffective

1 단어

순번	단어	뜻	순번	단어	뜻
1	intricate		7	atrocity	
2	adverse		8	competence	
3	susceptible		9	consistent with	
4	polite		10	keep up with	
5	attribute		11	incompatible with	
6	attraction		12	obsessed with	

2 문법

순번	문장	
1	So negligently did he work that he got fired.	○ / ×
2	I would like you to help me with my research.	○ / ×
3	Don't provoke those living crabs with a stick.	○ / ×
4	However you go fast, you never move anywhere.	○ / ×
5	He made haste lest he be late.	○ / ×
6	The instant he left his home, it began to snow.	○ / ×
7	I have many books, some of which are really interesting.	○ / ×
8	The book is so difficult that he can't read.	○ / ×

01 밑줄 친 부분에 들어갈 말로 가장 적절한 것을 고르시오.

> I was once _____ by her beautiful song. For 40 years she has enchanted the world with her soulful voice.

① cloyed   ② drained
③ captivated   ④ dispersed

02 밑줄 친 부분의 의미와 가장 가까운 것을 고르시오.

> All around the world, motherhood is regarded as natural and immutable.

① unalterable   ② impudent
③ impeccable   ④ immoral

03 밑줄 친 부분의 의미와 가장 가까운 것을 고르시오.

> Well, I can trust fear to be around whenever I explore some new aspect of my life; whenever I mull over a new area for growth and adventure, I know that fear will immediately be by my side.

① put off   ② take up
③ contemplate   ④ weigh down

04 어법상 옳지 않은 것은?

① The city where I was born has a lot of parks.
② I have a photograph of the home which I grew up.
③ Wait till eight, when he will be back.
④ It's the house whose door is painted red.

05 어법상 옳지 않은 것은?

① This computer is the better of the two.
② Nothing is more precious to me than my family.
③ Seoul is larger than any other cities in Korea.
④ More than 100 students were present at the meeting.

06 밑줄 친 부분에 들어갈 말로 가장 적절한 것은?

> A : Did you get in trouble for messing up the Henderson account?
> B : No, I managed to fix all of the problems before anyone noticed!
> A : _____. That could have been a serious issue.

① You shouldn't spill the beans to anyone
② He picked on me for nothing
③ You really dodged the bullet there
④ Just doesn't hold water

07 다음 글의 빈칸에 들어갈 말로 가장 적절한 것은?

When I tell people that insects are getting more resistant to chemicals, some people ask me hopefully, "If insects can, could human beings do the same thing?" Theoretically human beings could, but _____. Resistance is not something that develops in an individual. If he possesses at birth some qualities that make him less susceptible than others to poisons, he is more likely to survive and produce children. Resistance, therefore, is something that develops in a population after many generations. Human populations reproduce at the rate of roughly three generations per century, but new insect generations arise in a matter of days or weeks.

① super insect species will never appear

② we need to work just to feed ourselves

③ those living now are not able to enjoy it

④ the process would disturb the entire eco-system

08 다음 글의 빈칸에 들어갈 말로 가장 적절한 것은?

We can tell our dreams to someone else and, if we are lucky, his imaginative response to them may give us the illusion of a shared experience. But if the person we tell a dream to turns out to be a sceptic, we have no means of convincing him that we really did have the dream we have told him. If he asks for proof that we had that precise dream and no other one, that we have remembered it correctly, we cannot give it. We cannot ask the people who appeared in the dream to confirm our story. Unlike the events of everyday life, which can, in principle, be confirmed or otherwise by the laws of evidence, dream experiences have a peculiar _____ about them, which can only be partially and often only self-deceptively reduced by recounting them to others.

① privacy   ② familiarity

③ consistency   ④ abstractness

09 다음 글의 빈칸에 들어갈 말로 가장 적절한 것은?

People have found many ways to reduce stress or control their responses to it. Possibilities include special breathing routines, exercise, meditation, and distraction, as well as trying to deal with the problem that caused the stress. Social support is one of the most powerful methods of coping with stress, and researchers have demonstrated its effectiveness by brain measurements as well as people's self-reports. In one study, happily married women were given moderately painful shocks to their ankles. On various trials, they held the hand of their husband, a man they did not know, or no one. Holding the husband's hand reduced the response in several brain areas. Holding the hand of an unknown man reduced the response a little, on the average, but not as much as holding the husband's hand. In short, as expected, brain responses correspond to people's self-reports that _____.

① holding hands makes them feel friendlier
② exercise and meditation lessen ankle pain
③ stimulating the brain induces happier feelings
④ social support from a loved one helps reduce stress

10 다음 글의 빈칸에 들어갈 말로 가장 적절한 것은?

Advertisers have come up with many advertising strategies to attract as many consumers as possible. Recently, a new advertising strategy was developed, which is _____ anyone advertisers are targeting. For instance, suppose you want to advertise a new MP3 player named Boom. You write : "Do you enjoy music with Boom? If not, why not? Everyone else does." Then the victim might exclaim to himself or herself, "I know that, too. I'm really ashamed of myself. I'm afraid I'm just old-fashioned." Now you go on : "Old-fashioned? That's nothing. You're a disgrace in the high-tech age. How are you going to listen to music without Boom?"

① insulting
② trusting
③ forgiving
④ entertaining

1 단어

순번	단어	뜻	순번	단어	뜻
1	captivate		7	impeccable	
2	cloy		8	immoral	
3	drain		9	mull over	
4	disperse		10	put off	
5	immutable		11	take up	
6	impudent		12	weigh down	

2 문법

순번	문장	
1	The city where I was born has a lot of parks.	○ / ×
2	I have a photograph of the home which I grew up.	○ / ×
3	Wait till eight, when he will be back.	○ / ×
4	It's the house whose door is painted red.	○ / ×
5	This computer is the better of the two.	○ / ×
6	Nothing is more precious to me than my family.	○ / ×
7	Seoul is larger than any other cities in Korea.	○ / ×
8	More than 100 students were present at the meeting.	○ / ×

점수 I   시간 I

01 밑줄 친 부분의 의미와 가장 가까운 것을 고르시오.

> Her success has resulted from a series of canny and strategic choices.

① nimble   ② misanthropic

③ consequential   ④ creaky

02 밑줄 친 부분의 의미와 가장 가까운 것을 고르시오.

> The Athletics Federation have banned the runner from future races for using proscribed drugs.

① prohibit   ② aggregate

③ allocate   ④ gnarl

03 밑줄 친 부분의 의미와 가장 가까운 것을 고르시오.

> After the Second World War, Doha has grown by leaps and bounds owing to oil development.

① rapidly   ② inevitably

③ abnormally   ④ substantially

04 어법상 옳지 않은 것은?

① I bought a car, the color of which is silver.

② That's the man whose name I always forget.

③ I visited my hometown last winter, where I met my first love.

④ He has a very irritated habit of reading my diary secretly.

05 어법상 옳지 않은 것은?

① 함께 춤을 추면서 우리는 즐거운 시간을 보냈다.
   ➡ Dancing together, we had a good time.

② 이 잡지를 읽고 싶은 사람에게 주어라.
   ➡ Give this magazine to whoever wants to read it.

③ 위대한 학자인 그는 상식이 부족하다.
   ➡ Great scholar as he is, he is lacking in common sense.

④ 좁은 길을 걷다가 내 모자가 바람에 날아갔다.
   ➡ My hat was blown off by the wind while walking down a narrow street.

06 다음 대화 중 어색한 것은?

① A : Would you prefer to sit closer to the front?
   B : Yes, I can barely see from here.

② A : Can't you stay a little longer?
   B : Yes, I must be going now.

③ A : I haven't eaten since this morning. I could eat a horse!
   B : Let me make you a sandwich.

④ A : You seem distracted today. Is everything okay?
   B : I just have a lot on my mind.

24

07 다음 글의 빈칸에 들어갈 말로 가장 적절한 것은?

Farmers plant more seeds than are necessary to ensure full breeding. If more plants sprout than are necessary, the extra plants should be pulled out, before they choke out the most promising sprout. It can be difficult for farmers to kill their own offspring, even though they know it's for the best. Writers sometimes face the same dilemma. You are faced with tough choices where certain scenes you love and worked hard on just don't fit into the story. Maybe there is a character you adore, but he does nothing to move the story along. If you are getting good sound advice from all around you that certain materials don't work, think about being flexible in order to _____.

① find a way to make your story more complex
② gather as many details as possible for your work
③ make sure you don't choke out the story with them
④ conceal the place you want to go with your readers

08 다음 글의 빈칸에 들어갈 말로 가장 적절한 것은?

In Hawaii, a two-level price system for tourists and locals is openly advertised at hotels, car rental companies, entertainment, and visitor attractions. Locals pay much lower prices for the same purchases. Locals-only price discounts are usually more readily available during low seasons when suppliers have a lot of excess capacity on hand. In China, it is common to encounter a three-level price system where non-overseas tourists from other regions of China pay the highest prices, foreign visitors from overseas pay lower prices, and locals pay the lowest prices. Openly charging higher prices to tourists, as in Hawaii and China, is not common in other travel destinations, perhaps to avoid angering tourists who may return another day. However, in Hawaii and China, _____ pricing is an "open secret" among local residents who qualify for locals-only price discounts.

① legal
② multiple
③ standard
④ reasonable

09 다음 글의 빈칸에 들어갈 말로 가장 적절한 것은?

Here are two multiplication problems; Question1 : What is the product of $1 \times 2 \times 3 \times 4 \times 5 \times 6 \times 7 \times 8$? and Question2 : What is the product of $8 \times 7 \times 6 \times 5 \times 4 \times 3 \times 2 \times 1$? Instead of calculating the answer, take two or three seconds to make a rough estimate. If we put these questions side by side, the numbers are the same. So if we were truly logical beings our answer should be the same for both. However, we are psychological beings so we take shortcuts. When we are asked to answer the first question by itself, the answers average about 500. But when the order of the numbers is reversed, the answers average well above 2,000. In the second problem, the product of the first three numbers is high, and in the first it is low, resulting in hugely different projections. This shows that _____.

① the way we avoid problems controls the way we think

② the attention-grabbing effort has a good result on life

③ the first information has a large influence on what follows

④ the close observation of the result makes right judgement

10 다음 글의 빈칸에 들어갈 말로 가장 적절한 것은?

Even though people seek both social status and affluence, their primary goal is to attain social status. A case can be made, in particular, that their pursuit of affluence is _____ : they pursue it not for its own sake but because increased affluence will enhance their social standing. Why, after all, do they want the clothes, the car, and the house they long for? In large part because attaining these things will impress other people. Indeed, if there were no one around to impress, few would feel driven to live a life of luxury, even if they could attain that luxury without having to work for it. Likewise, if wealthy individuals found themselves living in a culture in which people despised rather than admired those who live in luxury, one imagines that they would abandon their mansion and late-model car in favor of a modest home with an old car parked in the driveway.

① involuntary ② instrumental

③ materialistic ④ unconditional

1 단어

순번	단어	뜻	순번	단어	뜻
1	canny		7	allocate	
2	misanthropic		8	gnarl	
3	consequential		9	by leaps and bounds	
4	creaky		10	inevitably	
5	proscribe		11	abnormally	
6	aggregate		12	substantially	

2 문법

순번	문장	
1	I bought a car, the color of which is silver.	○ / ×
2	That's the man whose name I always forget.	○ / ×
3	I visited my hometown last winter, where I met my first love.	○ / ×
4	He has a very irritated habit of reading my diary secretly.	○ / ×
5	함께 춤을 추면서 우리는 즐거운 시간을 보냈다. ➡ Dancing together, we had a good time.	○ / ×
6	이 잡지를 읽고 싶은 사람에게 주어라. ➡ Give this magazine to whomever wants to read it.	○ / ×
7	위대한 학자인 그는 상식이 부족하다. ➡ Great scholar as he is, he is lacking in common sense.	○ / ×
8	좁은 길을 걷다가 내 모자가 바람에 날아갔다. ➡ My hat was blown off by the wind while walking down a narrow street.	○ / ×

MEMO

진가영 영어
적중 하프 모의고사

진가영 영어
적중 하프 모의고사
Half test

정답
및
해설
01회~24회

ANSWER

| 01 ④ | 02 ② | 03 ③ | 04 ④ | 05 ① |
| 06 ③ | 07 ① | 08 ④ | 09 ④ | 10 ③ |

01 정답 ④

해설

★ **prevailing** 1) 우세한
2) 널리 행해지는
= widespread, ubiquitous, omnipresent, prevalent, rampant, rife

어휘

• **logical** 타당한, 논리적인 = reasonable, rational
• **implicit** 암시된, 내포된 ↔ explicit 명백한, 노골적인
• **respectable** 존경할 만한 = reputable

해석

우리는 지역 교도소들에 만연한 상황에 소름이 끼쳤다.

02 정답 ②

해설

★ **give out** 1) ~을 나눠주다 = hand out
2) (열·빛 등을) 내다[발하다]

어휘

• **break into** 침입하다
• **let off** (폭탄을) 터뜨리다, (총을) 발사하다, ~를 봐주다
• **stand out** 빼어나다, 눈에 띄다, 튀어나오다 = be impressive

해석

그녀는 라일락 냄새를 풍기면서 들어왔다.

03 정답 ③

해설

★ **passionate** 열성적인, 열렬한
= enthusiastic, eager, ardent, zealous, fervent

어휘

• **perilous** 위험한, 위태로운, 모험적인
• **dismal** 음울한, 음침한
• **impoverished** 빈곤한, 가난해진
= poor, penniless, needy, destitute, indigent, impecunious

해석

성장하는 기업은 성공을 위해 대담하고 열성적인 지도자를 보유해야 한다.

04 정답 ④

해설

④ become은 2형식 동사로 형용사나 명사 주격 보어가 필요하다. 다만, 주격 보어로 명사가 쓰일 때는 주어와 명사가 동격 관계가 되는지를 확인해야 한다. 주어진 문장에서 그(He)와 책임(responsibility)이 동격 관계가 될 수 없으므로 명사가 아닌 형용사 responsible로 써야 한다.

① to부정사는 부사 역할을 하고 있고 1형식 동사 laugh가 올바르게 쓰였다.

② be to부정사가 구조가 올바르게 쓰였고 depart가 1형식 동사로 올바르게 쓰였다.

③ seem은 2형식 동사로 뒤에 명사, 형용사, 그리고 to부정사를 주격 보어로 쓸 수 있고 형용사 주격 보어가 올바르게 쓰였다.

해석

① 그녀는 어색한 기분을 감추려고 웃었다.

② 원래 그의 의도는 일주일 더 빨리 출발하는 것이었다.

③ 당신은 사람들이 보통 지니고 있는 감정이 없는 것 같다.

④ 그는 그 회사를 단독으로 책임지게 되었다.

05 정답 ①

해설

① approach는 3형식 타동사로 전치사 없이 바로 목적어를 가질 수 있다. 따라서 to를 삭제해야 한다.

② offer는 4형식 동사로 간접목적어(~에게), 직접목적어(~을/를) 두 개의 목적어가 올바르게 쓰였다.

③ notice는 '~을 알다'라는 뜻으로 5형식 지각 동사로 쓰일 수 있고 이때 목적어와 목적격 보어가 능동이면 목적격 보어 자리에 동사원형이나 현재분사가 쓰인다. 그가 떠나는 행동을 하는 능동의 의미이므로 현재분사로 올바르게 쓰였다.

④ help는 5형식 동사로 쓰일 경우 목적격 보어로 to부정사 또는 동사원형을 쓴다. give up이라는 동사원형이 올바르게 쓰였다.

해석

① 그의 언어적 풍요로움에 근접하는 작가는 거의 없다.

② 그녀는 우리에게 다섯 종류의 각각 다른 케이크를 주었다.

③ 나는 그가 떠나는 것을 알지 못했다.

④ 최면술이 내가 담배를 끊는 것을 도와주었다.

01

06 정답 ③

해설

빈칸 뒤에 왜 안되는지 묻고 있는 여자의 말이 이어지고 있으므로 남자가 연습을 함께 할 수 없다는 내용인 ③이 빈칸에 적절하다.

해석

W: 안녕, 마이크. 어깨는 좀 어때? 아직도 아파?

M: 아니, 난 완전히 괜찮아, 에밀리. 나는 탁구 토너먼트 준비를 해야겠지.

W: 다행이야. 그럼 지금 나랑 연습해볼래?

M: 미안하지만 지금 당장은 안 돼.

W: 왜 안 되는거야? 역사 숙제를 해야 하니?

M: 아니, 나는 이미 그걸 Jackson 선생님께 제출했어.

① 그 시간 괜찮아?

② 난 준비가 된 것 같아.

③ 미안하지만 지금 당장은 안 돼.

④ 어디서 열리지?

07 정답 ①

해설

역접 연결어를 통해 주제문을 제시하는 중괄식 구조의 글로 지문 중간에 역접 연결어 However 이후에 '시간을 효율적으로 활용하고 측정하기 위해서 시간대(time zone)를 사용하지 않을 수 없음'을 말하고 있고 그 뒤에 그 이유에 관해서 설명이 이루어지고 있으므로 ① '우리가 시간대를 가지는 이유'가 정답이다.

주제문	부연 설명	선택지	
(그러나) 타임존을 사용하지 않고는 불가능하다.	이유 지구가 1시간에 15도 돌기 때문에 …	① 우리가 시간대를 가지는 이유	○
		② 하루를 24시간으로 나눈 원천	×
		③ 일광 절약 시간에 대한 국제적인 정책들	×
		④ 시계 방향을 사용하는 것의 이점	×

★ [이중 부정은 강한 긍정을 나타낸다.]

어휘

• time zones (동일 표준시를 사용하는) (표준) 시간대

• daylight saving time 일광 절약 시간, 서머 타임

• clockwise 시계 방향으로

• counter clockwise 시계 반대 방향으로

해석

시간을 효율적으로 활용하고 측정하기 위해서, 전 세계의 모든 사람들은 태양이 하늘에서 가장 높은 지점에 있는 시간을 정오로 설정하고 싶어 한다. 그러나 이것은 시간대의 사용 없이는 불가능한 것 같다. 지구가 시간당 15도씩 자전하기 때문에, 태양은 세계 각국에서 낮 동안 다른 시간에 하늘의 가장 높은 지점에 있다. 시간대 이면의 생각은 우리가 세상을 각각 15도씩 24개의 동일한 조각이나 지역으로 나눌 수 있고, 각 지역에 따라서 시계를 맞출 수 있다는 것이다. 그래서 우리는 각 국가마다 태양이 하늘의 가장 높은 지점에 있을 때를 정오라고 지정할 필요를 유지할 수 있고, 다른 시간대 간의 시간을 이해하는 것이 쉬워졌다.

08 정답 ④

해설

두괄식 구조의 글로 첫 번째 문장이 도입문장으로 제시되고 두 번째 문장이 주제문으로 제시되며 세 번째 문장부터 부연 설명이 이어지고 있다. 이 글은 소비문화를 주제로 대량 판매 시장이 성장하고 있음을 보여준다. 따라서 주어진 선택지에서 정답은 ④ '대량 소비 사회의 도래'이다.

소재/주제	주제문	선택지	
소비 문화	제조업자들은 회사의 이익을 보장하기 위해서 더욱더 많은 상품을 만들어 더욱더 많은 사람들에게 판매하는 것이 점차적으로 필요하게 되었다.	① 부와 행복을 얻는 방법들	×
		② 자본주의 본질로서의 돈	×
		③ 상품을 파는 다양한 홍보들	×
		④ 대량 소비 사회의 도래	○

어휘

• consumption 소비

• industrialization 산업화

• capitalist 자본주의

• guarantee 보장하다

• formula 공식, 방식

• social status 사회적 지위

• reflect 반영하다, 나타내다

• purchase 구매

해석

소비 문화는 자본주의 경제에서 산업화 과정의 직접적인 결과로 생겨났다. 제조업자들은 회사의 이익을 보장하기 위해서 더욱 더 많은 상품을 만들어 더욱 더 많은 사람들에게 판매하는 것이 점차적으로 필요하게 되었다. 이런 방식의 성공은 또한 대량 판매 시장의 성장에 달려 있었다. 전반적으로 부의 수준이 향상되면서, 그들의 향상된 사회적 지위를 반영할 새로운 상품을 찾는 새로운 소비의 수가 증가했다. 그들 대부분은 "사회적 상위층"의 구매를 모방함으로써 그들을 뒤쫓았다. 어디에서든, 새로운 소비자는 새로 발견한 부를 전시하고 그들이 구매한 많은 상품을 통해서 사회적인 야망의 본질을 과시했다.

09 정답 ④

해설

이글은 양괄식 구조의 글로 첫 번째 문장이 주제문으로 개인적인 의식(a private ritual)을 언급한 후 이에 대해 부연 설명을 하고 있다. 후반부에서도 '당신의 시간'이라는 내용을 고려해 볼 때 이글은 '개인적인 시간'이 주제임을 알 수 있다.

소재/주제 - 일화	주제문
나의 개인적인 의식	만약 당신의 목표가 보다 편안하고 행복해지는 것이라면, 당신만이 독점하는 활동을 만들라.

★ [사례 → 일반화] 자신의 사례를 통해서 '개인적인 활동'의 중요성을 강조하는 글이다.

어휘

• **meditate** 명상하다
• **ritual** 의식
• **reflect on** 회상하다
• **cherish** 소중히 여기다
• **squeeze** 죄다, 압착하다
• **browse** 여기저기 읽다(구경하다)
• **reserved for you** 당신을 위해 예비된
• **exclusively** 독점적으로, 배타적으로
• **meditation** 명상
• **merit** 장점

해석

거의 매일 하루를 시작할 때, 나는 개인적인 의식을 갖는다. 우선 나는 가족 중 어느 누구보다도 일찍 일어난다. 나는 이 시간에 스트레칭을 하고, 조용히 커피를 마시며, 내가 좋아하는 책 한두 장(章)을 읽으며, 때로는 명상을 하거나 내 삶에 대해 반성하기도 한다. 나는 나의 하루 중 이 특별한 의식을 소중히 여긴다. 분명 모든 사람은 다르다. 어떤 이들은 그들의 반복되는 일상에 약간의 운동을 밀어 넣고 싶어 한다. 다른 사람들은 서점을 여기저기 돌아다니거나 일을 시작하기 전에 조용히 커피 한 잔을 마시고 싶어 한다. 하지만 또 다른 이들은 사전에 정해진 시간에 따뜻한 목욕이나 샤워를 하고 싶어 한다. 중요한 것은 그것이 당신을 위해 확보된 그날의 특별한 일부인 당신의 시간이라는 것이다. 만약 당신의 목표가 보다 편안하고 행복해지는 것이라면, 당신만이 독점하는 활동을 만들라.
① 아침형 인간이 되려고 노력해라
② 명상의 중요성
③ 의료적 치료로서의 의식
④ 개인 시간을 갖는 것의 장점

10 정답 ③

해설

드라마와 등장인물을 소재로 글에서 강조하는 것은 '배우'이다. 따라서 정답은 ③ '연극에서 배우가 차지하는 중요성'이다.

소재/주제	주제문	선택지	
드라마와 등장인물	이러한 이유로 배우는 극에서 가장 중요한 구성 요소이다.	① 소설과 희곡의 다른 점	×
		② 훌륭한 배우를 양성하는 과정	×
		③ 연극에서 배우가 차지하는 중요성	○
		④ 연극 관람 시 필요한 예절	×

어휘

• **component** 구성하는, 성분의
• **solely** 혼자서, 단독으로
• **transmit** (물건 등을) 부치다, 보내다, 건네다, 전달하다
• **reasonable** 분별 있는, 사리를 아는
• **explanation** 설명, 해설, 해석, 해명
• **transmit** 전달하다

해설

드라마의 줄거리는 등장인물에 의해 전달된다. 작가는 그의 생각을 배우를 통해서 관객에게 전달한다. 배우는 그의 행동과 목소리를 통해서 이 일을 수행한다. 그는 배역을 관객에게 해석해 주어야 하며, 그렇게 함으로써 그는 자신의 독특한 개성을 등장인물 위에 덧입힌다. 이러한 이유로 배우는 극에서 가장 중요한 구성 요소이다. 그가 자신이 그 배역을 연기하고 있는 가상의 인물이 행동할 만한 방식으로 말하거나 움직이지 않는다면, 줄거리는 관객에게 명확하게 전달되지 않을 것이다. 우리가 소설에서 볼 수 있는 것과 같은, 작가의 적절한 설명이 있을 수 없어서 관객은 배우에게 전적으로 의지해야 한다. 배우가 즉각 전달해 주지 못한 것은 관객에게는 영원히 전달되지 못하는 것이 된다.

1 단어

순번	단어	뜻	순번	단어	뜻
1	prevailing	우세한, 널리 행해지는	7	let off	(폭탄을) 터뜨리다, (총을) 발사하다, ~를 봐주다
2	logical	타당한, 논리적인	8	stand out	빼어나다, 눈에 띄다, 튀어나오다
3	implicit	암시된, 내포된	9	passionate	열성적인, 열렬한
4	respectable	존경할 만한	10	perilous	위험한, 위태로운, 모험적인
5	give out	~을 나눠주다, (열·빛 등을) 내다[발하다]	11	dismal	음울한, 음침한
6	break into	침입하다	12	impoverished	빈곤한, 가난해진

2 문법

순번	문장	
1	She laughed to cover up her feeling of awkwardness.	○
	해설 to부정사는 부사적 역할을 하고 있고 1형식 동사 laugh가 올바르게 쓰였다.	
2	His intention was to depart a week earlier.	○
	해설 be to부정사가 구조가 올바르게 쓰였고 depart가 1형식 동사로 올바르게 쓰였다.	
3	You seem destitute of ordinary human feelings.	○
	해설 seem은 2형식 동사로 뒤에 명사, 형용사, 그리고 to부정사를 주격 보어로 쓸 수 있고 형용사 주격 보어가 올바르게 쓰였다.	
4	He became solely responsibility for the firm.	×
	해설 become은 2형식 동사로 형용사나 명사 주격 보어가 필요하다. 다만, 주격 보어로 명사가 쓰일 때는 주어와 명사가 동격 관계가 되는지를 확인해야 한다. 주어진 문장에서 그(He)와 책임(responsibility)이 동격 관계가 될 수 없으므로 명사가 아닌 형용사 responsible로 써야 한다.	
5	Few writers approach to his richness of language.	×
	해설 approach는 3형식 타동사로 전치사 없이 바로 목적어를 가질 수 있다. 따라서 to를 삭제해야 한다.	
6	She offered us five different kinds of cakes.	○
	해설 offer는 4형식 동사로 간접목적어(~에게), 직접목적어(~을/를) 두 개의 목적어가 올바르게 쓰였다.	
7	I didn't notice him leaving.	○
	해설 notice는 '~을 알다'라는 뜻으로 5형식 지각 동사로 쓰일 수 있고 이때 목적어와 목적격 보어가 능동이면 목적격 보어자리에 동사원형이나 현재분사가 쓰인다. 그가 떠나는 행동을 하는 능동의 의미이므로 현재분사로 올바르게 쓰였다.	
8	Hypnosis helped me give up smoking.	○
	해설 help는 5형식 동사로 쓰일 경우 목적격 보어로 to부정사 또는 동사원형을 쓴다. give up이라는 동사원형이 올바르게 쓰였다.	

| 01 ① | 02 ④ | 03 ② | 04 ④ | 05 ③ |
| 06 ② | 07 ④ | 08 ① | 09 ④ | 10 ③ |

01 정답 ①

해설

★ **abhor** 몹시 싫어하다, 혐오하다 = detest, loathe, hate

어휘

• **tolerate** 1) 관대하게 다루다
          2) 참다, 견디다, = put up with, endure, stand, bear
• **resign** 1) 사직[사임]하다 = step down, quit
         2) 체념하다
• **sniff** 코를 훌쩍이다, 냄새를 맡다(at)

해석

실리콘밸리의 벤처기업들은 절대적으로 정부의 개입을 <u>혐오한다</u>.

02 정답 ④

해설

★ **amend** 고치다, 개정하다, 수정하다
   = modify, revise, alter, adjust, adapt, change

어휘

• **assess** 평가하다, 사정(査定)하다 = evaluate, appraise, estimate
• **confirm** 확인하다, 확증하다 = corroborate, validate, verify
• **renounce** 버리다, 포기하다 = abandon, relinquish, give up

해석

학과 지도 교수는 팀이 필수 과목을 들을 시간이 더 생기도록 그의 스케줄을 <u>조정할 수 있다</u>.

03 정답 ②

해설

★ **put on** ~을 입다, ~을 바르다, 살이 찌다, 무대에 올리다, 가장하다

어휘

• **get on** ~에 타다
• **take after** 1) ~을 닮다 = resemble
           2) ~을 쫓아가다[오다]
• **get on with** ~와 사이좋게 지내다

해석

그녀는 얼굴에 파우더를 바르고 립스틱을 <u>칠했다</u>.

04 정답 ④

해설

④ put off는 '~을 미루다, 연기하다'라는 뜻의 타동사로 뒤에 목적어가 없는 경우에는 수동태 구조인 was put off로 써야 올바르다.
① in 과거 연도는 과거 시제와 어울리고 publish는 타동사로 뒤에 목적어가 없으므로 was published로 올바르게 쓰였다.
② '~하기 전에 ~했다'라는 의미가 있는 '주어 had not p.p. when/before 주어 과거 동사' 구조가 올바르게 쓰였다.
③ for 기간과 현재완료시제가 올바르게 쓰였다.

해석

① 초판은 2002년에 출판되었다.
② 얼마 기다리지 않아 그가 왔다.
③ Mark와 한 팀에서 일한 지 5년이 넘었다.
④ 비가 오는 바람에 경기가 연기되었다.

05 정답 ③

해설

③ result in은 수동태로 쓰이지 않는 동사이므로 be resulted in을 result in으로 써야 올바르다.
① until은 시간을 나타내는 접속사로 미래시제 대신 현재시제로 나타내므로 현재시제인 is가 올바르게 쓰였다.
② give는 4형식 동사로 간접목적어(~에게), 직접목적어(~을/를) 두 개의 목적어를 취하므로 다음과 같은 두 가지 패턴의 수동태 구조를 가진다.
(1) 간접목적어 be given 직접목적어
(2) 직접목적어 be given to 간접목적어
주어진 문장에서는 '간접목적어 be given 직접목적어' 구조로 올바르게 쓰였다.
④ 5형식 지각 동사의 경우 수동태 구조를 만들 때 목적격 보어 자리에 동사원형은 to부정사로 바뀌게 되므로 be seen to부정사의 구조로 올바르게 쓰였다.

해석

① 회의가 끝날 때까지 나는 밖에서 기다릴 것이다.
② 우리는 다섯 가지 다른 종류의 케이크들을 받았다.
③ 잘못된 데이터가 잘못된 결정으로 이어질 수 있다.
④ 그가 건물 안으로 들어가는 것이 목격되었다.

06 정답 ②

해설

빈칸 뒤에 큰방이 필요하다는 내용을 고려해 볼 때 ②가 빈칸에 적절하다.

해석

M : Mike, 내일 있을 그룹 프로젝트 회의 공부방 예약했어?

W : 룸을 예약하기 위해 웹사이트를 보고 있어. 같이 예약하자.

M : 물론이지. 아, 이 룸들만 이용할 수 있네.

W : 응. 흠, 이건 우리에게 너무 작아.

M : 그래. 우리는 우리 여섯 명이 묵을 수 있을 만큼 큰 방이 필요해.

W : 좋아. 이제, 시간대를 알아보자. 우리 모두 오후 1시 이후에 만나기로 동의했지, 그렇지?

M : 응. 그럼 이건 넘어가자.

① 이 행사는 누구나 참여할 수 있어

② 이건 우리에게 너무 작아

③ 우리는 5명의 공인된 전문 트레이너를 가지고 있어

④ 나는 내 계획을 수정할 거야

07 정답 ④

해설

역접 연결어를 통해 주제문을 제시하는 중괄식 구조의 글로 지문 중간에 역접 연결어 Yet 이후에 '이사와 관련된 상황은 그것이 가족에게, 특히 어린아이들에게 어떻게 영향을 미치는가 하는 점에서 큰 차이를 초래한다'는 내용을 미뤄볼 때 가장 적절한 요지는 ④가 된다.

주제문	선택지	
이사와 관련된 상황은 그것이 가족에게, 특히 어린아이들에게 어떻게 영향을 미치는가 하는 점에서 큰 차이를 초래한다.	① 이사를 통해 아이의 도전 정신을 길러 줘야 한다.	×
	② 부모의 사회적 지위가 자녀의 학교 수준을 결정한다.	×
	③ 거주 이전의 자유는 경제 사정에 의해 제한을 받는다.	×
	④ 주변 상황에 따라 이사는 자녀에게 다양한 영향을 미친다.	○

어휘

- **residential** 거주하는, 거주의
- **mobility** 이동
- **entrepreneurship** 기업가 정신
- **profound** 심오한
- **disturb** 방해하다, 혼란시키다
- **overlap** 겹치다, 중첩되다
- **bring about** 초래하다, 일으키다

해석

미국에서 주거지 이동은 자유, 기회 및 기업가 정신과 매우 밀접한 관계가 있다. 그러나 이사와 관련된 상황은 그것이 가족에게, 특히 어린아이들에게 어떻게 영향을 미치는가 하는 점에서 큰 차이를 초래한다. 예를 들면 어떤 가족이 부모로 하여금 더 나은 직장을 얻게 하거나 아이들로 하여금 더 나은 학교를 다니게 하기 위해 새로운 지역이나 전국으로 이사를 하게 되면 비록 그들의 생활에 일시적으로 지장이 있다 하더라도 아이들에게 이득이 될 것이다. 반면에 부정적인 이유로 인한 빈번한 이사는, 특히 이런 이사가 빈번한 전학을 요구한다면 어린 아이들에게 부정적인 영향을 미치기가 더 쉽다. 주거지 이동과 전학의 개념은 학생의 복지에 대한 우려의 맥락에서 상당히 중첩되는데, 부분적으로는 빈번한 전학이 종종 가족의 주거지 이동에 의해 생기기 때문이다.

08 정답 ①

해설

미괄식 구조의 글로 유전 정보를 담고 있는 도서관을 보호해야된다는 내용임을 알 수 있으므로 정답은 ①이다.

주제문	선택지	
우리가 그러한 유전적 정보를 갖고 있는 사서를 있게 함으로써 지구의 방대한 유전적 정보를 보호하는 일이 현재 가장 중요하다.	① 유전 도서관 보호	○
	② 다양한 화학 물질 재생성	×
	③ 유전자 정보 수집 → 유전자 정보의 보호를 강조하고 있으므로 틀리다.	×
	④ 동물을 보호하는 것의 중요성	×

★[강조를 통한 주제문 표현] 'it is of great importance … (매우 중요하다)'의 강조 기법을 통한 주제문을 명시하고 있다.

어휘

- **reconstruct** 재구성하다
- **genetic** 유전의
- **reconstitute** 재구성하다, 재현시키다, 복원하다
- **original** 최초의; 본래의, 근원적인
- **extinction** 멸종

해석

아마도 우리는 언젠가 동물 또는 식물의 유전적 정보를 파악하여 미래를 위해서 고성능 컴퓨터에 그 정보를 저장할 수 있을 것이다. 아마도 우리는 그러한 유전자를 재구성하고 그 화학 물질들을 재창출하는 방법을 개발하거나 심지어 그 정보가 한때는 일부분이었던 원래 동식물을 재구성할 수 있게 될 것이다. 그때가 되면 우리는 더 이상 멸종을 두려워할 필요가 없다; 유전자 도서관은 컴퓨터 기억 장치에 안전하게 저장될 것이기 때문이다. 그러나 그런 날은 먼 미래다. 오늘날 우리는 그러한 능력을 소유함에 접근조차도 못하고 있다. 그런 능력을 갖게 되는 것은 먼 미래의 일이다. 우리가 그러한 유전적 정보를 갖고 있는 사서를 있게 함으로써 지구의 방대한 유전적 정보를 보호하는 일이 현재 가장 중요하다.

① 유전 도서관 보호

② 다양한 화학 물질 재생성

③ 유전자 정보 수집

④ 동물을 보호하는 것의 중요성

02

09 정답 ④

해설

양괄식 구조의 글로 글 초반에 나오는 통념을 비판하는 내용이 글의 주제이고 정답은 ④ '사용되지 않은 근육은 지방으로 변한다는 근거 없는 믿음의 이면'이다.

통념	주제
운동을 하지 않으면, 근육이 지방으로 변한다.	이것은 사실이 아니다 : 근육과 지방은 상대방으로 바뀌지 않는다.

어휘

- **specialized** 특화된, 전문적인
- **tissue** 조직
- **fiber** 섬유
- **exert** (힘, 영향력을) 쓰다, 가하다
- **excessive** 과도한
- **intake** 섭취(량)
- **shrink** 줄어들다, 오그라들다
- **vice versa** 거꾸로, 반대로; 역(逆)도 또한 같음
- **contractile** 수축성이 있는

해석

많은 사람들이 만약에 그들이 운동을 중단한다면, 그들의 근육은 지방으로 바뀔 것이라고 믿는다. 이것은 전혀 사실이 아니다. 근육이나 지방 둘 다 다른 한쪽으로 변하지 않는다. 둘 모두는 여러분의 신체에서 특정한 역할을 하는 매우 특화된 종류의 조직이다. 근육은 힘을 쓰도록 만들어진 수축성 단백질을 포함하는 스파게티 모양의 섬유로 구성된다. 지방 세포는 지방을 저장하도록 만들어진 둥근 용기이다. 근육이 커지거나 더 작아지는 이유는 훈련이 근육 섬유의 크기를 확대하는 반면, 운동을 중단하는 것은 이 섬유의 크기를 줄이기 때문이다. 그에 반해서 지방 세포는 과도한 열량 섭취로 인해 더 많은 지방을 저장할 때 크기가 커진다. 이에 반해서 여러분이 섭취한 것보다 더 많은 열량을 사용한다면, 지방 세포는 줄어든다. 그러나 어떤 경우에도 여러분의 길고 가느다란 근육 섬유가 둥근 지방 덩어리로 바뀌지 않으며, 그 반대의 경우도 마찬가지이다.
① 건강해지는 최고의 방법 : 근력[체력] 보강 훈련
② 여러분의 신체가 정상적으로 기능하게 하는 방법
③ 체중 증가는 과도한 열량 섭취에서 기인
④ 사용되지 않는 근육들은 지방으로 바뀐다는 통념

10 정답 ③

해설

중괄식 구조의 글로 '늙는 것, 병에 걸리는 것' 등의 문제점을 제시하고 나서, 대조의 논리로 나이가 들어감에 따라 인간의 뇌가 놀라운 능력을 발휘하게 된다는 내용의 글이다. 따라서 정답은 ③이다.

주제문	재진술
하지만 신경과학자들은 중년의 뇌가 실제로 놀라운 능력을 가지고 있음을 발견	그것은 복잡한 문제의 얽히고설킨 것들을 잘라내서 구체적인 해답을 찾아낼 수 있는 강력한 체계를 발달시킴

어휘

- **discern** 분별하다, 식별하다
- **lose a step** 한 단계 저하하다
- **imaginary** 상상의
- **unreasonable** 비합리적인
- **neuroscientist** 신경과학자
- **intricacy** 얽히고설킴, 복잡함, 착잡함
- **concrete** 유형의, 구체적인
- **calmly** 차분하게
- **indeed** 실제로
- **fascinating** 매혹적인
- **perspective** 시각, 경치, 가망
- **assimilate** 흡수하다, 동화하다

해석

우리 모두는 늙는 것을 걱정한다. 우리 모두는 병에 걸리는 것을 걱정한다. 하지만 우리는 정말로 우리의 정신을 잃는 것을 걱정한다. 그렇다, 중년의 뇌는 기능이 한 단계 저하된다. 우리의 문제들은 상상 속의 일만이 아니고, 우리의 걱정은 비합리적인 것이 아니다. 하지만 신경과학자들은 중년의 뇌가 실제로 놀라운 능력을 가지고 있음을 발견했다. 그것은 복잡한 문제의 얽히고설킨 것들을 잘라내서 구체적인 해답을 찾아낼 수 있는 강력한 체계를 발달시켰다. 그것은 젊은 시절보다 더 냉정하게 감정과 정보들을 관리한다. 실제로 새로운 일련의 매혹적인 연구들은 우리의 뇌가 나이 들어 가는 방식이 우리에게 보다 넓은 관점을 제공해 주며 심지어 더 독창적일 수 있음을 시사해 주고 있다. 더 나이 든 뇌는 또한 연관 짓기에 더 뛰어나다. 그렇다, 나이 든 사람들은 새로운 정보를 받아들이는 데 보다 오랜 시간이 걸린다. 하지만 그들이 이미 알고 있는 사실과 관련된 정보에 직면하게 되었을 때, 그들의 뇌는 양상을 구분하고 논리적인 결론 부분으로 도약하면서 보다 빠르고 현명하게 작용하는 경향이 있다.
① 뇌 노화를 늦추는 방법
② 늙어가는 것의 문제들
③ 노화에 따른 뇌의 이점들
④ 운동이 창의력에 미치는 효과들

1 단어

순번	단어	뜻	순번	단어	뜻
1	abhor	몹시 싫어하다, 혐오하다	7	confirm	확인하다, 확증하다
2	tolerate	관대하게 다루다, 참다, 견디다	8	renounce	버리다, 포기하다
3	resign	사직[사임]하다, 체념하다	9	put on	~을 입다, ~을 바르다, 살이 찌다, 무대에 올리다, 가장하다
4	sniff	코를 훌쩍이다, 냄새를 맡다(at)	10	get on	~에 타다
5	amend	고치다, 개정하다, 수정하다	11	take after	~을 닮다, ~을 쫓아가다[오다]
6	assess	평가하다, 사정(査定)하다	12	get on with	~와 사이좋게 지내다

2 문법

순번	문장	
1	The first edition was published in 2002.	○
	해설 in 과거 연도는 과거 시제와 어울리고 publish는 타동사로 뒤에 목적어가 없으므로 was published로 올바르게 쓰였다.	
2	I had not waited long before he came.	○
	해설 '~하기 전에 ~했다'라는 의미가 있는 '주어 had not p.p. when/before 주어 과거 동사' 구조가 올바르게 쓰였다.	
3	I have worked with Mark in the same team for over five years.	○
	해설 for 기간과 현재완료시제가 올바르게 쓰였다.	
4	The game put off because of the rain.	×
	해설 put off는 '~을 미루다, 연기하다'라는 뜻의 타동사로 뒤에 목적어가 없는 경우에는 수동태 구조인 was put off로 써야 올바르다.	
5	I'll wait outside until the meeting's over.	○
	해설 until은 시간을 나타내는 접속사로 미래시제 대신 현재시제로 나타내므로 현재시제인 is가 올바르게 쓰였다.	
6	We were given five different kinds of cakes.	○
	해설 give는 4형식 동사로 간접목적어(~에게), 직접목적어(~을/를) 두 개의 목적어를 취하므로 다음과 같은 두 가지 패턴의 수동태 구조를 가진다. (1) 간접목적어 be given 직접목적어 (2) 직접목적어 be given to 간접목적어 주어진 문장에서는 '간접목적어 be given 직접목적어' 구조로 올바르게 쓰였다.	
7	Bad data can be resulted in bad decisions	×
	해설 result in은 수동태로 쓰이지 않는 동사이므로 be resulted in을 result in으로 써야 올바르다.	
8	He was seen to enter the building.	○
	해설 5형식 지각 동사의 경우 수동태 구조를 만들 때 목적격 보어 자리에 동사원형은 to부정사로 바뀌게 되므로 be seen to부정사의 구조로 올바르게 쓰였다.	

ANSWER

01 ③	02 ④	03 ②	04 ②	05 ③
06 ④	07 ②	08 ③	09 ④	10 ②

01 정답 ③

해설

★ **cowardly** 겁이 많은, 용기 없는, 비겁한 = gutless

어휘

• **meticulous** 신중한, 세심한, 꼼꼼한
  ≒ careful, thorough, fastidious, scrupulous, punctilious
• **lenient** 관대한 = generous, merciful, magnanimous
• **unbiased** 선입견 없는, 편파적이지 않은
  = equitable, impartial, fair

해석

그녀는 겁이 많아 우리에게 말대꾸를 하지 못한다.

02 정답 ④

해설

★ **meditate** 명상하다, 숙고하다 = contemplate, ponder
  cf. mediate 중재[조정]하다

어휘

• **discard** 버리다, 폐기하다
  = abandon, desert, dispose of, throw away, do away with
• **aggravate** 1) 악화시키다 = worsen
    2) 화나게 만들다 = exacerbate, exasperate
• **contract** 계약하다, 수축시키다, (병에) 걸리다

해석

그들은 1주일 가량 더 그 문제에 대해 숙고하기로 결정했다.

03 정답 ②

해설

★ **delve into** ~을 조사하다
  = look into, probe into, go over, pore over, examine, inspect, investigate

어휘

• **make up to** ~에게 아첨하다 = play up to, butter up, flatter
• **take down** 내리다, 무너뜨리다, 적어 두다
  적어 두다 = jot down, put down, note down, write down
• **come down with** (병에) 걸리다 = contract

해석

특별위원회는 또한 군대 병영 내에서 발생한 수십 건의 불확실한 자살 사건도 조사할 예정이다.

04 정답 ②

해설

② deal with는 3형식 타동사구로 뒤에 목적어가 없을 경우 be p.p. 수동태로 쓰이므로 it을 삭제해야 올바르다.
① has gone to는 '~에 갔다(그 결과 지금 여기에 없다)'는 의미를 내포하는 표현으로 1인칭(I, We)과 2인칭(You)을 주어로 쓸 수 없고 3인칭 주어랑만 쓰이므로 he가 올바르게 쓰였다.
③ over 기간은 현재완료랑 잘 사용하므로 has climbed가 올바르게 쓰였다.
④ dispose of 타동사구로 뒤에 목적어가 있으면 능동태, 뒤에 목적어가 없으면 수동태 구조로 쓰이므로 be disposed of 구조가 올바르게 쓰였다.

해석

① 그는 사업차 뉴욕에 갔다.
② 우리의 불만 사항은 만족스럽게 처리가 되었다.
③ 실업률이 지난 몇 달 동안 꾸준히 올랐다.
④ 그들은 다양한 방법으로 처리되었다.

05 정답 ③

해설

③ 5형식 타동사인 encourage의 수동태 구조인 be encouraged to부정사가 올바르게 쓰였다.
① 조건 부사절 접속사 on condition that 뒤에는 미래시제 대신 현재시제를 써서 나타내므로 will을 삭제하고 help로 써야 올바르다.
② 1형식 자동사 recede는 '물러나다, 약해지다'라는 뜻으로 be receded와 같은 수동태 구조로 쓸 수 없으므로 receded로 써야 올바르다.
④ 간주 동사 look upon A as B는 as를 생략해서 쓸 수 없으므로 look upon death as an inevitable로 쓴다.

해석

① 당신이 나를 도와준다는 조건으로 나는 그것을 떠맡을 것이다.
② 산봉우리들은 점점 멀어져 간다.
③ 농부들은 새로운 작물들로 다양화를 꾀하라는 권고를 듣고 있다.
④ 우리들은 흔히 죽음을 피할 수는 없는 것으로 보나 먼 미래의 일로 여기고 있다.

06 정답 ④

해설

W : 자기야, 나 왔어.
M : 별일 없는 거야? 기운이 없어 보여.
W : 그래. 녹초가 됐어.
M : 놀랄 일도 아니야. 당신 요즘 일 때문에 너무 스트레스를 받고 있잖아.
W : 그래, 내가 마지막으로 나 자신을 즐겼던 때가 언제였는지 기억이 안 나.

M : 당신의 기력을 재충전할 필요가 있어.
　　이번 주말에 혼자만의 시간을 갖는 게 어때?
W : 당신 말이 맞을지도 몰라. <u>나는 개인적인 시간이 필요할 거 같아.</u>
M : 응. 그리고 애들 걱정은 하지 마. 내가 애들을 돌볼게.

해석

① 나는 우리 클럽의 방을 리본으로 장식할 거야
② 이 문제를 해결하도록 도와줄게
③ 계획을 고수하다가는 지칠 거야
④ 나는 개인적인 시간이 필요할 거 같아

07 정답 ②

해설

양괄식 구조의 글로 글 초반 3번째 문장과 후반부 9번째 문장에 주제문이 제시되고 있다. 따라서 이 글의 주제문은 '기술자 분류로 여겨진 예술가들은 사회적 범위에서 높은 위치를 차지하지 않았다'라는 진술에 해당한다. 따라서 정답은 ②이다.

주제문	선택지	
(3) 그래서 기술자 분류로 여겨진 예술가들은 사회적 범위에서 높은 위치를 차지하지 않았다.	① 그리스 미학 이론의 발전	×
	② 그리스 예술가의 사회적 지위	○
(9) 그러나 전반적으로 예술가들은 단지 일꾼으로 대우받았다.	③ 그리스의 육체노동 존중	×
	④ 그리스 정치가들과 예술가의 관계	×

★ [글의 주제문의 파악] Thus는 결론 문장을 제시할 때 쓰이므로 주제문을 전달할 때 쓰이고 마찬가지로 역접 연결어 But도 주제문을 제시할 때 쓰인다. 또한 구체적인 인물의 묘사는 '예시문'에 해당됨을 파악하여, 상대적으로 그 '예시문' 앞의 진술이 주제문임을 파악해야 한다.

어휘

- **dignity** 존엄, 위엄, 품위
- **toil** 수고, 노동, 고생, 일
- **beneath the dignity** 위신을 깎는
- **undertake** 떠맡다, 책임지다
- **manual labor** 수작업, 손으로 하는 일
- **craftsman** 장인, 기능공, 숙련공
- **scale** 저울, 비늘, 규모, 계급, 등급
- **quote** 인용하다(cite)
- **contemplate** 사색하다, 응시하다
- **exaggerate** 과장하다, 부풀리다
- **sculptor** 조각가
- **court artist** 궁정 예술가
- **eccentric** 괴상한, 이상한, 별난
- **enormous** 엄청난, 어마어마한
- **notable** 저명한, 주목할 만한
- **arrogance** 건방짐(haughtiness)
- **workman** 인부, 일꾼

해석

노동의 존엄성에 대한 개념은 그리스 철학자들에게 통하지 않았다. 이것은 육체노동을 떠맡은 자유민의 존엄성보다 아래라고 여겨졌고 오히려 빅토리아 시대에 상업이 기사도의 존엄성보다 아래 있던 것과 같은 맥락이었다. 그래서 기술자 분류로 여겨진 예술가들은 사회적 범위에서 높은 위치를 차지하지 않았다. 아놀드 휴서는 "예술의 사회적 역사"에서 풀타크의 명언을 인용했다 : "올림피아의 제우스를 관찰할 때 피디아스가 되고픈 젊은이는 없을 것이다." 그러나 고전의 학자들은 이런 그림이 약간 과장되었다고 지적한다. 조각가 피디아스는 위대한 정치가 페리클레스와 친구였다. 화가 아펠레스와 조각가 리시푸스는 알렉산더 대왕의 궁정 예술가였다. 현존하는 일화들은 좀 더 유명한 몇몇 그리스 예술가들을 괴상하고 굉장한 부자에 거만하기로 유명하게 표현하고 있다. 그러나 전반적으로 예술가들은 단지 일꾼으로 대우받았다.

08 정답 ③

해설

글 초반에 It is necessary to부정사는 주제문을 제시할 때 쓰이는 표현이고 글의 후반부에서도 시합에서 중요한 점이 시합에 집중하라는 내용이 언급되었으므로 ③ '시합에 전념하라'가 정답임을 알 수 있다.

주제문 1	주제문 2	선택지	
운동 경기에 대해서는 목적의식을 가지는 것, 즉 진지하게, 목적을 가지고, 정신을 바짝 차린 상태로, 모든 시합이 자신의 마지막 시합인 것처럼 경기하는 것이 필요하다.	시합에서 중요한 점은 더욱 강렬한 존재 양식을 가지도록 자신을 다그치는 것이다. → 시합에 집중하는 것	① 상대방에 대한 존중	×
		② 정정당당하게 경기하고, 승리를 얻어라.	×
		③ 시합에 전념하라.	○
		④ 자신의 플레이에 자신감을 가져라.	×

★ [주제에 대한 강조] 운동 경기에서의 중요한 것은 '집중하는 것'이라는 진술을 통해, 선택지에서 정답을 고르는 문제이다.

어휘

- **ontological** 존재론적인
- **objective** 목표 의식을 가진
- **at full alert** 정신을 바짝 차리고
- **propel oneself** 스스로를 다그치다
- **mode of being** 존재 양식
- **wayward** 제멋대로 하는, 다스리기 어려운
- **intense** 극심한, 강렬한
- **in a sense** 어떤 뜻으로, 어느 정도
- **revenge** 복수
- **strike back** 반격하다
- **in kind** 물품으로, 같은 방법으로
- **execution** 실행, 실력의 발휘
- **safeguard** 안전책, 안전장치
- **indulgence** 탐닉, 빠져들기
- **errant** 길을 잘못 든, 그릇된; 무예 수업을 하는

해석

운동 경기에 대해서는 목적의식을 가지는 것, 즉 진지하게, 목적을 가지고, 정신을 바짝 차린 상태로, 모든 시합이 자신의 마지막 시합인 것처럼 경기하는 것이 필요하다. 시합에서 중요한 점은 더욱 강렬한 존재 양식을 가지도록 자신을 다그치는 것이다. 시합에 열심히 임하지 않는 것은 그저 시간을 때우는 것과 같다. 시합에 집중하는 것은 어떤 의미에서 보면, 상대방이나 혹은 자신에 관하여 무관심한 것이다. 그것은 곧 다스리기 힘든 격앙된 감정에 정신을 빼앗기는 것을 거부하는 것이다. 상대방이 정정당당하지 않게 경기할 때, 가장 유쾌한 복수는 복수가 아니라 승리이다. 우리는 필요한 한 가지의 일, 곧 완벽한 실력 발휘에 집중하기 위해서는, 똑같은 방식으로 반격하는 일을 피한다. 시합 자체에 집중하는 것이야말로 추하고 잘못된 격앙된 감정에 빠지는 것을 방지하는 가장 좋은 안전장치이다. 그것이 가장 높은 수준의 스포츠 정신이다. 그것은 도덕적인 태도라기보다는 존재론적인 태도이다. 우리는 "선해지기" 위해서가 아니라 완벽하게 행동하기 위해서 노력하고 있는 것이다.

09 정답 ④

해설

미괄식 구조의 글로 "삶"이란 자신이 스스로 만들어 가는 것이라고 정의 내리고 있다. 필자는 자신의 삶을 가치 있게 만들라고 했으므로 ④가 가장 적절하다.

주제문	선택지	
당신은 당신 스스로 선택해서 당신 자신의 삶을 가치 있게 해야만 한다.	① 말이나 글로 '삶'의 정의를 내릴 수 없다.	×
	② '삶'에 대한 정의는 개인의 가치관에 따라 다르다.	×
	③ 살아 있는 생명체들은 모두 가치 있는 삶을 살고 있다.	×
	④ '삶'은 자신이 스스로 가치 있게 가꿀 때 진정한 의미를 갖는다.	○

★ [주제에 대한 주관적인 진술 찾기] 글의 주제에 대한 주관적인 진술인 '당신 스스로 선택해서 당신 자신의 삶을 가치 있게 해야만 한다'를 통해 정답을 찾을 수 있는 문제이다.

어휘

- **wonder** ~을 궁금해하다
- **distinguish A from B** A와 B를 구별(구분)하다
- **usefulness** 쓸모 있음
- **determine** 결정하다
- **existence** 존재
- **as far as** ~하는 한(= as long as)
- **worth V-ing** ~할 가치가 있는

해석

당신은 "삶"이란 단어에 대해 사전이 어떤 정의를 내리는지 궁금해한 적이 있는가? 여기 내가 발견한 것이 있다. "삶은 죽은 사람으로부터 살아 있는 것을 구분짓는 특질이다." 글쎄 이것이 도움이 된다고 생각하는가? 만일 그렇지 않다면 여기 다른 정의가 있다. : "쓸모 있는 존재의 기간" 쓸모 있음이 살아 있는 것 또는 죽은 것

을 결정짓는다지만 나에게는 살아 있는 사람도 거의 죽은 것과 같은 경우도 있다. 가장 그럴듯한 정의는 이와 같다. : "존재하는 시간을 쓰는 것" 내가 보기에는 우리 대부분은 우리가 살아 있는 한 시간을 쓰고 있다. 우리들 대부분이 정말로 살아 있고, 유용한 삶을 보내는 것은 아니다. 그러나 당신이 다른 사람을 쫓아다니는 한 당신은 진정으로 "살아 있는 것"이 아닐 것이다. 당신은 당신 스스로 선택해서 당신 자신의 삶을 가치 있게 해야만 한다.

10 정답 ②

해설

이 글의 주제문은 두 번째 문장 '연구를 통해 수명은 신진대사 활동과 관련이 있다는 것이 밝혀졌다'이며 큰 포유류일수록 '신진대사'가 느리기 때문에 더 오래 산다고 진술하고 있으므로 정답은 ②이다.

주제문	선택지	
포유류는 동물들이 크면 클수록 더 오래 산다. 이것은 몸집이 큰 포유류일수록 느린 신진대사 활동을 하기 때문이다.	① 포유동물 사이의 심장 박동 수 차이	×
	② 크기와 수명 사이의 연관성	○
	③ 한 유기체에서 신진대사 기능의 방법	×
	④ 코끼리의 상대적인 장수의 비결	×

★ [주제 → 추가 설명] '신진대사와 수명의 관계'가 '크기와 수명과의 관계'와 같은 진술임을 파악해야 하는 글이다.

어휘

- **metabolism** 신진대사
- **organism** 유기체
- **genetically** 유전적으로
- **mammal** 포유류
- **relatively** 상대적으로
- **life span** 수명

해석

어떤 생물학자들은 각기 다른 종류의 동물들이 얼마나 오래 사는가에 관심이 있다. 그들은 특히 어떤 종류의 동물은 오래 사는데 또 다른 종류의 동물은 짧게 사는 이유에 대해 관심이 있다. 연구를 통해 수명은 신진대사 활동과 관련이 있다는 것이 밝혀졌다. 신진대사란 유기체가 에너지를 사용하는 속도이다. 포유류는 동물들이 크면 클수록 더 오래 산다. 이것은 몸집이 큰 포유류일수록 느린 신진대사 활동을 하기 때문이다. 비록 현대 의학 때문에 인간은 예외이긴 하지만, 이것은 유전적으로 사실이다. 느린 신진대사 활동을 하는 포유류는 에너지를 좀 더 천천히 소모하고 좀 더 느린 심장 박동 수를 지닌다. 예를 들어 코끼리는 육상에서 가장 큰 포유류인데, 분당 약 30회의 박동 수를 지닌다. 코끼리는 70년 정도의 상대적으로 긴 수명을 지닌다. 반면에 작은 뒤쥐는 분당 600회 정도의 박동 수를 지닌다. 뒤쥐는 약 1년 반의 수명을 지닌다.

1 단어

순번	단어	뜻	순번	단어	뜻
1	cowardly	겁이 많은, 용기 없는, 비겁한	7	aggravate	악화시키다, 화나게 만들다
2	meticulous	신중한, 세심한, 꼼꼼한	8	contract	계약하다, 수축시키다, (병에) 걸리다
3	lenient	관대한	9	delve into	~을 조사하다
4	unbiased	선입견 없는, 편파적이지 않은	10	make up to	~에게 아첨하다
5	meditate	명상하다, 숙고하다	11	take down	내리다, 무너뜨리다, 적어 두다
6	discard	버리다, 폐기하다	12	come down with	(병에) 걸리다

2 문법

순번	문장	
1	He has gone to New York on business.	○
	해설 has gone to는 '~에 갔다(그 결과 지금 여기에 없다)'는 의미를 내포하는 표현으로 1인칭(I, We)과 2인칭(You)을 주어로 쓸 수 없고 3인칭 주어랑만 쓰이므로 he가 올바르게 쓰였다.	
2	Our complaint was dealt with it satisfactorily.	×
	해설 deal with는 3형식 타동사구로 be p.p. 수동태로 쓰일 경우 뒤에 목적어는 삭제되어야 한다. 따라서 it을 삭제한다.	
3	Unemployment has climbed steadily over last few months.	○
	해설 over 기간은 현재완료랑 잘 사용하므로 has climbed 올바르게 쓰였다.	
4	They were disposed of in diverse ways.	○
	해설 dispose of 타동사구로 뒤에 목적어가 있으면 능동태, 뒤에 목적어가 없으면 수동태 구조로 쓰이므로 'be disposed of' 구조가 올바르게 쓰였다.	
5	I will undertake it on condition that you will help me.	×
	해설 조건 부사절 접속사 on condition that 뒤에 주어 동사 구조에서 미래시제를 쓸 수 없다. 따라서 미래시제 대신 현재시제 동사인 help로 써야 올바르다.	
6	The mountain peaks was receded into the distance.	×
	해설 1형식 자동사 recede는 '물러나다, 약해지다'라는 뜻으로 be receded 수동태 구조로 쓸 수 없다. 따라서 receded로 써야 올바르다.	
7	Farmers are being encouraged to diversify into new crops.	○
	해설 5형식 타동사인 encourage는 타동사 뒤에 목적어 없으면 수동태 구조로 잘 쓰인다. 따라서 be encouraged to부정사가 올바르게 쓰였다.	
8	We often look upon death an inevitable but remote event.	×
	해설 간주 동사 look upon A as B는 전치사 as를 생략해서 쓸 수 없으므로 look upon death as an inevitable로 써야 올바르다.	

| 01 ① | 02 ② | 03 ③ | 04 ④ | 05 ① |
| 06 ③ | 07 ③ | 08 ③ | 09 ③ | 10 ③ |

01 정답 ①

해설

★ **arrogant** 거만한, 오만한
= condescending, patronizing, pompous, supercilious, haughty

어휘

• **debatable** 논란의 여지가 있는 = controversial, arguable
• **unwieldy** 다루기 힘든, 부피가 큰
• **exclusive** 독점적인, 배타적인

해석

그는 자신들이 모든 것에 대해 언제나 옳다고 생각하는 <u>오만한</u> 사람들 중 하나이다.

02 정답 ②

해설

★ **compensate for** 보상하다, 벌충하다 = make up for, reimburse

어휘

• **crop up** 불쑥 나타나다[생기다]
• **turn down** 거절하다, (소리·온도 등을) 낮추다
• **make out** ~을 이해하다, ~을 알아보다

해석

컴퓨터는 장차 장애인들이 상실한 능력 중 일부를 <u>보충해 줄</u> 수 있을 것이다.

03 정답 ③

해설

★ **impatient** 참을 수 없는, 조급한

어휘

• **reconcilable** 화해[조정]할 수 있는, 조화[일치]시킬 수 있는
• **insolvent** 파산한 = broke, bankrupt
• **efficient** 능률적인, 효과적인, 유효한

해석

그녀는 시간이 한정되어 있다는 것을 알고 있었기 때문에 <u>조급해</u>졌다.

04 정답 ④

해설

④ 'The 형용사' 구조는 복수 주어로 취급되므로 단수 동사 seeks가 아니라 복수 동사 seek으로 써야 올바르다.
① 'A and B' 구조는 원칙적으로 복수 취급이지만 단일개념을 나타낼 때는 단수 취급하므로 makes가 올바르게 쓰였다.
② 'Either of 복수 명사' 구조는 단수 취급하므로 단수 동사 is가 올바르게 쓰였다.
③ 'One of 복수 명사' 뒤에 단수 동사와 수 일치하므로 단수 동사 is가 올바르게 쓰였다.

해석

① 일찍 자고 일찍 일어나는 것은 사람을 건강하게 만든다.
② 이들 방법은 어느 것이나 결과가 좋다.
③ 명성으로 인한 불이익 중 하나는 사생활이 없어지는 것이다.
④ 실업자들은 정부로부터 원조를 구한다.

05 정답 ①

해설

① 'It is no use ing'가 '~해도 소용 없다'라는 의미로 쓰이는 동명사 관용 구문이므로 to dispute가 아니라 disputing으로 써야 올바르다.
② 'object to 명사/동명사' 구조로 올바르게 동명사가 쓰였고 타동사 뒤에 목적어가 없으므로 수동형 동명사 형태인 being treated가 올바르게 쓰였다.
③ What 뒤에 목적어 없는 불완전 구조로 명사절 주어가 쓰였고 뒤에 명사절 주어는 단수 취급하므로 단수 동사 is가 올바르게 쓰였다.
④ 문장 처음에 동명사 주어가 나와 있고 동명사 주어는 단수 취급하므로 단수 동사 is가 올바르게 쓰였다.

해석

① 그와 논쟁해 봐야 소용없다.
② 나는 어린애 취급을 받고 싶지 않다.
③ 네가 하는 일은 네가 말하는 것과 일치하지 않는다.
④ 바다에서 수영하는 것은 가장 좋은 종류의 운동이다.

06 정답 ③

해설

방에 담배 냄새가 나서 방 변경을 요청하는 내용이므로 맥락상 적절한 것은 ③이다.

해석

M : 프런트 데스크입니다. 무엇을 도와드릴까요?
W : 201호실에 있어요. 제가 특별히 금연 객실을 예약했는데, 방에서 담배 냄새가 나요.
M : 죄송합니다. 제가 확인해 드릴게요. Wendy Parker 씨 맞으시죠?
W : 네, 맞습니다.

M: 음, 기록에 따르면 우리가 고객님에게 금연 방을 배정했다고 되어 있습니다.

W: 그럼 왜 여기서 담배 연기 냄새가 나는 거죠?

M: 음, 고객님 방이 지면과 가까워서 밖에서 담배 연기가 들어 온 거 같습니다. 불편을 드려 죄송합니다. <u>방을 바꿔드릴까요?</u>

W: 네, 부탁합니다. 그 냄새가 정말 나를 괴롭게 하네요.

M: 먼저 이용 가능한 객실이 있는지 확인해 볼게요.

① 당신이 가방을 어디에 두었는지 제가 어떻게 알 수 있나요?
② 다음 주에 잠깐 들를 수 있을까요?
③ 방을 바꿔드릴까요?
④ 물건을 교환해 주시면 감사하겠습니다.

07 정답 ③

해설

이 글의 주제는 '여행지의 유인 효과가 여행지의 접근성을 더욱 높여 주는 친관광 산업 정책의 도입 및 강화로 긍정적으로 영향을 받을 수 있는가'에 관한 내용으로, 개발 도상국들의 정부들이 국제 관광 산업을 장려하는 이유를 언급한 ③은 글의 앞뒤 문장의 흐름에 무관하다.

소재/주제	세부 사항		
여행지 유인효과 & 친관광 정책의 소개와 실행	①	예 – 정부의 인식 제고 운동	○
	②	그러나 그러한 운동의 광범위한 사회 공학에 의존; 폭력의 무작위적 폭력 행위에 반감할 수 있음.	○
	③	개발 도상국 대부분의 정부는 국제 관광을 장려	×
	④	게다가 몇몇 관광객의 행동과 관광의 구조와 발전이 부정적인 태도를 유발시킴.	○
	주제문	이것은 아마도 우호적 태도를 촉진하기 위해서는 인식 제고 운동보다는 오히려 관광산업 자체에 주된 구조적 변화가 필요할 수 있다는 것을 의미한다.	

어휘

- **destination** 여행지, 목적지
- **reinforcement** 강화
- **accessible** 접근할 수 있는, 이용 가능한
- **awareness campaign** 인식 제고 운동
- **counteract** ~을 상쇄하다, ~에 반대로 작용하다
- **random** 무작위의, 마구잡이의
- **outcome** 결과
- **imply** 의미하다

해석

여행지의 유인 효과는 여행지의 접근성을 더욱 높여 주는 친관광 산업 정책의 도입 및 강화로 긍정적으로 영향을 받을 수 있다. 예를 들어 정부는 긍정적 시장 이미지를 증진하기 위해 주민들 사이에서 방문객에 대한 우호적인 태도를 촉진하는 인식 제고 운동을 벌일 수 있고 실제로 흔히 하고 있다. 하지만 그러한 운동은 광범위한 사회 공학에 의존하고, 그 효과는 무작위적 폭력 행위로 상쇄될 수 있으므로 긍정적 결과가 보장될 수는 없다. (개발 도상국들의 대부분의 정부는 국제 관광 산업을 장려하는데, 이는 부유한 국가에서 온 관광객들이 일반적으로 돈을 더 많이 쓰기 때문이다.)

게다가 그 관광지 지역 사회 내에서 자주 부정적인 태도를 만들어 내는 것은 일부 여행객들의 행동과 관광 산업 자체의 구조와 발전이다. 이것은 아마도 우호적 태도를 촉진하기 위해서는 인식 제고 운동보다는 오히려 관광 산업 자체에 주된 구조적 변화가 필요할 수 있다는 것을 의미한다.

08 정답 ③

해설

글의 도입문에서 사람 간의 접촉, 즉 '사회성'과 면역 체계 간의 연관성에 대해서 제시하고 있다. 다른 문장들은 모두 도입문과의 연계성을 나타내고 있으나, ③의 경우 '표본 획득의 어려움'에 대해서 언급하고 있어서 도입문과의 연관성이 없어 글의 전체 흐름과 관계가 없는 문장이라고 할 수 있다.

소재/주제	①	②	③	④
교제 능력과 건강	사회성과 면역 체계의 효율성의 관계 연구	설문지와 인터뷰를 334명을 대상으로 진행	표본 획득의 어려움	사회성 좋은 사람들이 감기에 덜 걸린다.

★ '사회성과 건강'의 관계를 '연구 결과'를 통해서 보여주는 글로, '표본 획득의 어려움'은 '연구 결과'와 상관없음을 파악하는 것을 요구하는 글이다.

어휘

- **doubtless** 의심할 바 없는, 의심할 바 없이
- **contact** 접촉; 접촉하다
- **determining** 결정적인, 결정하는
- **capacity** (수용) 능력
- **immune** 면역의
- **questionnaire** 설문지
- **representative** 대표적인, 상징적인
- **contagion** 감염, 전염병
- **be subject to** ~에 시달리다, ~에 걸리기 쉽다

해석

의심할 바 없이, 교제 능력이 건강에 결정적 영향을 미친다. 더 큰 교제 능력을 가진 사람들은 다른 사람들과 인간관계를 잘 형성하지 못하는 사람들보다 더 강한 면역 체계를 가지고 있다. 한 연구는 개인들의 면역 체계의 효율성과 관련지어 그들의 사교성을 직접 측정하였다. 334명의 사람들을 대상으로 한 설문과 인터뷰는 그들의 사교성, 즉 일상생활에서의 인간관계의 양과 질을 조사하였다. (연구원들은 그 집단을 대표할 만할 표본을 얻는 방법을 알지 못했다.) 이 사람들은 그 후에 보통의 감기 바이러스에 노출되었다. (그 결과) 사람이 더 사교적일수록 쉽게 감염되지 않는다는 사실이 밝혀졌다.

09 정답 ③

해설

상대방이 다리나 발을 가만히 두지 못하는 것은 스트레스, 감정적 변화나 불안함을 느낀다는 것을 보여주며 이것은 상대방의 두뇌가 '얼어붙는' 모드로 들어갔다는 내용이 앞서 나오는데 ③은 하체의 움직임을 통제할 수 있다는 내용이다. 글의 내용에 의하면 무의식적으로 이런 움직임이 일어난다는 것이므로 ③은 글의 흐름에서 벗어난다.

소재/주제	주제문	세부 사항	
한 사람이 발을 굴리다 갑자기 멈춤	① 이것은 일반적으로 그 사람이 스트레스, 감정적인 변화를 경험하거나 어떤 부분에서 위협을 받는다는 것을 나타낸다.	② 자신에게 왜 그 사람의 뇌가 그들의 생존적 본능을 "멈추는" 상태로 만드는지를 물어보아라.	○
		③ 신체 아랫부분을 움직이는 것은 당신이 어떤 것에 걱정하지 않는다는 것을 의미하고, 만약 당신이 그것을 안다면 당신의 몸의 움직임을 통제할 수 있다.	×
		④ 다리가 멈추는 것은 한 개인이 위험과 직면했을 때 행동을 멈추는 경향을 보여주는 또 다른 반응이다.	○

★ [주제의 일관성] 예시를 통한 주제문이 ①에서 이어지고, 그 다음에 또 다른 예시문들과 그 의미를 설명하는 글이다.

어휘

• **constantly** 항상
• **wiggle** 흔들다
• **bounce** 바운드하다, ~을 튀기다
• **signify** 의미하다
• **emotional** 감정적인
• **threatened** 위협받는
• **freeze mode** 얼어붙는 상태, 멈추는 상태

해석

만약 한 사람이 계속 자신의 발 혹은 다리를 흔들거나 굴리다 갑자기 멈춘다면, 당신은 주의를 해야 한다. 이것은 일반적으로 그 사람이 스트레스, 감정적인 변화를 경험하거나 어떤 부분에서 위협을 받는다는 것을 나타낸다. 자신에게 왜 그 사람의 뇌가 그들의 생존적 본능을 "멈추는" 상태로 만드는지를 물어보아라. 아마도 그 사람이 당신이 알기를 원하지 않는 정보들을 드러낼 수 있는 어떤 것을 말하거나 질문받을 수 있다. (신체 아랫부분을 움직이는 것은 당신이 어떤 것에 걱정하지 않는다는 것을 의미하고, 만약 당신이 그것을 안다면 당신의 몸의 움직임을 통제할 수 있다.) 아마도 그 사람은 무엇인가를 했고 당신이 그를 파악할까 두려워하고 있다. 다리가 멈추는 것은 한 개인이 위험과 직면했을 때 행동을 멈추는 경향을 보여주는 또 다른 반응이다.

10 정답 ③

해설

첫 번째 문장 '우리는 애완동물들이 어떠한 때보다 더 인기 있는 사회에 살고 있다.'가 이 글의 주제문인데 ③은 개가 영리해서 서커스에서 연기를 하도록 훈련받을 수 있다는 것에 대해 기술하고 있으므로 전체 글의 흐름에서 벗어난다.

소재/주제	세부 사항	
애완동물이 어떠한 때보다 더 인기 있는 사회	① 57퍼센트가 애완동물을 가짐.	○
	② 2억 달러가 동물을 손질하는 데 쓰임.	○
	③ 서커스에서 공연하도록 훈련받을 수 있는 개들	×
	④ 가족들과 같이 대우받기 때문에, 가축들에게 돈 쓰는 데 신경 쓰지 않음.	○

★ [주제의 일관성] 애완동물이 인기 있는 사회의 사례를 나열한 글이다.

어휘

• **household** 가족, 가구
• **groom** (동물을) 손질하다
• **currently** 지금, 현재
• **total** 총계가 ~이 되다
• **perform** 연기하다
• **indeed** 사실

해석

우리는 애완동물들이 어떠한 때보다 더 인기 있는 사회에 살고 있다. 사람들이 소유한 개와 고양이의 숫자가 지난 10년 동안에 두 배가 되었다. 사실, 미국 가정의 57퍼센트 이상이 이제 어떤 종류의 애완동물을 적어도 하나는 가지고 있다. 이 애완동물을 위한 공급품, 장난감, 먹이 그리고 그것들을 돌보는 데 사용되는 돈이 현재 총 40억 달러가 넘는다. 그 금액에서 2억 달러가 동물을 손질하는 데만 사용되고 4억 달러가 의료비에 사용된다. (어떤 개들은 아주 영리해서 서커스에서 연기를 하도록 훈련받을 수 있다.) 사실 많은 사람들은 애완동물에 사용되는 돈을 염려하지 않는데 그들은 애완동물을 마치 식구처럼 대하기 때문이다.

04회 적중 하프 모의고사 복습 테스트 정답

☰ ___년 ___월 ___일

1 단어

순번	단어	뜻	순번	단어	뜻
1	arrogant	거만한, 오만한	7	turn down	거절하다, (소리·온도 등을) 낮추다
2	debatable	논란의 여지가 있는	8	make out	~을 이해하다, ~을 알아보다
3	unwieldy	다루기 힘든, 부피가 큰	9	impatient	참을 수 없는, 조급한
4	exclusive	독점적인, 배타적인	10	reconcilable	화해[조정]할 수 있는, 조화[일치]시킬 수 있는
5	compensate for	보상하다, 벌충하다	11	insolvent	파산한
6	crop up	불쑥 나타나다[생기다]	12	efficient	능률적인, 효과적인, 유효한

2 문법

순번	문장	
1	Early to bed and early to rise makes a man healthy.	○
	해설 'A and B' 구조는 원칙적으로 복수 취급이지만 단일개념을 나타낼 때 단수 취급하므로 makes가 올바르게 쓰였다.	
2	Either of these methods is successful.	○
	해설 'Either of 복수 명사' 구조는 단수 취급하므로 단수 동사 is가 올바르게 쓰였다.	
3	One of the penalties of fame is loss of privacy.	○
	해설 'One of 복수 명사' 뒤에 단수 동사와 수 일치하므로 단수 동사 is가 올바르게 쓰였다.	
4	The unemployed seeks aid from the government.	×
	해설 'The 형용사' 구조는 복수 주어로 취급되므로 단수 동사 seeks가 아니라 복수 동사 seek으로 써야 올바르다.	
5	It is no use to dispute with him.	×
	해설 'It is no use -ing'가 '~해도 소용 없다'라는 의미로 쓰이는 동명사 관용 구문으로 to dispute가 아니라 disputing으로 써야 올바르다.	
6	I object to being treated like a child.	○
	해설 'object to 명사/동명사' 구조로 올바르게 동명사가 쓰였고 타동사 뒤에 목적어가 없으므로 수동형 동명사 형태인 being treated가 올바르게 쓰였다.	
7	What you do is not consistent with what you say.	○
	해설 What 뒤에 목적어 없는 불완전 구조로 명사절 주어가 쓰였고 뒤에 명사절 주어는 단수 취급하므로 단수 동사 is가 올바르게 쓰였다.	
8	Swimming in the sea is the best kind of exercise.	○
	해설 문장 처음에 동명사 주어가 나와 있고 동명사 주어는 단수 취급하므로 단수 동사 is가 올바르게 쓰였다.	

ANSWER

01 ④	02 ④	03 ③	04 ③	05 ③
06 ②	07 ③	08 ③	09 ③	10 ③

01 정답 ④

해설

★ **apprehend** 이해하다, 체포하다(=arrest), 염려하다

어휘

- **exhume** 파내다, 발굴하다 = excavate, unearth, dig (out)
- **stabilize** 안정시키다, 고정시키다
- **swear** 맹세하다, 욕하다

해석

경찰과 형사들은 법을 위반한 사람들을 쫓아 <u>체포한</u> 다음, 소환장을 발부하거나 경고를 준다.

02 정답 ④

해설

★ **alleviate** 완화시키다, 경감하다
  = relieve, calm, soothe, relieve, appease, assuage, ease, pacify

어휘

- **complement** 보완하다, 보충하다 = supplement
- **accelerate** 가속화하다, 속도를 높이다
  = step on the gas, step on it
- **calculate** 계산하다, 산출하다 = compute

해석

그는 그녀의 강아지의 상실로 인한 그녀의 고통을 <u>완화하기</u> 위해 끊임없이 방법을 고안해 내고 있었다.

03 정답 ③

해설

★ **get cold feet** 겁이나다, 무서워하다

어휘

- **have faith in** ~을 믿다
- **be engrossed in** ~에 몰두하다, ~에 열중하다
  = be preoccupied with, be absorbed in, be immersed in
- **make do with** ~으로 임시변통하다, 때우다

해석

투자자들은 소비자들이 <u>겁을 먹어</u> 지출을 멈추는 일이 생기는 경우만 아니면 경제회복이 임박했다고 예상한다.

04 정답 ③

해설

③ to부정사의 시제 일치에 대한 문제로, 현재 시점 기준에 과거에 대한 진술을 하고 있으므로 'to be killed'를 'to have been killed'로 수정해야 한다.

① 'with 분사구문'으로 수식받는 명사 'your eyes'는 닫는 행위를 받는 입장이므로 과거분사 'closed'는 문법적으로 올바르게 쓰였다.

② '기대는 행위'를 하는 입장이므로 능동의 현재분사 'leaning'은 문법적으로 올바르게 쓰였다.

④ 지각동사의 목적보어로 능동의 의미는 '원형부정사, 현재분사'로, 수동의 의미는 '(being) 과거분사'로 표현하는데, talk는 자동사이므로 능동의 현재분사 'talking'은 문법적으로 옳다.

해석

① 눈을 감고 말하지 말라.
② 그는 벽에 기대어 서 있었다.
③ 그는 전쟁에서 사망한 것으로 보고되었다.
④ 나는 그 남자가 나에 대해서 이야기하는 것을 들었다.

05 정답 ③

해설

③ 'It be 인성형용사 of 사람 to부정사'의 구조로 표현하므로 'for'을 'of'로 바꿔야 문법적으로 올바르다.

① 동사의 목적어로 to부정사와 동명사를 구분하는 문제이다. '미래에 ~할 것을 기억하다'는 'remember to 부정사'로 표현하므로 to buy가 올바르게 쓰였다.

② 의문사구인 'how to pronounce English words'가 올바르게 쓰였다.

④ 이중부정의 표현으로 긍정의 의미를 갖는 'never too ~ to부정사' 구문은 '~하지 못할 정도로 …하지 않다'의 의미가 되므로 주어진 우리말 해석과 영문은 일치하는 옳은 문장이다.

06 정답 ②

해설

대화의 주제인 A의 여자친구에 대한 심한 찬양을 B는 부정적으로 받아들이고 있는 상황이다. 따라서 더이상은 듣기 싫다는 의미인 "Enough is enough!"가 정답이다.

★ **enough is enough** 그만해, 더이상은 못 참겠어
= I am fed up with it 나는 진절머리가 난다
= I am sick and tired of it 나는 진절머리가 난다
= I have had enough 나는 진절머리가 난다

해석

A : 우리를 갈라놓을 수 있는 것은 없어.
B : 너 정말 네 여자 친구에 미쳐있구나.
A : 그래! 그녀는 장미같이 섬세하고 아름다워.
B : 오, 그만해. 생각하는 것은 자유이지만.
A : 그녀는 내 인생을 밝혀주고...
B : 오, 제발! 더 이상은 못참겠어.
① 솔직하게 털어놔 봐.
② 그만해.
③ 어쩔 수 없었어.
④ 너에게 달렸지.

07 정답 ③

해설

소비자가 원하는 제품 정보를 제조업자가 포장 팩의 후면에서 전면으로 이동시키는 적극적인 표시 행위에 대한 이유를 나열하는 글로, ③ '식품 성분의 역할'에 대한 진술은 '일관성에 위배'된다.

★ [주제의 일관성] '소비자에게 주는 식품에 대한 정보 제공'의 이유를 나열하는 글이다.

어휘

• **shift** 이동
• **emphasis** 강조된 것, 강조
• **with regard to** ~에 관한, ~에 관해서는
• **seek out** ~을 구하다, ~을 찾다
• **conscious** 의식하고 있는
• **ingredient** 성분, 재료
• **preserve** 보존하다
• **blend** 혼합하다, 섞다
• **thicken** 진하게 하다
• **nutritional** 영양의
• **deficiency** 결핍
• **reposition** 재배치하다, 위치를 바꾸다

해석

제조업자가 소비자들에게 전달하는 정보에 관한 강조 사항이 포장 팩의 후면에서 전면으로 최근에 이동했다. 이것은 오늘날 사람들이 적극적으로 구하는 정보의 유형에 대한 직접적인 반응으로 일어났다. 사람들은 자기 건강에 대해 더욱 의식하고 더욱 건강하게 음식을 먹기 원한다. 또한 그들은 어떻게 제품이 만들어지는지와 제품의 성분과 재료의 본질에 대해 점점 더 관심을 가진다. (식품 성분은 음식물을 보존하고, 맛을 들이고, 혼합하고, 진하게 하고, 색깔을 내는 데 오랜 세월 동안 사용되어 왔고, 소비자들의 심각한 영양 부족을 줄이는 데 중요한 역할을 했다.) 제조업자는 그러한 정보를 그것이 가장 쉽게 보일 수 있는 곳에, 즉 전면 상표 위로 재배치함으로써 그러한 소비자의 관심에 응답한 것이었다.

08 정답 ③

해설

사진과 빛의 양과의 관계에 대한 내용이다. ③은 감정에 대한 이야기를 하고 있으므로 흐름과 관계없는 문장이다.

주제(문)	세부 사항	
사진과 빛과 양과의 관계	① 사진기는 빛을 조절하는 다양한 자동 기능이 있으며, 그것들은 보통 훌륭한 사진을 찍는 데 도움이 될 것이다.	○
	② 그러나 가끔 사진이 너무 어둡거나 너무 밝게 나올 것이다.	○
	③ 대개 그 순간의 감정을 보여주는 사진을 찍고 싶어 한다.	×
	④ 이런 일이 일어날 때 간단한 밝기 보정 기능을 사용할 수 있다.	○

★ [주제의 일관성] '사진과 빛의 관계'에 대한 '세부 사항'의 일관성을 파악하는 글이다.

어휘

• **once in a while** 가끔, 때때로
• **indicator** 표시기, 지표
• **a variety of** 여러 가지의, 다양한
• **automatic features** 자동 기능들
• **brightness correction feature** 밝기 조정 기능

해석

사진은 빛으로 만들어지는데, 이것은 빛의 양이 사진이 어떻게 나올지에 중요한 역할을 한다는 뜻이다. 사진을 찍을 때 너무 어둡거나 너무 밝으면 사진에서 아무것도 알아볼 수 없을 것이다. 사진기는 빛을 조절하는 다양한 자동 기능이 있으며, 그것들은 보통 훌륭한 사진을 찍는 데 도움이 될 것이다. 그러나 가끔 사진이 너무 어둡거나 너무 밝게 나올 것이다. (대개 그 순간의 감정을 보여주는 사진을 찍고 싶어 한다.) 이런 일이 일어날 때 간단한 밝기 보정 기능을 사용할 수 있다. 그 표시기를 플러스 기호 쪽으로 움직이면 사진은 더 밝아질 것이다. 마이너스 기호 쪽으로 움직이면 그것은 더 어두워질 것이다.

05

09 정답 ③

해설

최근 미국 대학에서 공부하는 외국 학생들은 줄고, 미국 학생들은 해외로 더 많이 나간다는 내용의 글인데 ③은 일반적인 유학의 장점에 대해 언급하고 있으므로 글의 전체 흐름과 관계가 없다.

소재/주제	세부 사항	
미국 대학 구성에서의 변화 → 더 적은 외국 학생들과 외국에서 공부를 하는 더 많은 미국 학생들	① 외국 학생 수 5~6퍼센트 감소	○
	② 175,000명의 외국에서 공부하는 미국 학생들	○
	③ 외국에서 공부하는 것은 눈을 여는 모험이다.	×
	④ 해외에서 공부하는 미국 학생 수 7.5퍼센트 증가	○

★ [주제의 일관성] '미국 대학 구성의 변화'를 '구체적인 통계 자료'로 설명하는 글이다.

어휘

up by 7.5 percent 7.5퍼센트 차이로 증가한

해석

최근, 미국 대학의 학생 구성에 있어서 주요한 변화들 중 하나는 몇 년 전에 비해서 외국 학생들의 수는 감소하는 반면 미국 학생들은 더 많이 해외에서 공부하고 있다는 사실이다. 미국에는 단과대학과 종합대학에 50만 명이 넘는 외국 학생들이 있다. 외국 학생의 총 수는 5~6퍼센트 정도 하락된 수치이며, 가장 많은 학생들을 보낸 나라는 인도이고, 이어서 중국, 한국, 그리고 일본 순이다. 한편, 미국 학생들은 일반적으로 훨씬 더 적은 시간을 해외에서 보냈지만, 그래도 해외에서 공부하는 미국 학생들이 175,000명이나 되었다. (해외에서 공부하는 것은 시야를 넓혀 주는 모험이 될 수 있으며, 교실 벽을 넘어 세계로 뻗어나가게 한다.) 그것은 해외에서 공부하는 미국 학생들의 수치가 7.5퍼센트 상승되었음을 보여주는 것이다.

10 정답 ③

해설

이 글의 주제는 당신의 지역 생산물 사용의 여러 가지 이점을 설명하는 글이다. ③ '당신이 당신의 뜰에서 재배된 생산물'에 대한 내용은 글의 주제인 '지역의 식품을 사는 것'과는 거리가 멀다. 따라서 정답은 ③이다.

소재/주제	세부 사항	
지역의 생산물 사용의 여러 가지 이점	① 지역의 식품을 사는 것 ….	○
	② 게다가 … 지역에서 재배된 생산물 ….	○
	③ 당신이 당신의 뜰에서 재배된 생산물 ….	×
	④ 마지막으로, 지역에서 재배된 식품을 구입함으로써 ….	○

★ [글의 주제 → 세부 사항] 글의 주제인 '지역의 생산물 사용'과 거리가 먼 진술을 찾는 문제이다.

어휘

- **produce** 농산물
- **butchered** 도축된
- **circulate** 유통되다
- **self-reliance** 자기 신뢰, 자립
- **corporation** 법인, 유한 회사, 주식회사

해석

당신이 지역에서 재배된 농산물이나 지역에서 도축된 고기를 살 때, 그 이익은 무한하다. 당신의 식품이 당신의 부엌 식탁에 도달하도록 나라나 대륙을 가로질러 옮겨지지 않기 때문에 당신은 지구 온난화를 막는 것을 돕는다. 지역의 식품을 사는 것은 당신의 돈이 당신의 지역 사회에서 계속 유통되게 하고 또한 농업이 더 많음 이익을 낼 수 있도록 돕는다. 게다가 영양가는 그 생산물을 따거나 수확하자마자 감소가 시작되기 때문에 지역에서 재배된 생산물은 운송된 생산물보다 더 신선하고 맛이 더 좋으며, 영양이 더 많다. (당신이 당신의 뜰에서 재배된 생산물이 식료품점에서 구입 가능한 생산물보다 더 많은 비타민과 무기물을 함유하게 될 것이다.) 마지막으로, 지역에서 재배된 식품을 구입함으로써 당신은 당신의 지역의 자립을 촉진시키고 환경보다 자신들의 이익을 우선시하는 거대한 농업 회사들을 지원하는 것을 피하게 된다.

1 단어

순번	단어	뜻	순번	단어	뜻
1	apprehend	이해하다, 체포하다, 염려하다	7	accelerate	가속화하다, 속도를 높이다
2	exhume	파내다, 발굴하다	8	calculate	계산하다, 산출하다
3	stabilize	안정시키다, 고정시키다	9	get cold feet	겁이나다, 무서워하다
4	swear	맹세하다, 욕하다	10	have faith in	~을 믿다
5	alleviate	완화시키다, 경감하다	11	be engrossed in	~에 몰두하다, ~에 열중하다
6	complement	보완하다, 보충하다	12	make do with	~으로 임시변통하다, 때우다

2 문법

순번	문장	
1	Don't talk with your eyes closed.	○
	해설 'with 분사구문'으로 수식받는 명사 'your eyes'는 닫는 행위를 받는 입장이므로 과거분사 'closed'는 문법적으로 올바르게 쓰였다.	
2	He stood leaning against the wall.	○
	해설 '기대는 행위'를 하는 입장이므로 능동의 현재분사 'leaning'은 문법적으로 올바르게 쓰였다.	
3	He is reported to be killed in the war.	×
	해설 to부정사의 시제 일치에 대한 문제로, 현재 시점 기준에 과거에 대한 진술을 하고 있으므로 'to be killed'를 'to have been killed'로 수정해야 한다.	
4	I heard the man talking about me.	○
	해설 지각동사의 목적보어로 능동의 의미는 '원형부정사, 현재분사'로, 수동의 의미는 '(being) 과거분사'로 표현하는데, talk는 자동사이므로 능동의 현재분사 'talking'은 문법적으로 옳다.	
5	집에 올 때 계란 몇 개 사는 것을 기억하세요. ➡ Remember to buy some eggs when you come home.	○
	해설 동사의 목적어로 to부정사와 동명사를 구분하는 문제이다. '미래에 ~할 것을 기억하다'는 'remember to부정사'로 표현하므로 to buy가 올바르게 쓰였다.	
6	그는 어떻게 영어 단어들을 발음하는지 배웠다. ➡ He was taught how to pronounce English words.	○
	해설 의문사구인 'how to pronounce English words'가 올바르게 쓰였다.	
7	그녀가 그 편지를 보낸 것은 사려 깊었다. ➡ It was considerate for her to send the letter.	×
	해설 'It be 인성형용사 of 사람 to부정사'의 구조로 표현하므로 'for'을 'of'로 바꿔야 문법적으로 올바르다.	
8	그는 아무리 바빠도 다른 이들에게 호의를 베풀어 준다. ➡ He is never too busy to do favors for others.	○
	해설 이중부정의 표현으로 긍정의 의미를 갖는 'never too ~ to부정사' 구문은 '~하지 못할 정도로 …하지 않다'의 의미가 되므로 주어진 우리말 해석과 영문은 일치하는 옳은 문장이다.	

01 ②	02 ③	03 ①	04 ②	05 ②
06 ②	07 ④	08 ④	09 ③	10 ③

01 정답 ②

해설

★ **susceptible** ~에 영향 받기 쉬운 = vulnerable, weak

어휘

• **daring** 대담한, 용감한
  = brave, courageous, bold, valiant, fearless, audacious
• **equivalent** 혱 동등한, 상응하는,
  몡 대응물(=counterpart), 상당 어구
• **affirmative** 긍정적인, 확언적인

해석

전기 폭풍에 <u>취약한</u> 지역에서는 시스템을 서지 억제기에 연결할 것을 권장합니다.

02 정답 ③

해설

★ **complacent** 자기만족적인 = self-satisfied, content(ed)

어휘

• **palpable** 손으로 만질 수 있는, 명백한
• **adverse** 부정적인, 불리한, 반대의 = harmful, unfavorable
• **principal** 주요한, 중요한
  = paramount, chief, supreme, prime, foremost

해석

우리는 진행 상황에 대해 <u>자기만족감</u>에 빠지지 않도록 해야 한다.

03 정답 ①

해설

★ **keep abreast of** (1) ~을 잘 알고 있다
  = be acquainted with
  (2) 뒤지지 않고 따라가다 = keep up with

어휘

• **get inspired by** ~에 의해 영감을 받다
• **have faith in** ~을 믿다
• **keep away from** ~을 멀리 하다, 가까이 하지 않다

해석

컴퓨터와 관련된 모든 최신 발전 동향을 <u>잘 알고 있다</u>는 것은 거의 불가능하다.

04 정답 ②

해설

② 동명사의 태의 일치에 대한 문제로, 문맥상 '저렇게 대우 받는 것'의 의미를 수동의 동명사를 이용하여 'being treated like that'으로 표현해야 한다.
① 문장의 주어와 분사의 주어가 다를 경우, 분사의 의미상 주어를 분사 앞에 표시하므로, 날씨를 나타내는 주어인 it이 쓰인 'It being bad weather'는 문법적으로 옳다.
③ 분사의 의미상의 주어인 'The work'와 done이 수동의미의 관계이므로 과거분사인 done이 올바르게 쓰였다.
④ 사역동사 have의 목적어인 체온은 '측정되는 행위'를 당하는 입장이므로 수동의 과거분사 taken은 문법적으로 옳다.

05 정답 ②

해설

② 동사의 수의 일치를 물어보는 문제이다. 주격 관계대명사절이 복수 명사를 수식하므로 'that make'는 문법적으로 옳으나, 문장의 주어는 'one of the situations'로 단수 명사이므로 문장의 동사는 단수 동사 is로 일치시켜야 올바르다.
① to부정사의 형용사 적용법에 대한 문제로, to부정사의 의미상의 주어인 'for us'입장에서는 행위를 하는 입장이고 수식어 'for us to invite'와 'some guests'사이에 중복된 명사가 없으므로 문법적으로 옳다.
③ 부사절 접속사 when이 이끄는 분사구문의 태의 일치에 대한 문제이다. 문장의 주어(people)는 '흥분에 압도되는 입장'이므로 수동의 과거분사 overcome은 문법적으로 옳다.
④ 분사구문의 시제에 대한 문제이다. 그 사실에 대해 아는 시점보다 신문을 읽은 시점이 더 과거이므로 분사구문은 현재완료형으로 쓰는 것이 적절하다. 따라서 'Having read'는 문법적으로 옳다.

해석

① 우리가 초대할 몇 명의 손님이 있다.
② 사람을 매우 불안하게 만드는 상황 중 하나가 취업 면접이다.
③ 흥분에 압도되었을 때, 사람들은 명확하게 생각하는 데 어려움을 겪는다.
④ 이전에 신문에서 그 기사를 읽어서, 나도 그 사실을 조금은 안다.

06 정답 ②

해설

Joy는 함께 쇼핑몰에 가자고 부탁하다가 억지로 부탁하지 않겠다고 말했다. 따라서 빈칸에 들어가기에 적절한 말은 "Suit yourself (알아서 해, 마음대로 해)"이다.

해석

W: 난 쇼핑몰에 갈 건데. 같이 갈래?

M: 사실대로 말하면 난 별로야.

W: 왜? 보통 당신 가고 싶어 하잖아.

M: 공사가 시작된 후로 상점 절반은 휴업 중이야.

W: 그래도 여전히 문 연 집도 많은데.

M: 공사하는 걸 참으며 다니고 싶을 정도로 많은 상점은 아니야.

W: 그럼 마음대로 해. 억지로 부탁하는 것 아니니까.

M: 몇 시면 집에 올 것 같아?

① 귀찮게 좀 하지 마

② 알아서 해, 마음대로 해

③ 마음껏 즐기자

④ 그냥 빈손으로 오세요

07 정답 ④

해설

자전거를 타는 사람의 안전모 착용이 안전에 도움이 되는지 아닌지에 대한 내용의 글이므로, 정부의 강제적인 자전거 법률에 대해 언급한 ④는 글의 흐름과 관계가 없다.

주제	세부 사항	
자전거 & 안전	① 충돌이나 낙상	○
	② 이런 종류의 사고 : 안전모가 보호 가능	○
	③ 부주의하면 안전모도 소용없다.	○
	④ 강제적인 자전거 법률을 통과시키려는 정부	×

★ [문제점 → 해결책] 자전거 사고에 대한 해결책 제시형의 글이다.

어휘

• pleasant 즐거운

• crash 충돌

• split second 짧은 순간

• potentially 잠재적으로

• fatal 치명적인

• absorb 흡수하다

• impact 영향

• mandatory 강제적인

• ineffective 효과가 없는

해석

자전거를 타는 것은 즐겁고 건강에 좋은 경험을 위한 것이지만, 그것을 즐거운 경험으로 만들기 위해서는 안전을 기억할 시간을 내는 것이 중요하다. 충돌이나 낙상은 눈 깜짝할 사이에 일어날 수 있으며, 어디서든 발생할 수 있는데, 심지어 여러분의 뒷마당이나 여러분 블록 주변의 인도에서 일어날 수 있다. 이런 종류의 사고는 잠재적으로 심각하거나 치명적인 영향을 미칠 수 있는데, 만약 여러분이 안전모를 착용했다면, 그 안전모는 그 충격을 흡수하고, 여러분의 머리와 뇌를 보호할 수 있다. 그러나 안전모가 제공하는 제한된 보호는 자전거 타는 사람이 덜 조심해서 탄다면 쉽게 쓸모없어진다. (정부는 강제적인 자전거 법률을 통과시키려는 의욕을 보이는데, 이것은 언제나 자전거 타는 사람의 수를 감소시키는 효과가 있다.)

08 정답 ④

해설

공기 정화를 주제로 한 글로, '포름알데히드'는 오염물질에 해당되며, 이에 대한 부연 설명은 글의 일관성에서 위배된다.

소재/주제	선택지	
공기 정화시스템– 가정용 식물	① 공기 정화 시스템 – 가정용 식물	○
	② 스파이더 플랜트, 골든 포소스 혹은 싱고니움이 포름알데히드 가스를 50% 줄임.	○
	③ 스파이더 플랜트가 90% 줄임.	○
	④ 포름알데히드는 가정용 제품을 만드는 데 사용	×

★ [주제의 일관성] '공기 정화가 가능한 가정용 식물'이 가진 '긍정적인 효과'를 나열하는 글이다.

어휘

• air-purification 공기의 정화

• space station 우주 정거장

• come up with 생각해 내다, 제안하다

• formaldehyde 포름알데히드(방부·소독제)

• decidedly 확실히, 단호하게, 뚜렷이

• option 선택(choice), 대안

• spider 거미

• chamber 방, 침실, 집무실

• pollutant 오염 물질

• reduce 줄이다, 단축하다, 삭감하다

• remove 제거하다, 없애다

• panelling 장식 판자, 패널 용재

• particle board 파티클 보드

해석

우주 정거장을 위한 공기 정화 시스템을 연구 중이던 과학자들은 명백하게 훌륭한 선택을 착상해 내었다. 그것은 바로 실내용 화초이다. 그들이 포름알데히드 가스로 가득찬 방에 스파이더 플랜트, 골든 포소스 혹은 싱고니움을 놓자, 가장 오염된 보통 실내의 가스 레벨이 적어도 6시간 내에 반으로 줄어들었다. 스파이더 플랜트는 24시간 내에 90퍼센트의 포름알데히드를 제거하는 가장 효과적인 공기 청정기였다. (포름알데히드는 판넬과 파티클 보드와 같이 많은 가정용 제품에 주로 사용되며, 무색 가스로 이런 제품에서 분출된다.)

09 정답 ③

해설

'식습관'을 주제로 한 글로, 이 글의 주장은 '한 번의 대식보다는 여러 번의 소식이 유익하다'이다. ③의 진술은 '블랙커피를 마시는 것'에 대한 진술이므로, 일관성에서 위배가 되는 문장이다.

소재/주제	세부 사항	
한 번의 대식보다는 여러 번의 소식이 유익하다	① 큰 음식 하나 대신 작은 음식을 여러 번 먹었다면 몸을 좀 더 배려해서 치료하고 있을 것이다.	○
	② 주어진 양의 음식은 한 환경에서 먹는 것보다 하루 종일 간격을 두고 먹는다면 신체에 의해 더 효율적으로 사용된다.	○
	③ 이런 증상은 하루에 다섯 잔 이상의 진한 블랙커피를 마시는 사람에게 일어날 가능성이 높다.	×
	④ 식사를 자주 하지 않는 사람은 규칙적으로 적은 양을 먹는 사람보다 살이 더 찌고 혈액 속에 높은 수준의 지방을 가지는 경향이 있다.	○

★ [글의 일관성] '식습관'과 '커피 섭취'는 관계가 없다.

어휘

• standpoint 관점
• consideration 고려, 배려
• efficiently 효율적으로
• symptom 증상
• infrequent 빈번하지 않는
• space 일정한 간격을 두다

해석

바쁜 생활을 하고 있고 시간이 부족하면 하루에 한 번 정도만 배불리 먹고 있다는 것을 알게 될지도 모른다. 건강의 관점에서 볼 때, 이것은 나쁜 습관이다. 큰 음식 하나 대신 작은 음식을 여러 번 먹었다면 몸을 좀 더 배려해서 치료해야 할 것이다. 주어진 양의 음식은 한 환경에서 먹는 것보다 하루 종일 간격을 두고 먹는다면 신체에 의해 더 효율적으로 사용된다. (이런 증상은 하루에 다섯 잔 이상의 진한 블랙커피를 마시는 사람에게 일어날 가능성이 높다.) 식사를 자주 하지 않는 사람은 규칙적으로 적은 양을 먹는 사람보다 살이 더 찌고 혈액 속에 높은 수준의 지방을 가지는 경향이 있다.

10 정답 ③

해설

'이성을 유혹하는 데 중요한 후각'이라는 주제를 바탕으로 한 글로 '실험의 과정과 그 결과'를 소개하는 글이다. 그런데 ③의 진술은 실험 이전에 여성들이 가졌던 성향이므로 이 지문에서 벗어난 문장이다.

소재/주제	세부 사항	
이성을 유혹하는 데 중요한 후각	① 실험에서, 한 방에서 몇몇 여성들과 남성들을 교제하도록 함.	○
	② 여성들이 선호하는 냄새를 찾도록 요구	○
	③ 실험 전에, 사향 냄새를 지닌 잘 생긴 남성에 끌림. ➡ 실험 과정 ×	×
	④ 후각으로 선호하는 남성을 고를 수 있음.	○

★ [실험에 대한 세부 사항] 실험의 '목적, 설계, 결과'를 사실 일치로 물어보는 문제이다.

어휘

• blindfold 눈가리개를 하다, 눈을 속이다
• mingle 섞다, 사귀다, 교제하다
• musky 사향의, 사향 냄새나는
• olfactory 후각의, 냄새의

해석

다양한 연구를 통해, 냄새를 맡는 감각은 이성을 유혹하는 데 있어 굉장히 중요하다는 것이 관찰되었다. 예를 들어 토론토 대학의 연구 팀에 의한 한 실험에서, 몇몇 여성과 남성들이 교제하도록 하나의 방에 넣어졌다. 자신이 가장 끌리는 사람을 고른 뒤, 연구원들은 여성들의 눈을 가리고 다양한 남성들의 옷을 냄새 맡아 보고 선호하는 냄새라고 느끼는 것을 찾도록 하였다. (이 실험 전에, 여성들은 자신이 사향 냄새를 지닌 잘생긴 남성에게 끌린다고 느꼈다.) 냄새에 대한 감각을 활용하여, 각각의 여성은 오로지 후각만을 이용해서 짝짓는 시간에 고른 남성과 같은 남성을 찾을 수 있었다.

1 단어

순번	단어	뜻	순번	단어	뜻
1	susceptible	~에 영향 받기 쉬운	7	adverse	부정적인, 불리한, 반대의
2	daring	대담한, 용감한	8	principal	주요한, 중요한
3	equivalent	동등한, 상응하는, 대응물, 상당 어구	9	keep abreast of	~을 잘 알고 있다, 뒤지지 않고 따라가다
4	affirmative	긍정적인, 확언적인	10	get inspired by	~ 에 의해 영감을 받다
5	complacent	자기만족적인	11	have faith in	~을 믿다
6	palpable	손으로 만질 수 있는, 명백한	12	keep away from	~을 멀리하다, 가까이 하지 않다

2 문법

순번	문장	
1	날씨가 나빠서 우리는 외출할 수 없었다. ➡ It being bad weather, we couldn't go out. 해설 문장의 주어와 분사의 주어가 다를 경우, 분사의 의미상 주어를 분사 앞에 표시하므로, 날씨를 나타내는 주어인 it이 쓰인 'It being bad weather'는 문법적으로 옳다.	○
2	그는 그렇게 취급받는 것에 반대했다. ➡ He objected to treating like that. 해설 동명사의 태의 일치에 대한 문제로, 문맥상 '저렇게 대우 받는 것'의 의미를 수동의 동명사를 이용하여 'being treated like that'으로 표현해야 한다.	×
3	그는 일을 마치고 산책하러 밖으로 나갔다. ➡ The work done, he went out for a walk. 해설 분사의 의미상의 주어인 'The work'와 done이 수동의미의 관계이므로 과거분사인 done이 올바르게 쓰였다.	○
4	당신은 체온을 쟀나요? ➡ Have you had your temperature taken? 해설 사역동사 have의 목적어인 체온은 '측정되는 행위'를 당하는 입장이므로 수동의 과거분사 taken은 문법적으로 옳다.	○
5	There are some guests for us to invite. 해설 to부정사의 형용사적 용법에 대한 문제로, to부정사의 의미상의 주어인 'for us'입장에서는 행위를 하는 입장이고 수식어 'for us to invite'와 'some guests'사이에 중복된 명사가 없으므로 문법적으로 옳다.	○
6	One of the situations that make people very nervous are a job interview. 해설 동사의 수의 일치를 물어보는 문제이다. 주격 관계대명사절이 복수 명사를 수식하므로 'that make'는 문법적으로 옳으나, 문장의 주어는 'one of the situations'로 단수 명사이므로 문장의 동사는 단수 동사 is로 일치시켜야 올바르다.	×
7	When overcome by excitement, people may have trouble thinking clearly. 해설 부사절 접속사 when이 이끄는 분사구문의 태의 일치에 대한 문제이다. 문장의 주어(people)는 '흥분에 압도되는 입장'이므로 수동의 과거분사 overcome은 문법적으로 옳다.	○
8	Having read the article on the paper before, I know the fact a little. 해설 분사구문의 시제에 대한 문제이다. 그 사실에 대해 아는 시점보다 신문을 읽은 시점이 더 과거이므로 분사구문은 현재완료형으로 쓰는 것이 적절하다. 따라서 'Having read'는 문법적으로 옳다.	○

| 01 ① | 02 ④ | 03 ③ | 04 ② | 05 ① |
| 06 ② | 07 ① | 08 ④ | 09 ③ | 10 ② |

01 정답 ①

해설

★ **thrifty** (1) 검소한, 절약하는 = frugal, economical
(2) 무성한, 잘 자라는, 번영하는 = thriving

어휘

• **impecunious** 돈 없는, 가난한, 무일푼의
= needy, poor, penniless, destitute, impoverished
• **affluent** 부유한 = prosperous, wealthy, rich, opulent, luxurious
• **timid** 소심한, 용기가 없는 = diffident

해석

그는 <u>검소하게</u> 살아 돈을 많이 벌었는데, 부자로 알려졌다.

02 정답 ④

해설

★ **unquenchable** 채울 수 없는, 충족시킬 수 없는 = insatiable

어휘

• **eloquent** 웅변의, 유창한
• **aesthetic** 심미적인, 미학의, 미적인
• **recessive** 열성의, 퇴행의, 역행의

해석

그들은 그 스타의 정보에 대한 <u>충족시킬 수 없는</u> 갈증이 있었다.

03 정답 ③

해설

★ **account for** (1) ~을 설명하다 = explain
(2) 차지하다 = take up, occupy

어휘

• **carry on** 계속하다 = keep on, continue
• **figure out** 생각해내다, 이해하다, 계산하다
• **depend upon** ~에 의존하다

해석

8월 매출이 연간 매출의 거의 25%를 <u>차지하기</u> 때문에, 적절한 펜들을 비축하는 것이 매우 중요하다.

04 정답 ②

해설

② 부정부사 'Not until today'가 이끄는 '도치 구문'에 대한 문제이다. 부정부사는 문두에 나올 경우 '조동사 + 주어'의 도치 구문을 이끌어야 하므로 'I knew'를 'did I know'로 고쳐야 문법적으로 옳다.
① 도치 구문을 이끄는 동의 부사에 대한 문제로, 긍정문은 'so (대)동사 주어', 부정문은 'neither (대)동사 주어'로 표현한다. 주절의 동사가 'is'이므로 'so are you'는 문법적으로 옳다.
③ 'no sooner' 구문에 대한 문제이다. '~하자마자 -했다'라는 의미의 문장으로 'no sooner'가 문장 앞으로 나오면서 조동사 had와 주어 she가 도치된 것도 적절하다. 따라서 옳은 문장이다.
④ 과거 시점(then)에 대한 추측의 표현이므로 'must have been'은 문법적으로 옳다.

해석

① 그는 부지런하고 너도 부지런하다.
② 오늘이 되어서야 비로소 나는 그 사실을 알았다.
③ 그녀가 그 장소를 떠나자마자, 비가 내리기 시작했다.
④ 그들 사이에 약간의 오해가 있었음에 틀림없다.

05 정답 ①

해설

① 부정부사가 이끄는 도치 구문에 대한 문제이다. 부정부사 neither는 '동사 주어'의 도치 구문을 이끄므로 'neither have they'로 고쳐야 옳다.
② 'Under no circumstances'는 부정부사로 문장 앞에서 '동사 주어' 어순의 도치 구문을 이끈다. 따라서 주어진 문장은 문법적으로 옳다.
③ 등위접속사 nor가 이끄는 도치 구문에 대한 문제이다. nor는 and와 부정부사 'neither'가 결합된 것으로 '동사 주어'의 도치 구문을 이끌 수 있으므로 문법적으로 옳다.
④ 과거 시점에 대한 추측은 'must have p.p.'를 사용하여 나타내므로 문법적으로 옳다.

06 정답 ②

어휘

• **karaoke bar** 노래방
• **come along** 함께 가다
• **be cooped up in** ~에 틀어박히다, ~에 꼼짝없이 갇히다
• **positive** (무엇이 옳거나 사실임을) 확신하는
• **carry a tune** 음을 정확하게 내다
• **give ~ a ring** ~에게 전화하다

해석

W : 오늘 저녁에 친구들이랑 시내에 있는 노래방에 갈 거야. 너도 같이 가자.
M : 말은 고맙지만 <u>이번에는 빠질게</u>.

W: 정말? 넌 주말에 집에만 틀어박혀 있었잖아.

M: 응, 진짜 안 가. 난 노래를 정말 못 한단 말이야.

W: 음, 가고 싶으면 전화해.

① I might pop in later 나중에 잠깐 들를지도 몰라

   ※ pop in 잠깐 들르다

② I will sit this one out 이번에는 빠질게

③ you should mind your own business 네 일이나 신경 써

④ it won't be the same 똑같지 않을 거야

07 정답 ①

해설

① 'Shub-ad는 여왕의 지위에 올라 자기의 도시를 통치하는 데 성공했다'는 보기는 내용과 일치한다.

② 남자의 간통은 용서할 수 있지만 여자의 간통은 사형으로 벌을 받았다고 했으므로 '간통을 한 남녀 모두 사형에 처해져야 했다'는 내용은 옳지 않다.

③ 결혼 지참금은 신랑과 함께 간직했지만 신부가 관리했다고 했으므로 '신부의 아버지는 신랑에게 결혼 지참금을 주었고 그가 그것을 완전히 관리했다'는 보기는 내용과 일치하지 않는다.

④ 남편과 장성한 아들이 없을 시 여자가 집뿐만 아니라 영지를 관리했다고 했으므로, '남편과 장성한 아들이 없을 시 여자는 부동산을 소유할 수 없었다'는 보기는 내용과 일치하지 않는다.

세부 사항		
① Shub-ad는 여왕의 자리에 오를 수 있었고 그녀의 도시를 통치했다.	(5)번째 문장	○
② 간통을 저지른 남자, 여자 둘 다 죽임을 당했다.	(8)번째 문장	×
③ 신부의 아버지는 지참금을 신랑에게 주었기 때문에 그는 지참금에 완전한 통제권을 가지고 있었다.	(2)번째 문장	×
④ 남편과 장성한 아들의 부재중에는 그녀는 부동산을 소유할 수 없었다.	(3)번째 문장	×

어휘

• **Sumerian civilization** 수메르 문명

• **institution** 제도

• **regulate** 통제하다

• **keep control of** 통제권을 가지다

• **dowry** (혼인) 지참금

• **jointly** 공동으로

• **bequest** 유증, 유산

• **in the absence** 부재중에

• **grown-up** 성장한

• **administer** 집행하다

• **independently of** ~와는 독립적으로

• **dispose of** 처분하다

• **rise to the status of queen** 여왕의 자리에 오르다

• **forgivable** 용서할 수 있는

• **whim** 변덕

• **barren** 불모의, 임신을 못하는

• **divorce** 이혼하다

• **further reason** 더 이상의 이유

⑴ 수메르 문명에서는 결혼은 이미 많은 법들에 의해 규제가 되는 복잡한 제도이다. ⑵ 신부는 결혼 때 그녀의 아버지에 의해 주어진 지참금에 대한 통제권을 가졌고, 신부가 그녀의 남편과 공동 소유를 했음에도 불구하고 그녀 홀로 지참금의 증여를 결정했다. ⑶ 그녀는 그녀의 아이들에 대해 그녀의 남편과 동일한 권리를 행사했고 남편과 장성한 아들의 부재중에는 그녀는 집뿐만 아니라 토지를 관리할 수 있었다. ⑷ 그녀는 그녀의 남편으로부터 독립적으로 사업에 관여할 수 있었으며 그녀 자신의 노예들을 유지하거나 처분할 수 있었다. ⑸ 때로는 Shub-ad와 같이, 그녀는 여왕의 자리에 오를 수 있었으며 그녀의 도시를 호사스럽고 전제적으로 쾌히 다스릴 수 있었다. ⑹ 그러나 모든 위기 상황에서는 남편이 영주이고 주인이었다. ⑺ 어떤 상황들에서는 그는 그의 아내를 팔 수 있거나 그녀를 그의 빚을 갚기 위해서 노예로 팔 수 있었다. ⑻ 이중 잣대가 이미 작동했다 : 남자에게 간통은 용서 가능한 생각이나, 여자는 죽음으로 벌을 받았다. ⑼ 그녀는 많은 아이들을 남편과 국가에게 낳아 주는 것이 기대되었다; 만약 아이를 낳을 수 없다면, 그녀는 더 이상의 이유 없이 이혼당할 수 있었다.

08 정답 ④

해설

아버지에게서 국악을 배우지 않아서 이례적이라고 진술하고 있으므로 정답은 ④이다.

세부 사항		
① 전통과 현대의 조화를 모색한 작곡가이다.	(1)번째 문장	○
② 고등학교 때 처음 경연 대회에서 우승했다.	(3)번째 문장	○
③ 대학에서는 법학을 전공했다.	(4)번째 문장	○
④ 아버지로부터 국악을 배웠다.	(6)번째 문장	×

어휘

• **composer** 작곡가, 구성자

• **refuse** 피난, 보호, 피난소

• **port** 항구, 무역항

• **instrumental** 악기의, 기악의

• **division** 분할, 구분, 부문, 경계

• **attract** (주의·흥미 등을) 끌다, 끌어당기다

• **widespread** 널리 보급되어 있는

• **hand down** (후세에) 전하다

• **revelation** 폭로, 누설, 뜻밖의 새 사실

해석

⑴ 황은 전통과 현대적 창조 사이의 극간을 성공적으로 연결한 몇 안 되는 한국 작곡가들 중 하나이다. ⑵ 한국 전쟁 동안 그는 남쪽 항구 도시인 부산의 피난처에서 우연히 가야금 소리를 처음 들었고 매력을 느꼈다. ⑶ 1954년 고등학교 3학년 학생이었을 때 그는 전국 전통 음악 경연 대회 악기 부문에서 1등 상을 수상했다. ⑷ 그가 법과 대학 학생이었을 때, 그는 다시 똑같은 영예를 수상했다. ⑸ 황이 광범위한 주목을 받은 것은 바로 이때였다. ⑹ 그 당시에는 아버지에게서 아들에게 전통 음악을 전수하는 것이 관례였기에 법을 전공하는 학생이 경연 대회에서 1등을 차지한 것은 매우 의외의 일이었다.

07

09 정답 ③

해설

'합법적인 종결인 이혼에 대한 현재의 태도'를 주제로 한 글로, 다음과 같은 이유로 정답은 ③이다.

소재/주제	세부 사항		
합법적인 종결인 이혼에 대한 현재의 태도	① 미국인의 이혼에 대한 태도는 결코 변화하지 않았다.	→ 많은 변화를 겪어 왔다.	×
	② 1980년대에는 미국의 이혼율이 약 20퍼센트에 도달했었다.	→ 50퍼센트	×
	③ 어느 것도 미국에서 이혼율이 증가하는 것을 막을 수는 없는 듯싶다.	→ 일치하는 진술	○
	④ 많은 미국 여자들은 재정적 이유로 결혼을 유지하는 것을 선호한다.	→ 결혼 유지 반대	×

어휘

- **go through** ~를 겪다
- **current** 현재의
- **divorce** 이혼
- **legal** 합법적인
- **emphasis** 강조
- **reaction** 반작용
- **married** 결혼한, 기혼한
- **go through** ~를 겪다

해석

미국의 가구는 또한 지난 50년 동안 많은 변화를 겪어 왔다. 이러한 변화들 중 먼저 나타난 것은 결혼의 합법적인 종결인 이혼에 대한 현재의 태도이다. 1960년대까지, 이혼은 그렇게 일반적인 일이 아니었다. 그러나 이후 20년이 지나자, 결혼한 2쌍 중 1쌍이 이혼하고 있다. 전통과 종교, 그리고 남편에 대한 여성의 경제적 의존도를 강조하지 않음에 따라 미국인들은 문제가 있는 결혼을 유지하고자 하지 않는 것 같다. 그들은 결혼을 유지하기 위한 경제적, 사회적 또는 종교적 압력에 억압되지 않는다. 부분적으로 높은 이혼율에 대한 반작용으로, 많은 미국인들은 결혼을 하지 않고 동거를 한다.

10 정답 ②

해설

5번째 진술 '그는 10대 때 프랑스의 아마추어 대회에서 Best Piano Player 상을 수상하며 유명해졌다'를 통해 10대 때 유명해졌음을 알 수 있다. 따라서 ②의 진술은 틀리다.

세부 사항		
① Claude Bollings는 학교 친구를 통해 재즈를 소개받았다.	→ (3) He was introduced to the world of jazz by a schoolmate.	○
② Claude Bollings는 20대에 Best Piano Player 상을 받았다.	→ (5) Bolling became famous as a teenager by winning the Best Piano Player prize …	×
③ Claude Bollings는 성공적인 영화 음악 작곡가였다.	→ (6) He was also a successful film music composer…	○
④ Claude Bollings는 1975년에 플루트 연주자와 협업했다.	→ (7) In 1975, he collaborated with flutist Rampal and published Suite for Flute and Jazz Piano Trio…	○

어휘

- **composer** 작곡가
- **classical** 클래식의
- **youth** 어린 시절
- **excellent** 탁월한, 뛰어난
- **prize** 상, 상품
- **successful** 성공한, 성공적인
- **collaborate** 협업하다
- **publish** 발매하다

해석

피아니스트, 작곡가, 그리고 빅 밴드 리더인 Claude Bolling은 1930년 4월 10일 프랑스 칸에서 태어났지만, 그의 삶의 대부분을 파리에서 보냈다. 그는 젊었을 때 클래식 음악을 공부하기 시작했다. 그는 학교 친구를 통해 재즈(재즈 세계)를 소개받았다. 후에 Bolling은 최고의 재즈 음악가들 중 한 명인 Fats Waller의 음악에 관심을 가졌다. 그는 10대 때 프랑스의 아마추어 대회에서 Best Piano Player 상을 수상하며 유명해졌다. 그는 또한 성공적인 영화 음악 작곡가였고, 100편이 넘는 영화의 음악을 작곡했다. 1975년에, 그는 플루트 연주자 Rampal과 협업했고, 'Suite for Flute and Jazz Piano Trio'를 발매했으며, 그것으로 가장 잘 알려지게 되었다. 그는 두 아들 David와 Alexandre를 남기고 2020년 사망했다.

1 단어

순번	단어	뜻	순번	단어	뜻
1	thrifty	검소한, 절약하는, 무성한, 잘 자라는, 번영하는	7	aesthetic	심미적인, 미학의, 미적인
2	impecunious	돈 없는, 가난한, 무일푼의	8	recessive	열성의, 퇴행의, 역행의
3	affluent	부유한	9	account for	~을 설명하다, 차지하다
4	timid	소심한, 용기가 없는	10	carry on	계속하다
5	unquenchable	채울 수 없는, 충족시킬 수 없는	11	figure out	생각해내다, 이해하다, 계산하다
6	eloquent	웅변의, 유창한	12	depend upon	~에 의존하다

2 문법

순번	문장	
1	He is diligent and so are you.	○
	해설 도치 구문을 이끄는 동의 부사에 대한 문제로, 긍정문은 'so (대)동사 주어', 부정문은 'neither (대)동사 주어'로 표현한다. 주절의 동사가 'is'이므로 'so are you'는 문법적으로 옳다.	
2	Not until today I knew the fact.	×
	해설 부정부사 'Not until today'가 이끄는 '도치 구문'에 대한 문제이다. 부정부사는 문두에 나올 경우 '조동사 + 주어'의 도치 구문을 이끌어야 하므로 'I knew'를 'did I know'로 고쳐야 문법적으로 옳다.	
3	No sooner had she left the place than it rained	○
	해설 'no sooner' 구문에 대한 문제이다. '~하자마자 -했다'라는 의미의 문장으로 'no sooner'가 문장 앞으로 나오면서 조동사 had와 주어 she가 도치된 것도 적절하다. 따라서 옳은 문장이다.	
4	There must have been a few misunderstandings then.	○
	해설 과거 시점(then)에 대한 추측의 표현이므로 'must have been'은 문법적으로 옳다.	
5	그녀는 최선을 다해 오지 않았고 그들도 마찬가지였다. ➡ She has not done her best and neither they have.	×
	해설 부정부사가 이끄는 도치 구문에 대한 문제이다. 부정부사 neither는 '동사 주어'의 도치 구문을 이끄므로 neither have they로 고쳐야 옳다.	
6	어떤 상황에서도 다른 이들을 괴롭혀서는 안 된다. ➡ Under no circumstances should you harass others.	○
	해설 'Under no circumstances'는 부정부사로 문장 앞에서 '동사 주어' 어순의 도치 구문을 이끈다. 따라서 주어진 문장은 문법적으로 옳다.	
7	빌은 열차 지연에 기분이 좋지 않았고, 나도 마찬가지였다. ➡ Bill wasn't happy about the train delay, nor was I.	○
	해설 등위접속사 nor가 이끄는 도치 구문에 대한 문제이다. nor는 and와 부정부사 'neither' 결합된 것으로 '동사 주어'의 도치 구문을 이끌 수 있으므로 문법적으로 옳다.	
8	피터가 심각해 보이다니 무슨 일이 그에게 생겼음에 틀림없다. ➡ Something must have happened to Peter for he looks serious.	○
	해설 과거 시점에 대한 추측은 'must have p.p.'를 사용하여 나타내므로 문법적으로 옳다.	

| 01 ④ | 02 ③ | 03 ① | 04 ① | 05 ④ |
| 06 ② | 07 ④ | 08 ② | 09 ② | 10 ③ |

01 정답 ④

해설

★ **anonymity** 익명 = namelessness

어휘

- **hospitality** 환대, 후한 대접
- **convenience** 편의, 편리
- **disrespect** 무례, 결례, 경멸(= contempt, disregard, disdain)

해석

알 수 없는 익명의 은행 계좌에 적당한 비율의 촉진자 수수료가 납부되었다.

02 정답 ③

★ **aggravate** 1) 악화시키다 = exacerbate, worsen, make worse
　　　　　　　2) 화나게 만들다 = exasperate

어휘

- **curtail** 줄이다, 축소하다, 삭감하다
  = reduce, decrease, diminish, lessen, shorten, cut back
- **dispute** 논쟁, 논의, 논쟁하다, 논의하다
- **volunteer** 지원자, 자진하여 하다

해석

만약 우리가 이 제안된 배들을 계속 식힌다면 문제를 악화시킬 것이고 음식은 더더욱 부족해질 것이다.

03 정답 ①

해설

★ **put down** 1) 적어 두다 = write down, take down
　　　　　　　2) 진압하다, 내려놓다 = jot down, note down

어휘

- **drop by** (잠깐) 들르다 = stop by, come by, swing by
- **fill up** 가득 채우다 = top up, replenish
- **abide by** 준수하다, 지키다
  ─ obey, observe, stick to, cling to, adhere to, conform to, comply with

해석

- 그 군사 정부는 모든 반대를 억누를 작정을 하고 있다.
- 제가 당신의 주소를 이 형식에 적어 두겠습니다.

04 정답 ①

해설

① I wish 가정법 구문 공식은 'I wish 주어 + 과거동사(현재반대), I wish 주어 + 과거완료(과거반대)'이다. 현재를 나타내는 부사 now로 미루어 볼 때 현재 시점에 대한 소망이므로 'had been'이 아니라 were로 고쳐야 문법적으로 옳다.

② 라틴어원의 형용사 senior는 비교 대상을 전치사 to로 연결하며, '차이'를 전치사 by로 연결하므로 문법적으로 옳다.

③ 과거 시점의 추측의 표현에 대한 문제로, '~했을 리 없다'는 'cannot have done'으로 써야 한다.

④ 과거에 대한 후회나 유감을 나타낼 때에는 'should have p.p.' 혹은 'ought to have p.p.'는 '~했어야 했다' 라는 의미로 쓰인다. 따라서 'She should have kept the receipt'는 문법적으로 옳다.

05 정답 ④

해설

④ 동사의 수 일치와 비교 대상의 일치를 물어보는 문제이다.
　(1) 문장의 주어가 'The tasks'로 복수 명사이므로 문장의 동사 is를 are로 바꿔야 한다.
　(2) 비교 대상이 복수 명사 'The tasks'이므로 that을 those로 바꿔야 한다.

① 가정법 과거완료에 대해 물어보는 문제이다. 'if 주어 had p.p. (=Had 주어 p.p.) 주어 would/should/could/might had p.p.'

② 과거시점에 대한 가정법으로 '과거조동사 + 완료'는 문법적으로 옳다. 'could have p.p.'는 '~할 수 있었다'라는 의미로 과거에 대한 후회 또는 가능성 안타까움을 나타내므로 올바르게 쓰였다.

③ 'The 비교급 + 목적어 + 주어 + 동사 ~, the 비교급 + 목적어 + 주어 + 동사 ~' 구조가 올바르게 쓰였다.

해석

① 만약 내가 바쁘지 않았더라면 거기에 갔었을 것이다.
② 부유한 후원자가 있었다면 그는 성공할 수 있었을 것이다.
③ 당신이 더 큰 유머 감각을 가질수록, 당신은 더 많은 아이디어들을 가지게 될 것이다.
④ 그가 직면하는 그 문제는 전임자들이 직면하는 문제들과는 달랐다.

06 정답 ②

해설

새로운 사람을 소개하는 문맥의 대화이다. 따라서, '새로 온 사람이 적응하도록 도와주세요(help him adjust to the job)'의 의미와 같은 표현을 골라야 하므로 ② 'I'll try to get the hang of things quickly.'가 정답이 된다.

어휘

- **get off one's chest** 마음속의 이야기를 하다
- **get the hang of** ~을 할(쓸) 줄 알게 되다; ~을 이해하다
- **have it out with** ~와 언쟁하다
- **make up with** ~와 화해하다
- **adjust** 순응하다, 조정하다

해석

A : 제이크 서 씨를 소개할게요. 우리 팀에서 함께 일하게 됐답니다.
B : 안녕하십니까. 한 가족이 되어 여러분과 함께 일하게 되어 영광입니다.
A : 서 씨를 따뜻하게 환영해 줍시다. 일하는 데 잘 적응할 수 있도록 도와주시고요.
B : 고맙습니다. <u>조속히 업무를 이해하도록</u> 노력하겠습니다.

07 정답 ④

해설

동인도회사는 사업 이익이 위협을 받았을 때 전쟁을 선포할 권한을 왕에게서 부여받았다고 했으므로, ④ '그것은 전쟁을 선포하고자 할 때 왕에게서 허락을 받아야만 했다.'가 글의 내용과 일치하지 않는다.

선택지	본문	
① 기술의 혁신은 그것이 붕괴하게 만든 요소 중 하나였다.	(5) ...crumbled in the face of technological innovation	○
② 그것의 규모는 오늘날의 Microsoft의 규모보다 훨씬 더 컸다.	(2) The company made today's Microsoft look like a timid mom-and-pop shop by comparison.	○
③ 그것은 당시에 가장 존경받고 가장 무서웠던 회사였을 것이다.	(4) The British East India Company surely would have been at the top of any "most admired (and feared) companies" list in its day.	○
④ 그것은 전쟁을 선포하고자 할 때 왕에게서 허락을 받아야만 했다.	(3) was empowered by the crown to declare war	×

어휘

- **the mother-of-all** 최악의, 최대의
- **timid** 소심한, 마음이 약한; 겁에 질린
- **mom-and-pop** 소규모의, 영세한
- **by comparison** 비교해 보았을 때
- **monopolize** 독점하다
- **opium** 아편
- **empower** ~에게 권력[권한]을 주다
- **declare war** 선전포고하다

- **threaten** 위협하다
- **barrier** 장벽
- **core competency** 핵심 역량
- **crumble** 부서지다, 망하다
- **long run** 장기간; 장기 흥행
- **in the end** 결국

해석

17세기와 18세기에 영국 동인도 회사는 모든 전략적 요충지를 가지고 있었다. 그 회사는 오늘날의 마이크로소프트를 비교해서 소심한 구멍가게처럼 보이게 했다. 이 나라는 4개국의 무역을 완전히 독점했고, 커피와 양모부터 아편까지 전 세계적인 이해관계를 갖고 있었으며, 사병과 해군을 보유하고 있었고, 사업상의 이익이 위협받았을 때 국왕으로부터 선전포고를 할 수 있는 권한을 부여받았으며, 사실상 세계 인구의 5분의 1을 지배했다. 영국 동인도 회사는 분명 그 당시 "가장 존경 받는 (그리고 두려운) 기업" 목록의 상위에 있었을 것이다. 그러나, 규모와 범위의 모든 경제, 경쟁의 장벽, 특권적 관계, 그리고 많은 핵심 역량(예를 들면, 원주민들을 잔인하게 탄압하는 것)에도 불구하고, 19세기 동안, 그것의 거대한 경쟁 우위의 벽은 기술 혁신과 새로운 경쟁자들의 진입에 직면하여 무너졌고, 1873년에 그 회사는 운영을 멈추었다. 비록 영국 동인도 회사가 잘 운영되었지만, 결국 세상은 바뀌었고, 동인도 회사는 바뀌지 않았다.

① 기술의 혁신은 그것이 붕괴하게 만든 요소 중 하나였다.
② 그것의 규모는 오늘날의 Microsoft의 규모보다 훨씬 더 컸다.
③ 그것은 당시에 가장 존경받고 가장 무서웠던 회사였을 것이다.
④ 그것은 전쟁을 선포하고자 할 때 왕에게서 허락을 받아야만 했다.

08 정답 ②

해설

'학생들의 협력의 가치를 가르치는 것의 중요성'을 주제로 한 글로, 2번째 문장의 '하고 싶은 대로 내버려 두면, 그들은 본능적으로 서로 점점 더 경쟁적이 될 것이다.'의 진술을 통해 ③의 진술이 틀렸음을 알 수 있다.

선택지	본문	
① 선생님들은 학생들이 협동의 가치를 배울 수 있도록 지도해야 한다.	(9) you need to teach these skills consciously and carefully,	○
② 학생들은 교실에서 스포츠에서처럼 행동할 것이다.	(3) They will compare scores, reports, and feedback within the classroom environment —just as they do in the sporting arena.	○
③ 학생들은 협력하는 것이 가치 있다는 것을 천성적으로 잘 알고 있다.	(2) Left to their own devices, they will instinctively become increasingly competitive with each other.	×
④ 소수의 학생들만이 성공적인 그룹에서 사교 기술의 필요성을 이해한다.	(8) While some students inherently bring a natural understanding of these skills with them, they are always in the minority.	○

08

어휘

- **guidance** 지도
- **embark on** ~에 착수하다
- **competitive** 경쟁적인, 경쟁력 있는
- **compare** 비교하다
- **sporting arena** 스포츠 경기장
- **a multitude of** 다수의, 다양한
- **interpersonal** 대인관계의
- **awareness** 의식
- **inherently** 선천적으로
- **peer** 또래, 동료
- **nurture** 육성하다

해석

선생님의 지도 없이는 학생들은 협력의 가치를 인정하는 개인적 발달의 여정에 나서지 않을 것이다. 하고 싶은 대로 내버려 두면, 그들은 본능적으로 서로 점점 더 경쟁적이 될 것이다. 그들은 스포츠 경기장에서와 마찬가지로 교실 환경 내의 점수, 성적표, 피드백을 비교할 것이다. 우리는 학생들에게 승자와 패자에 대해 가르칠 필요가 없다. 운동장과 미디어가 그들을 위해 그렇게 하는 것이다. 하지만, 우리는 그들에게 승리하는 것보다 삶에 더 많은 것이 있다는 것과 성공적인 협력을 위해 그들이 필요로 하는 기술에 대해 가르쳐 줄 필요가 있다. 성공적으로 함께 일하는 그룹은 고도의 대인 의식뿐만 아니라 다양한 사회적 기술을 가진 개인들을 필요로 한다. 일부 학생들은 본래 이러한 기술에 대한 자연스러운 이해를 가지고 있지만, 그들은 항상 소수이다. 당신의 교실에 또래들 사이의 협력을 이루도록 하기 위해서, 당신은 의식적이고 주의 깊게 이러한 기술들을 가르쳐야 하고, 학창시절 내내 계속해서 그것들을 육성해야 한다.

① 선생님들은 학생들이 협동의 가치를 배울 수 있도록 지도해야 한다.

② 학생들은 교실에서 스포츠에서처럼 행동할 것이다.

③ 학생들은 협력하는 것이 가치 있다는 것을 천성적으로 잘 알고 있다.

④ 소수의 학생들만이 성공적인 그룹에서 사교 기술의 필요성을 이해한다.

09 정답 ②

해설

대학 졸업 후 수련의 시절에 관심을 가졌다고 했으므로 정답은 ② 이다.

선택지	본문	
① 그녀가 자란 곳은 뉴욕의 할렘 지역이었다.	(2) Born in 1942, she was raised in the Harlem area of New York City.	○
② 대학 시절, 그녀는 눈 관리에 관심을 갖기 시작했다.	(4) It was during her time as a medical intern that she saw that many poor people and Black people were becoming blind because of the lack of eye care.	×
③ 안과에 대한 경력이 축적된 후, 그녀는 의과대학에서 학생들을 가르쳤다.	(6) As her career progressed, Bath taught students in medical schools and trained other doctors.	○
④ AiPB는 "시력은 기본 인권"이라는 기본 원칙을 기반으로 했다.	(7) … basic principle that "eyesight is a basic human right." In the 1980s, …	○

어휘

- **advocate** 지지하다, 옹호하다
- **ophthalmology** 안과학
- **branch** 분야, 갈래
- **disorder** 장애
- **medical school** 의과 대학
- **co-found** 공동으로 설립하다
- **patent** 특허

해석

Patricia Bath는 눈 건강을 옹호하는 데 자신의 삶을 보냈다. 1942년에 태어나, 그녀는 New York City의 Harlem 지역에서 성장했다. 그녀는 Howard 의과 대학을 1968년에 졸업했다. 수련의로서 시간을 보내는 동안 그녀는 눈 관리 부족으로 많은 가난한 사람과 흑인이 눈이 멀게 되고 있음을 알게 되었다. 그녀는 눈 질병과 장애를 연구하는 의학 분야인 안과학에 몰두하기로 결심했다. 경력이 쌓이면서 그녀는 의과 대학에서 학생을 가르쳤고 다른 의사들을 훈련시켰다. 1976년에 그녀는 "시력은 기본적인 인권이다."라는 기본 원칙으로 미국시각장애예방협회(AiPB)를 공동 설립했다. 1980년대에 Bath는 눈 치료에서 레이저 사용을 연구하기 시작했다. 그녀의 연구는 그녀를 의료 장비 특허를 받은 최초의 아프리카계 미국 흑인 여성 의사가 되는 데 이르게 했다.

10 정답 ③

해설

심해생물들에 대한 설명문으로, 3번째 문장의 진술을 통해 '낮은 신진대사를 유지하면서'의 진술을 통해 ③의 '많은 에너지를 필요로 한다'의 진술이 틀렸음을 알 수 있다.

선택지	본문	
① 심해에 사는 유기체들은 대부분은 부레가 없다.	(2) Most deep-sea organisms lack gas bladders.	○
② 심해에 사는 유기체들은 냉혈 유기체로 주변 환경에 체온을 맞춘다.	(3) They are cold-blooded organisms that adjust their body temperature to their environment, allowing them to survive in the cold water while maintaining a low metabolism.	○
③ 심해에 사는 유기체들은 낮은 온도에서 생존하기 위해 많은 에너지를 필요로 한다.		×
④ 심해에 사는 유기체들은 먹이를 제압할 거대한 입과 날카로운 이빨을 가진다.	(5) Many predatory fish of the deep sea are equipped with enormous mouths and sharp teeth, enabling them to hold on to prey and overpower it.	○

어휘

• **bladder** (물고기의) 부레
• **organism** 유기체
• **adapt** 적응하다
• **cold-blooded** 냉혈의
• **adjust** 조절하다
• **metabolism** 신진대사
• **sparse** 희박한
• **predatory** 포식성의
• **be equipped with** ~을 장착하다, 가지고 있다
• **enormous** 거대한
• **prey** 먹이
• **overpower** 제압하다, (힘으로) 눌러 버리다
• **residual** 남은, 잔여의

해석

심해에 사는 유기체들은 몸에 물을 저장하여 고압에 적응해 왔고, 일부는 거의 물만으로 구성되어 있다. 대부분의 심해 유기체들은 부레가 없다. 그들은 냉혈 유기체들로 주변 환경에 체온을 맞추어, 낮은 신진대사를 유지하고 있는 동안 차가운 물에 생존하게 한다. 많은 종들은 먹을 수 있는 드문 음식을 찾는 것이 많은 에너지를 소비하기 때문에 오랜 기간 동안 음식 없이 생존이 가능하도록 그들의 신진대사를 매우 많이 낮춘다. 심해의 많은 포식성 물고기는 거대한 입과 날카로운 이빨을 가지고 있는데 그것들이 먹이를 붙잡고 제압하게 한다. 해양의 잔광 구역에서 먹이를 잡는 일부 포식자들은 뛰어난 시력을 가지고 있고, 반면 나머지 포식자들은 먹이 감이나 짝을 끌어들이기 위해 자신의 빛을 만들어 낼 수 있다.

08

1 단어

순번	단어	뜻	순번	단어	뜻
1	anonymity	익명	7	dispute	논쟁, 논의, 논쟁하다, 논의하다
2	hospitality	환대, 후한 대접	8	volunteer	지원자, 자진하여 하다
3	convenience	편의, 편리	9	put down	적어 두다, 진압하다, 내려놓다
4	disrespect	무례, 결례, 경멸	10	drop by	(잠깐) 들르다
5	aggravate	악화시키다, 화나게 만들다	11	fill up	가득 채우다
6	curtail	줄이다, 축소하다, 삭감하다	12	abide by	준수하다, 지키다

2 문법

순번	문장	
1	그가 지금 나와 함께 있다면 좋을텐데. ➡ I wish he had been with me now. **해설** I wish 가정법 구문 공식은 'I wish 주어 + 과거동사(현재반대), I wish 주어 + 과거완료(과거반대)'이다. 현재를 나타내는 부사 now로 미루어 볼 때 현재 시점에 대한 소망이므로 'had been'이 아니라 were로 고쳐야 문법적으로 옳다.	×
2	그는 나보다 나이가 두 살 더 많다. ➡ He is senior to me by two years. **해설** 라틴어원의 형용사 senior는 비교 대상을 전치사 to로 연결하며, '차이'를 전치사 by로 연결하므로 문법적으로 옳다.	○
3	그가 그 일을 혼자의 힘으로 했을 리가 없다. ➡ He cannot have done it by himself. **해설** 과거 시점의 추측의 표현에 대한 문제로, '~했을 리 없다'는 'cannot have done'으로 써야 한다.	○
4	그녀는 그 영수증을 보관 했어야 했다. ➡ She should have kept the receipt. **해설** 과거에 대한 아쉬움을 나타내는 가정법을 물어보는 문제이다. 'should have p.p.'혹은 'ought to have p.p.'는 '~해야 했는데'라는 의미로 쓰인다. 따라서 'She should have kept the receipt'는 문법적으로 옳다.	○
5	Had I not been busy, I would have gone there. **해설** 가정법 과거완료에 대해 물어보는 문제이다. 'if 주어 had p.p. (=Had 주어 p.p.) 주어 would/should/could/might had p.p.'	○
6	With a rich sponsor, he could have succeeded. **해설** 과거시점에 대한 가정법으로 '과거조동사 + 완료'는 문법적으로 옳다. 'could have p.p.'는 '~할 수 있었다'라는 의미로 과거에 대한 후회 또는 가능성 안타까움을 나타내므로 올바르게 쓰였다.	○
7	The greater your sense of humor you have, the more ideas you will have. **해설** 'The 비교급 + 목적어 + 주어 + 동사 ~, the 비교급 + 목적어 + 주어 + 동사 ~' 구조가 올바르게 쓰였다.	○
8	The tasks confronting him is different from that facing his predecessor. **해설** 동사의 수의 일치와 비교 대상의 일치를 물어보는 문제이다. (1) 문장의 주어가 'The tasks'로 복수명사이므로 문장의 동사 is를 are로 바꿔야 한다. (2) 비교 대상이 복수 명사 'The tasks'이므로 that을 those로 바꿔야 한다.	×

| 01 ① | 02 ② | 03 ④ | 04 ③ | 05 ④ |
| 06 ② | 07 ④ | 08 ④ | 09 ④ | 10 ④ |

01 정답 ①

해설

★ sobriety 절주, 절제 = temperance, moderateness

어휘

- concern 1) 관계, 관심, 걱정, 우려
  2) 관련된 것이다, ~를 걱정스럽게 만들다
- solicitude 불안, 염려, 의혹 = misgiving
- disrespect 무례, 결례, 경멸

해석

술을 끊은 후, 나는 어떤 건강상 문제들을 가지지 않았다. 나는 나의 절주에 기분이 정말로 좋다.

02 정답 ②

해설

★ derogatory 경멸적인, 가치를 떨어뜨리는 = pejorative

어휘

- feasible 실현 가능한 = practicable, possible
- fleeting 순식간의, 잠깐 동안의
  = momentary, temporary, transient, transitory
- desirous 원하는, 바라는

해석

연설에 뒤이어, 파키스탄 의회는 교황이 '경멸적인' 발언을 했다고 비난하며 '종교 간 화합을 위해' 그 발언을 철회할 것을 요구했다.

03 정답 ④

해설

★ see eye to eye 의견이 일치하다 = agree, assent, consent

어휘

- quarrel 말다툼, 언쟁, 싸우다, 언쟁하다
- evoke 환기시키다, 불러일으키다 = bring to mind
- muffle 감싸다, 덮다, 소리를 죽이다[약하게 하다]

해석

그 사람하고는 의견이 일치하지 않고 같이 일하기 어려워.

※ see eye to eye 의견이 일치하다

▶ see(보다) + eye to eye(눈에서 눈을)

→ 서로 눈을 쳐다보고 의견을 알다 ⇒ 의견이 일치하다

04 정답 ③

해설

③ '~하면 할수록, 더 ~하다'의 구문은 'the 비교급 ~, the 비교급 ~'이다. 따라서 sooner를 the sooner로 써야 올바르다.

① 배수 비교 구문인 '배수사 as 원급 as'의 구조가 올바르게 쓰였다.

② 'as soon as possible'은 '가능한 한 빨리'라는 표현으로 올바르게 쓰였다.

④ 비교 대상의 일치에 대한 문제로 Steve의 집과 Peter의 집을 비교하고 있다. 비교 구문을 만드는 접속사 as 뒤에는 house가 생략되고 Peter's의 형태로 올바르게 쓰였다.

해석

① 그는 나보다 열 배 많은 책을 가지고 있다.

② 그는 가능한 한 빨리 빚을 갚았다.

③ 네가 열심히 노력할수록 더 빨리 합격할 것이다.

④ Steve의 집은 Peter의 집만큼이나 화려하다.

05 정답 ④

해설

④ Only 전치사 명사 구조 뒤에는 '조동사 주어 ~'로 도치되므로 'Only in this way can you solve these problems'로 써야 올바르다.

① 부정부사가 문두에 위치하면 '조동사 주어 ~'로 도치되므로 'Never have I met~'이 올바르게 쓰였다.

② 장소 부사구인 'On 명사' 구조 뒤에 1형식 자동사와 주어로 도치되고 이때 자동사 stand와 주어 many monuments의 수 일치도 올바르다.

③ 'so 조동사 주어' 구조는 도치 구문으로 긍정문이 나올 경우에 쓰이는 표현이고 이때, 조동사의 선택은 앞에 나온 동사에 따라 달라진다. 앞 동사가 'have improved'이므로 조동사 have로 받아야 하고 뒤에 주어는 대동사는 'have'이고 주어는 나의 성적(mine)이 단수 명사이므로 has로 수 일치시켜 'so has mine'으로 표현한 것도 올바르다.

해석

① 나는 그런 관대한 인물을 아직 본 적이 없다.

② 그 산꼭대기에 많은 기념비들이 서 있다.

③ Mike의 성적은 향상되었고 내 점수도 또한 향상되었다.

④ 당신은 오직 이 방법으로만 문제를 해결할 수 있습니다.

06 정답 ②

해설

대화 중 상대방의 기분을 상하게 하지 않으면서 충고를 하는 상황으로, 빈칸에는 '오해하지 마세요'의 의미를 갖는 ②'Don't get me wrong'이 옳다.

해석

A : 당신한테 전화하려고 했어요.
B : 아, 무슨 일 있으세요?
A : 이번 크리스마스에 케이크를 구울까 해요.
B : 지난번에 케이크를 태우신 얘기를 왠지 해드려야 할 거 같은데요.
A : 저기, 그건 그렇게 나쁘지는 않았잖아요. 그렇죠?
B : 오해하지 마세요. 저는 당신이 한 요리 아주 좋아해요.
A : 하지만...
B : 케이크는 단지 당신의 주 종목이 아닌 것 같아요.

① 성급히 판단하지 마세요
② 오해하지 마세요
③ 시치미 떼지 마세요
④ 말을 빙빙 돌리지 마세요

07 정답 ④

해설

'Maine에서 온 미끼용 벌레들은 인기가 좋다'의 진술은 있으나, 생태교란종으로서 역할을 하는 것은 '미끼용 벌레들'이 아니라 '그것들을 감싸고 있는 해초 혹은 그 위에 있는 유기체들이다. 따라서 ④가 틀린 진술이다.

선택지	본문	
① 식량으로 사용하거나 침식을 막기 위해 많은 해양 종들이 도입되었다.	(1) … were deliberately introduced for food or for erosion control …	○
② 양식을 위해 도입된 어패류가 음식과 일자리를 제공하였다.	(2) … providing food and jobs …	○
③ 양식되던 어패류가 양식장을 탈출하여 토착종과 생태계에 피해를 주었다.	(4) Many escape each year, and they have been recovered …	○
④ Maine에서 온 미끼용 벌레들이 토착종에 위협을 주는 생태교란이다.	(8) If the seaweed is discarded, it or the organisms on it can colonize new areas.	×

어휘

- **aquaculture** 양식(업)
- **marine** 바다의
- **oyster** 굴
- **marsh** 습지
- **deliberately** 의도적으로
- **introduce** 도입하다
- **erosion** 침식, 부식
- **intentionally** 의도적으로
- **livelihood** 생계
- **Atlantic** 대서양의
- **rear** 기르다, 사육하다

- **net-pen** 그물 어장
- **recreational** 여가용의
- **invasive species** 침입종(들)
- **bait** 미끼
- **be packed** 싸여 있다
- **seaweed** 해초
- **organism** 유기체
- **discard** 버리다
- **colonize** 군락을 이루다, 대량 서식하다, 식민지로 만들다

해석

굴, 습지 풀, 그리고 물고기를 포함한 많은 해양 종들은 그들이 미칠 수 있는 영향에 대한 정보가 거의 없는 상태에서 의도적으로 식량이나 침식 방제를 위해 도입되었다. 어패류는 양식을 위해 전 세계에 의도적으로 도입되어 음식과 일자리를 제공하지만, 탈출해서 토착종, 생태계 기능, 또는 생계에 위협이 될 수 있다. 대서양 연어는 Washington State와 British Columbia의 해양 그물 어장에서 길러진다. 매년 많은 연어가 탈출해, 그들은 Washington State, British Columbia, Alaska의 해수와 담수에서 발견되어진다. 여가용 낚시 또한 침입종을 전파시킬 수 있다. Maine에서 온 미끼용 벌레들은 전국적으로 인기가 있다. 그것들은 보통 많은 다른 유기체들을 포함하는 해초에 싸여 있다. 만약 해초가 버려지면, 해초나 해초 위에 있는 유기체들은 새로운 영역에서 군락을 이룰 수 있다. 낚시용 장화, 여가용 보트와 트레일러는 유기체를 한 장소에서 집어 올려 다른 곳으로 옮길 수 있다.

08 정답 ④

해설

민족정신의 형성과 소멸에 대한 글로, '만약 문화 간 접촉이 충분히 긴밀해진다면, 이누이트인들의 민족(사회) 정신이 사라지게 될 것이다'는 진술은 있으나, 현재 기준으로는 여전히 유지하고 있음을 5번째 줄에서 확인할 수 있다. 따라서 ④가 틀린 진술이다.

선택지	본문	
① 독립 정신의 유지를 위해 문화는 일정 수의 사람들이 필요하다.	(3) Rather, an ethos results from the interdependent acts of many individuals.	○
② 혼자 행동하는 개인은 민족 정신을 만들어 낼 수 없다.	(2) No single individual, acting on his or her own, can produce an ethos.	○
③ 이누이트족은 캐나다에 거주하고 있는 약 2만 4천여 명 정도의 집단이다.	(5) …even though they number no more than twenty-four thousand.	○
④ 이누이트인들의 민족 정신은 캐나다인들과의 긴밀한 문화 간 접촉으로 사라졌다.	(5) The Canadian Inuit maintain their own ethos, …	×

정답 ④

어휘

- **ethos** 민족(사회) 정신
- **insulation** 단절; 격리; 고립; (전기·열·소리 따위 전도의) 차단, 절연; 절연체,
- **sustain** 유지하다
- **critical mass** 결정적 질량, 임계질량
- **on his or her own** 혼자서
- **interdependent** 상호 의존적인
- **cluster** 무리, 모음
- **manage** 해내다
- **feat** 업적, 위업
- **isolation** 고립
- **occupy** 차지하다, 거주하다
- **remote** 먼
- **territory** 지역, 영토
- **cross-cultural** 문화 간의
- **sufficiently** 충분히
- **distinct** 뚜렷이 다른, 분명한
- **persist** 지속되다
- **pursue** 추구하다

해석

독립적인 민족(사회) 정신을 유지하려고 할 때, 문화는 결정적 질량(임계 질량)의 문제에 직면한다. 자신 혼자서 행동하는 어떤 한 개인도 민족(사회) 정신을 만들어 낼 수 없다. 오히려 민족(사회) 정신은 많은 개인의 상호 의존적인 행위에서 비롯된다. 생성된 의미의 이러한 군집은 더 크고 더 부유한 외부 힘으로부터 어느 정도의 단절을 필요로 할 수 있다. 캐나다 이누이트족은 비록 2만 4천여 명 정도에 불과하지만 그들만의 민족(사회) 정신을 유지하고 있다. 그들은 삶을 유지하기 위해 무역과 지리적 고립의 조합을 통해 이러한 업적을 해낸다. 이누이트족은 캐나다의 주요 인구 중심지에서 따로 멀리 떨어진 영토를 차지하고 있다. 만약 문화 간 접촉이 충분히 긴밀해진다면, 이누이트인들의 민족(사회) 정신이 사라지게 될 것이다. 비슷한 규모의 다른 문화 집단은 캐나다 토론토 도심에서는 결국 지속되지 않는데, 거기에서 그들은 많은 외부 영향과 접촉하고 그들의 삶을 위해 본질적으로 서구적 방식을 추구한다.

---

09 정답 ④

해설

덤불 귀뚜라미에 대한 설명문으로 5번째 문장의 진술을 통해서 ④가 틀린 진술임을 알 수 있다.

선택지	본문	
① 그것들은 종종 농작물에 심각한 피해를 입힌다.	→ 아주 드물게 몇몇 종들이 주된 해충이 되기 충분할 정도로 수가 많아진다.	×
② 일반적으로, 그들의 몸이 더듬이보다 길다.	→ 더듬이가 그들의 몸보다 크다	×
③ 암컷은 성체가 된 불과 4달 후에 알을 낳기 시작한다.	→ 성체가 된 4주 후에 알을 낳기 시작된다	×
④ 일부 종은 육식성이고, 대부분의 종은 초식성이다.	옳은 문장	○

어휘

- **bush cricket species** 덤불 귀뚜라미 종
- **grasshopper** 메뚜기
- **distinguish** 구별하다, 분별[식별]하다
- **antenna** 더듬이, 안테나
- **thread-like** 실 같은
- **egg-laying** 알 낳기
- **predator** 포식자
- **prey on** ~을 먹고 살다
- **numerous** 수없이 많은
- **pest** 유해물; 해충

해석

세계의 많은 다른 지역에서 발견되는 약 6,800종의 다른 덤불 귀뚜라미 종이 있다. 비록 그것들이 메뚜기와 매우 비슷하게 보이지만 덤불 귀뚜라미들은 일반적으로 몸보다 긴 그들의 더듬이의 길이로 보통 메뚜기들과 구별될 수 있다. 사실 이 생물들은 그것들의 길고 실 같은 더듬이 탓에 "긴 뿔 메뚜기"로 알려졌지만, 그것들을 사촌 격인 메뚜기들과 명백히 구별짓는 덤불 귀뚜라미가 실제로 더 적절한 이름이다. 성충이 된 후 4주 만에 암컷은 알을 낳기 시작하는데 그것은 단지 4개월에서 6개월이라는 귀뚜라미의 짧은 수명 동안 쭉 계속된다. 대부분 종이 다양한 식물을 먹지만 일부는 기량이 뛰어난 포식자들로 다른 곤충을 포함해서 그들이 잡아 죽일 수 있는 어떤 것이든 먹이로 삼는다. 비록 대부분의 덤불 귀뚜라미가 경제적 중요성을 거의 가지고 있지 않지만, 아주 드문 경우에 소수 종은 농작물의 주된 해충이 되기 충분할 정도로 숫자가 많아질 수 있다.

10 정답 ④

해설

'촘스키는 다른 급진주의자들과 마찬가지로 외교 정책과 국내 정책 사이의 분리를 가정하지 않는다'의 본문의 내용이 '외교 정책과 국내 정책 사이에 아무런 차이가 없다'는 ④의 진술과 동일한 진술은 아니다.

선택지	본문	
① 미국은 현재의 국제 시스템을 자신의 뜻대로 지배하고 있다.	(5) … an aggressive and ruthless hegemon	○
② 미국이 도덕적 정책을 추진하는 숨은 이유는 미국의 이익을 위해서다.	(6) … it only does so for self-interested reasons.	○
③ 미국은 다국적 기업에 유리한 정책을 가지고 있다.	(6) … whose principal aim has always been to make the world safe for the multinationals.	○
④ 외교 정책과 국내 정치 사이에는 차이가 없다.	(8) Chomsky sees no divide between foreign policy and domestic politics	×

어휘

- **benign** 상냥한, 친절한; 길조의
- **ruthless** 무자비한
- **hegemon** 주도권을 잡은 국가
- **multinational** 다국적 기업
- **not to mention** ~은 말할 것도 없이

해석

촘스키는 다양한 주제를 다루고 있으나, 그 중 그가 가장 관심을 쏟고 있는 것은 바로 미국이다. 그가 미국을 남아 있는 단 하나의 초강대국이라고 할 때, 그의 시각에서는 결코 좋은 의미가 아니다. 반면에 현재의 국제 체제는 미국이 창조한 것이며, 이는 결코 선한 체제가 아니다. 미국은 선한 권력을 대표하기는커녕 제국주의적이고 팽창적인 힘을 과시하고 있으며, 탈냉전기 미국의 목적은 다국적 기업이 사업하기 좋은 세상을 만드는 것이다. 게다가 미국이 민주주의와 인권 같은 도덕적 정책을 추구할 때에도 이는 자국의 이익만을 추구한다는 것이다. 촘스키에 의하면, 미국은 미국 시민이 어떻게 생각하건 간에 제국으로 존재한다. 그것도 제국이 아니라는 인식을 세계와 자국 국민에게 심어 놓는 그러한 제국인 것이다! 당연히, 촘스키는 다른 급진주의자들과 마찬가지로 외교 정책과 국내 정책 사이의 분리를 가정하지 않는다. 외교 정책은 국내 정책의 목적을 달성하기 위하여 사용되고, 국내 정치에서 논의되는 문제들은 미국의 가치관을 세계로 전파시키고자 하는 지배계급의 이익에 영향을 받기 마련이라는 것이다.

1 단어

순번	단어	뜻	순번	단어	뜻
1	sobriety	절주, 절제	7	fleeting	순식간의, 잠깐 동안의
2	concern	관계, 관심, 걱정, 우려 관련된 것이다, ~를 걱정스럽게 만들다	8	desirous	원하는, 바라는
3	solicitude	불안, 염려, 의혹	9	see eye to eye	동의하다
4	disrespect	무례, 결례, 경멸	10	quarrel	말다툼, 언쟁, 싸우다, 언쟁하다
5	derogatory	경멸적인, 가치를 떨어뜨리는	11	evoke	환기시키다, 불러일으키다
6	feasible	실현 가능한	12	muffle	감싸다, 덮다, 소리를 죽이다[약하게 하다]

2 문법

순번	문장	
1	He has ten times as many books as I have.	○
	해설 배수 비교 구문인 '배수사 as 원급 as'의 구조가 올바르게 쓰였다.	
2	He paid off his loan as soon as possible.	○
	해설 'as soon as possible'은 '가능한 한 빨리'라는 표현으로 올바르게 쓰였다.	
3	The harder you try, sooner you will pass.	×
	해설 '~하면 할수록, 더 ~하다'의 구문은 'the 비교급 ~, the 비교급 ~'이다. 따라서 sooner를 the sooner로 써야 올바르다.	
4	Steve's house is as luxurious as Peter's.	○
	해설 비교 대상의 일치에 대한 문제로 Steve의 집과 Peter의 집을 비교하고 있다. 비교 구문을 만드는 접속사 as 뒤에는 house가 생략되고 Peter's의 형태로 올바르게 쓰였다.	
5	Never have I met such a generous man before.	○
	해설 부정부사가 문두에 위치하면 '조동사 주어 ~'로 도치되므로 'Never have I met~'이 올바르게 쓰였다.	
6	On top of the mountain stand many monuments.	○
	해설 장소 부사구인 'On 명사' 구조 뒤에 1형식 자동사와 주어로 도치되고 이때 자동사 stand와 주어 many monuments의 수 일치도 올바르다.	
7	Mike's grades have improved, and so has mine.	○
	해설 'so 조동사 주어' 구조는 도치 구문으로 긍정문이 나올 경우에 쓰이는 표현이고 이때, 조동사의 선택은 앞에 나온 동사에 따라 달라진다. 앞 동사가 'have improved'이므로 조동사 have로 받아야 하고 뒤에 주어는 대동사는 'have'이고 주어는 나의 성적 (mine)이 단수 명사이므로 has로 수 일치시켜 'so has mine'으로 표현한 것도 올바르다.	
8	Only in this way you can solve these problems.	×
	해설 Only 전치사 명사 구조 뒤에는 '조동사 주어 ~'로 도치되므로 'Only in this way can you solve these problems'로 써야 올바르다.	

| 01 ④ | 02 ① | 03 ③ | 04 ② | 05 ④ |
| 06 ④ | 07 ② | 08 ① | 09 ④ | 10 ② |

01 정답 ④

해설

★ **officious** (쓸데없이) 참견하는, 간섭하는 = meddlesome

어휘

- **gregarious** 사교적인, 집단을 좋아하는 = sociable
- **inanimate** 생명이 없는, 무생물의 = lifeless
- **ineffective** 효과 없는, 쓸모없는 = fruitless, futile, useless

해석

그는 지역 보안관이 뉴욕 경찰보다 더 <u>참견하기</u> 좋아한다고 말했다.

02 정답 ①

해설

★ **obsolete** 구식의, 쇠퇴한, 쓸모없는
= outdated, outmoded, old-fashioned, out of fashion, out of date

어휘

- **significant** 중요한, 중대한 = important, crucial, momentous
- **rebellious** 반항적인 = defiant, disobedient, resistant
- **sporadic** 산발적인, 때때로 일어나는

해석

우리는 어제의 새로운 기술이 오늘이면 벌써 <u>구식</u>의 것이 되어버리는 나노 시대에 살고 있다.

03 정답 ③

해설

★ **resurgence** 재기, 부활 = comeback

어휘

- **paucity** 결핍, 부족 = lack, shortage, dearth, scarcity, deficiency
- **predator** 약탈자, 육식동물
- **obligation** 의무, 책임 = duty, responsibility

해석

1980년대는 어린이와 젊은이 폭력단들과 같은 역사적인 미국 도시의 사회적 문제의 폭발적인 <u>부활</u>을 목격했다.

04 정답 ②

해설

② 문장의 동사는 하나이고 동사를 추가 하기 위해서는 접속사로 연결해야 하므로, 'some of them'을 'some of whom' 혹은 'and some of them'으로 고쳐야 문법적으로 옳다.

① 명사절 접속사 what 뒤에 불완전한 문장인 'the situation would be like'가 나와 올바르게 쓰였다.

③ 접속사 lest는 '주어 (should) 동사원형' 구조가 문법적으로 올바르게 쓰였다.

④ 등위접속사 but의 병치 구조를 묻고 있는 문제로 'but it's not hard to learn'에서 반복되는 어구를 생략한 'but it's not'은 문법적으로 올바르게 쓰였다.

해석

① 나는 상황이 어떻게 될지 전혀 알지 못했다.
② 나는 많은 친구가 있는데, 그중에 몇 명은 의사였다.
③ 누가 엿들을까 봐 그는 목소리를 낮추었다.
④ 영어는 배우기 힘들다고 믿어지지만, 그렇지 않다.

05 정답 ④

해설

④ how 뒤에는 주어 동사의 완전 구조가 필요하므로 전치사의 목적어가 없는 불완전한 절 'it was like'를 이끌 수 없다. 따라서 how를 what으로 수정해야 문법적으로 옳다.

① '형용사 as 주어 동사'는 '비록 ~지만'이라는 양보 부사절이 문법적으로 올바르게 쓰였다.

② 'It be 부사 that 주어 동사'의 완전 구조에서 'in this room'이 강조된 옳은 문장이다.

③ 부사절 접속사 lest에 대한 문제이다. 'for fear (that) 주어 동사'는 '~할까 두려워서' 또는 '~하지 않기 위하여'라는 뜻으로 올바르게 쓰였다.

06 정답 ④

해설

도박으로 전 재산을 날렸다는 내용에 대한 대답으로 적절한 것은 ④이다.

해석

A : 그 사람 지금 사면초가예요!
B : 무슨 일이 있었나요?
A : 도박으로 전 재산을 날렸대요.
B : <u>자업자득이네요.</u>
A : 그 사람을 한 번 더 도와주는 건 어떠세요?
B : 뭐라구요? 이것 봐요, 지금 제 문제만 해도 충분해요. 알아요?

① 내가 알기로는 그렇지 않아요.
② 정말 싸요.
③ 아직 술이 덜 깼어요.
④ 꼴 좋네요[자업자득이네요].

07 정답 ②

[해설]

(A) 금속, 연료와 같은 자원의 가치는 국제적 합의가 이루어지지만 환경 자원의 가치는 국제적 합의가 어렵다는 흐름이므로 However가 적절하다.

(B) 자연 자원과 환경에 대한 가치가 대상에 따라 다를 수 있다는 비슷한 맥락의 예를 차례로 제공하고 있다. 따라서 Similarly가 적절하다.

(A)	금속과 연료 자원의 국제적 가치는 <u>선진국의 수요와 기술에 의해 결정</u>	However	환경 자원의 가치에 대해서는 <u>국제적인 동의가 더 적음(어려움)</u>
(B)	<u>농부들에게 많은 것들을 의미하지 않는다.</u>	Similarly	<u>굶어 죽을 정도의 사람들에게는 거의 중요하지 않다.</u>

★ 대조의 논리 : '물질 자원의 가치'와 '환경 자원의 가치'를 대조시키면서 논리를 전개하는 글이다.

[어휘]

- **consensus** 합의, 의견 일치
- **assessment** 평가
- **landscape** (자연)경관, 풍경
- **wilderness area** 자연보호 구역
- **plant species** 식물 종
- **peasant farmer** 소작농 농부
- **tropical rain forest** 열대 우림
- **obstacle** 장애물
- **vital** 필수적인
- **carbon cycle** 탄소 순환
- **on the edge of** 막 ~하려는
- **starvation** 기아, 굶주림
- **on the verge of** 막 ~하려 하는
- **be about to부정사** 막 ~하려고 하다

[해석]

금속과 연료에 부여되는 가치의 지리적(지리적 위치에 따른) 다양성은 현대의 통신 시스템과 확대되는 세계 무역 때문에 감소해 왔다. 보통 그러한 자원의 국제적 가치는 선진국의 수요와 기술에 의해 결정된다. <u>그러나</u> 공기, (자연) 경관, 자연보호 구역이나 식물종과 같은 환경 자원의 평가에 대한 국제적 합의는 훨씬 더 적다. 예를 들어 브라질의 소작농 농부에게 열대우림은 가치 있는 자원인 토지가 활용될 수 있기에 앞서서 단순히 제거되어야 할 장애물일 수 있다. 그것의 지구 탄소 순환에 대한 기여에 의해서든 열대 우림 종의 다양성 때문이든 산림 그 자체가 필수적인 자원이라는 개념은 그 농부에게는 별 의미가 없을 것이다. <u>마찬가지로</u> 기후의 지구 온난화의 장기적 가능성은 굶주림에 임박하여 사는 사람들에게는 거의 관심사가 되지 못한다.

08 정답 ①

[해설]

최근의 몇몇 연구들이 보여준 것들이 나열이 되고 있으므로 정답은 ① 'also'이다.

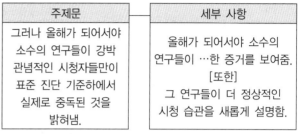

주제문		세부 사항
그러나 올해가 되어서야 소수의 연구들이 강박 관념적인 시청자들만이 표준 진단 기준하에서 실제로 중독된 것을 밝혀냄.		올해가 되어서야 소수의 연구들이 …한 증거를 보여줌. [또한] 그 연구들이 더 정상적인 시청 습관을 새롭게 설명함.

★ [연구 결과의 나열] 연구 결과는 글의 '주제'가 되고, 새로운 사실이 열거되고 있음을 파악해야 하는 문제이다.

[어휘]

- **hypothesis** 가설
- **compulsive** 강박 관념에 사로잡힌
- **diagnostic** 진단상의
- **criteria** 범주들
- **shed light on** ~에 빛을 비추어 주다
- **represent** 나타내다

[해석]

10년 이상 동안, 연구자들은 일부 텔레비전 시청자들이 시청에 중독되어 있다는 가설을 지속해 왔다. 그러나 올해에서야 소수의 연구들이 표준적인 진단상의 범주에서 볼 때 강박 관념에 사로잡힌 시청자들이 진정으로 중독되었다는 가장 강력한 증거를 만들어 냈다. 그 연구들은 <u>또한</u> 텔레비전에 정서적으로 의존하는 사람들은 대부분의 시청자들에서 때때로 보여지는 극단적인 행위들을 나타낸다는 사실을 보여줌으로써 보다 많은 보통의 시청 습관에 대해 새로운 빛을 던져 주었다.

09 정답 ④

해설

(A) 앞과 뒤에는 모두 '화석 뼈를 재구성하는 것의 어려움'에 대해 서술하고 있으므로 첨가를 나타내는 접속사 Furthermore가 적절하다.

(B) 앞 내용은 뒤에 나오는 내용의 근거와 이유에 해당하므로 인과관계를 나타내는 접속사 Accordingly가 적절하다.

(A) 나열	(B) 인과
한 동물의 뼈는 넓게 퍼져 있다. [게다가] 몇몇 다른 동물의 뼈 조각이 같은 강둑에 있다.	주의 깊은 노력이 필요하다. [따라서] 수년을 보내야 한다.

★ [고생물학자의 어려운 일] 고생물학자의 어려움의 '나열'과 그로 인한 '결과'를 보여주는 글이다.

어휘

• reconstruct 재구성하다
• skeleton 골격, 뼈대
• fossil 화석
• extinct 멸종된
• challenging 도전적인, 힘이 드는
• exacting 정밀함을 요구하는
• scatter 흩뿌리다
• far and wide 널리, 도처에
• fragment 파편, 조각
• riverbed 강 바닥
• sandbar 모래톱
• mismatch 짝을 잘못 맞추다
• document ~을 문서에 기록하다
• structural 구조상의
• assemble 조립하다
• fascinating 매혹적인
• structural 구조상의
• reveal 드러내다
• dedicated 헌신적인
• expert 전문가
• likewise 마찬가지로
• accordingly 따라서, 그러므로

해석

멸종 동물의 화석 뼈로부터 그들의 골격을 재구성하는 것은 어렵고도 정밀함을 요구하는 과학이다. 화석 뼈는 부서지지 않은 채 남아 있는 경우가 거의 없다. 발견될 당시, 한 동물의 뼈가 도처에 흩어져 있을 수도 있다. 게다가 여러 동물들의 뼈 조각들이 같은 강바닥이나 모래톱에 함께 있을 수도 있어서, 그것들을 잘못 맞추지 않도록 세심한 노력을 기울여야 한다. 따라서 고생물학자는 박물관 전시물을 조립하려고 시도하기 전에 현재 살아있는 동물들의 골격을 연구하고, 그들의 형태와 기능을 기록하며, 관련 있는 동물들의 구조적인 세부 사항을 비교하는 데 몇 년을 보내야 한다. 화석 수집물은 아무리 매혹적이라 하더라도 헌신적인 전문가에 의해 조립되었을 때에만 진정한 가치를 드러낸다.

10 정답 ②

해설

(A) 앞 내용의 '객관적'이라는 내용과 달리 연결어를 포함한 문장에서는 '감정적으로 영향을 미친다'라는 내용이 언급되었으므로 역접 의미의 연결어인 'however'가 적절하다.

(B) 문제에 대한 해결책을 제시하고 있으므로 순접 연결어 역할을 할 수 있는 'for this reason'이 정답이다.

(A) 문제점	(B) 해결책
객관적이어야 한다. [그러나] 이러한 사건들을 기자들에게 감정적으로 영향을 미친다.	감정적인 문제를 발전시킨다. [이러한 이유로] 기자들을 돕기 위해 심리학자들을 고용한다.

★ [문제점과 해결책] 기자들이 갖는 문제점과 그 해결책을 설명하는 글이다.

어휘

• journalist 기자, 언론인
• terrible 끔찍한
• objective 객관적인
• have an effect on ~에 영향을 미치다
• emotionally 감정적인
• psychologist 심리학자

해석

기자들은 때때로 끔찍한 사건을 목격하고 보도해야만 한다. 물론, 기자들은 이러한 상황에서 객관적이고자 노력하고 사실만을 보도하려 힘쓴다. 그러나 이러한 사건들은 기자에게 정서적 영향을 준다. 만약 기자가 이런 종류의 사건을 너무 많이 목격한다면 그의 정서에 문제가 발생할 수 있다. 이러한 이유로 몇 신문사와 방송국에서는 기자들이 끔찍한 사건을 다룬 후에 자신의 감정에 대처하는 과정에 도움을 줄 수 있는 심리학자를 고용한다.

1 단어

순번	단어	뜻	순번	단어	뜻
1	officious	(쓸데없이) 참견하는, 간섭하는	7	rebellious	반항적인
2	gregarious	사교적인, 집단을 좋아하는	8	sporadic	산발적인, 때때로 일어나는
3	inanimate	생명이 없는, 무생물의	9	resurgence	재기, 부활
4	ineffective	효과 없는, 쓸모없는	10	paucity	결핍, 부족
5	obsolete	구식의, 쇠퇴한, 쓸모없는	11	predator	약탈자, 육식동물
6	significant	중요한, 중대한	12	obligation	의무, 책임

2 문법

순번	문장	
1	I was never aware of what the situation would be like.	○
	해설 명사절 접속사 what 뒤에 불완전한 문장인 'the situation would be like'가 나와 올바르게 쓰였다.	
2	I have a lot of friends, some of them were doctors.	×
	해설 문장의 동사는 하나이고 동사를 추가 하기 위해서는 접속사로 연결해야 하므로, 'some of them'을 'some of whom' 혹은 'and some of them'으로 고쳐야 문법적으로 옳다.	
3	He lowered his voice for fear he should be overheard.	○
	해설 접속사 lest는 '주어 (should) 동사원형' 구조가 문법적으로 올바르게 쓰였다.	
4	English is believed to be hard to learn, but it's not.	○
	해설 등위접속사 but의 병치 구조를 묻고 있는 문제로 'but it's not hard to learn'에서 반복되는 어구를 생략한 'but it's not'은 문법적으로 올바르게 쓰였다.	
5	그는 아팠는데도, 약속을 지켰다. ➡ Sick as he was, he kept his appointment.	○
	해설 '형용사 as 주어 동사'는 '비록 ~지만'이라는 양보 부사절이 문법적으로 올바르게 쓰였다.	
6	사건이 일어난 곳은 바로 이 방이었다. ➡ It was in this room that the incident took place.	○
	해설 'It be 부사 that 주어 동사'의 완전 구조에서 'in this room'이 강조된 옳은 문장이다.	
7	남에게 들키지 않도록 변장하고 나갔다. ➡ I went out in disguise, for fear someone should recognize me.	○
	해설 부사절 접속사 lest에 대한 문제이다. 'for fear (that) 주어 동사'는 '~할까 두려워서' 또는 '~하지 않기 위하여'라는 뜻으로 올바르게 쓰였다.	
8	그는 감옥에 있을 때 어떤지를 몰랐다. ➡ He didn't know how it was like to be when he was in prison.	×
	해설 how 뒤에는 주어 동사 완전 구조가 필요하므로 전치사의 목적어가 없는 불완전한 절 'it was like'를 이끌 수 없다. 따라서 how를 what으로 수정해야 문법적으로 옳다.	

| 01 ① | 02 ① | 03 ④ | 04 ② | 05 ③ |
| 06 ① | 07 ① | 08 ③ | 09 ① | 10 ② |

01 정답 ①

해설 ★ **disparage** 깔보다, 비난하다, 헐뜯다, 무시하다
= belittle, slight, deride, degrade, depreciate, demean, derogate

어휘
- **squander** 낭비[허비]하다, 함부로 쓰다 = waste, fritter away
- **mock** 조롱하다, 가짜의 = ridicule, sneer, make fun of
- **construe** 이해[해석]하다 = interpret

해석
만약 당신이 어떤 사람이나 어떤 것을 깔본다면, 당신은 그들에 대해 좋은 의견을 가지고 있지 않다는 것을 보여주는 방식으로 말하는 것이다.

02 정답 ①

해설
★ **emulate** 모방하다, 경쟁하다, 겨루다 = copy, imitate, mimic

어휘
- **announce** 발표하다, 알리다
- **divide** 나누다, 분리하다, 분할하다 = separate, segregate, split
- **excruciate** 몹시 괴롭히다, 고문하다

해석
좋은 사람을 보면 그의 모범을 모방하기 위해 노력하고, 나쁜 사람을 보면 그의 잘못에 대해서 스스로 탐색해봐라.

03 정답 ④

해설
★ **make fun of** ~을 놀리다

어휘
- **come under fire** 비난을 받다 = catch flake
- **probe into** ~을 (면밀히) 조사하다
  = examine, inspect, investigate, scrutinize, go over, pore over, look into, delve into
- **fritter away** (중요하지 않은 것에 돈·시간을) 낭비하다

해석
그는 자신이 남들과 다르다고 해서 놀림을 받지 않으며 오히려 사람들은 손가락과 발가락이 더 많은 그를 존경한다고 말했다.

04 정답 ②

해설
② 관계대명사 that절은 콤마를 동반한 계속적 용법으로 쓸 수 없으므로 관계대명사 that을 관계대명사 which로 써야 옳다.
① 복합관계대명사 whoever 뒤에 삽입절 'you think'를 제외하고 주어가 없는 불완전 구조가 올바르게 쓰였다.
③ 앞 문장 전체를 수식하는 계속적 용법의 관계대명사인 콤마 which가 올바르게 쓰였다.
④ 관계대명사 which는 앞에 나온 명사를 주어나 목적어가 없는 불완전한 구조 형태로 수식할 수 있으므로 올바르게 쓰였다.

해석
① 당신은 정직하다고 생각하는 사람에게 그것을 주면 된다.
② 그는 한마디도 하지 않았는데, 그것이 그녀를 화나게 했다.
③ 그는 그녀와 결혼하기를 원했지만, 그것이 불가능했다.
④ 그녀는 내가 그녀에게 말하는 충고에 절대 귀를 기울이지 않았다.

05 정답 ③

해설
③ 사물을 수식하는 관계대명사 which는 뒤에 주어나 목적어가 없는 불완전한 절을 이끌고 '전치사 which'는 뒤에 완전한 절을 이끈다. 따라서 which를 to which로 써야 올바르다.
① 비교급 접속사 than 뒤에 that이나 those가 나오면 앞에 나온 사물 명사가 단수인지 복수인지 확인해서 수 일치를 해야 한다. 'The population'은 단수이므로 that이 올바르게 쓰였다.
② the reason 뒤에 관계부사 why가 생략되고 주어 동사의 완전한 구조가 올바르게 쓰였다. 또한 be동사 뒤의 주격 보어 자리에 that절이 올바르게 쓰였다.
④ 비교급 접속사 than 뒤에 that이나 those가 나오면 앞에 나온 사물 명사가 단수인지 복수인지 확인해서 수 일치를 해야 한다. 'the climate'은 단수이므로 that이 올바르게 쓰였다.

해석
① 한국의 인구는 필리핀보다 훨씬 많다.
② 그가 이렇게 성공한 이유는 결코 포기하지 않은 것이다.
③ 그 정책이 우리의 이익을 얼마나 증진시켰는지 의심스러웠다.
④ 이탈리아의 기후는 플로리다와 비슷하니?

06 정답 ①

해설

★**on pins and needles** 안절부절 못하는
= getting butterflies in my stomach

어휘

• **out of order** 고장 난

• **take the lead** 주도하다

• **out of the question** 불가능한

해석

A : 직장 인터뷰를 어떻게 됐나요?

B : 아직 결과를 못 들었어요.

A : 초조하세요?

B : 안절부절 못하겠습니다.

A : 인터뷰가 까다로웠나요?

B : 대체로 긴장되었지만 그렇게 까다롭진 않았습니다.

07 정답 ①

해설

이 글은 '기대감은 사람들의 인식에 영향을 준다'가 주제인 글이다.

(A) '가정해 보자'라는 것은 구체적인 예시를 이끈다.
따라서 For example이 정답이다.

(B) 만약에 이 사람이 당신이 좋아하는 사람이라면 vs. 만약 당신이 그 사람을 싫어한다면 – 이 관계는 대조적이다.
따라서 On the other hand가 정답이다.

주제	예시	예시 계속	대조 대비
기대는 교류하는 사람들에 대한 인식에 영향을 줄 가능성이 있다.	가정해 보자.	만약 이 사람이 당신이 좋아하는 사람이라면	만약 당신이 그 사람을 싫어한다면

★ [예시의 대조·대비] 이 글은 예시의 대조·대비를 통해 '기대와 사람의 인식의 영향'을 설명하고 있다.

어휘

• **perception** 인식

• **tendency** 경향

• **come across** 우연히 마주치다

• **pedestrian** 보행자

• **inappropriate** 부적절한

• **positive** 긍정적인

• **negative** 부정적인

• **demonstration** 증명, 논증, 시위 운동

• **elitism** 엘리트 의식

해석

기대는 우리가 교류하는 사람들에 대한 인식에 영향을 줄 가능성이 있다. 대부분의 사람들은 자신들이 좋아하고 존중하는 사람들로부터는 긍정적인 행동을, 없어도 잘 지낼 수 있는 사람들로부터는 부정적인 행동을 기대하는 경향을 갖고 있다. 예를 들어 거리를 걷고 있을 때 알고 있는 누군가를 마주친다고 가정해 보자. 그 사람은 웃으면서 인사를 하지 않고 대신에 못 본 척하면서 말없이 지나쳐 가 버린다. 만약 이 사람이 우리가 칭송하는 사람이라면, 우리는 그가 깊은 생각에 잠겨서 길거리의 다른 보행자들에게 주의를 기울이지 못한다고 생각할지도 모른다. 반면에 그 사람을 싫어한다면, 그 행동을 거만함과 엘리트 의식을 부적절하게 보여주는 것으로 해석할지도 모른다. 특히 사람들이 어떠할지에 대해 과거 경험을 토대로 한 기대를 갖고 있다면, 그들을 객관적으로 인식하는 것은 극히 어렵다.

08 정답 ③

해설

정치가들은 다양한 방법으로의 사람들의 협력을 원한다는 첫 번째, 두 번째 문장에 이어지는 진술과 정치학자들이 어떻게 협력을 유발하는지를 아는 것이 중요하다라는 두 메시지의 관계를 밝히면 된다. 위의 관계는 원인(현재의 상황)과 결과(앞으로 할 행동)의 관계이다.

세부 사항	연결어	주제문
• 정치가들은 사람들이 협력하기를 원한다. • 더 나아가, 사람들이 사회에 참여하는 것이 중요하다.	이러한 이유로	• 어떻게 협력을 요청할 것인지를 아는 것이 정치학자들에게 중요하다.

★ [작가의 주장] 작가가 '강조'하거나 '주장'하는 문장은 '주제문'이므로, '인과, 결론, 요약'의 접속부사가 나와야 함을 알아야 한다.

어휘

• **participate** 참여하다

• **further** 더 나아가

• **such as** ~와 같은

• **thrive** 번성하다

• **explore** 탐험하다, 연구하다

해석

정치적인 자리를 가지는 사람들은(정치가들은) 사람들로 하여금 세금을 내는 것에서부터 전쟁에서 싸우는 것까지 개인적으로 돈이 드는 행동들에 참여를 함으로써 사람들이 협력하기를 원한다. 게다가 투표를 하거나, 공동체의 문제들을 처리하기 위한 협력을 통해 공동체를 유지시키거나, 이외의 방식으로 정치적 조직이 번성하게 돕는 등 강요되지 않는 방법으로 사람들이 적극적으로 사회에 참여하는 것이 중요하다. 이러한 이유로, 어떻게 협력을 유발할 것인지를 아는 것이 정치학자들에게는 중요하고, 사람들이 정부에 신뢰와 자신감을 가지거나 가지지 않는 이유를 밝히고자 하는 연구의 관심으로 이끌 것이다.

09 정답 ①

해설

(A)를 중심으로 앞부분에서는 포드 자동차의 획일성을, 뒤에는 커피에 대해 많은 선택권을 가지게 되었다는 내용이 이어졌으므로 대조의 연결어인 By contrast(대조적으로)가 적절하다.
(B)는 앞의 내용을 다시 정리하고 있으므로 In other words(다시 말하면)가 적절하다.

선택지	앞 문장	연결어	뒤 문장
(A)	1900년대 초의 일괄 작업 방식	대조적으로	오늘날의 커피 전문점들
(B)	모든 사람들에게 모든 것을 제공할 수 있어서 성공적	다시 말하면	커피 전문점 경제에서는 수천 개의 개인화된 제품을 제공

★ (A) 과거와 현재에 대한 진술은 일반적으로 '대조'가 됨을 파악해야 하는 문제이다. (B) '모든 사람들에게 제공하는 것'과 '수천 개의 개인화된 제품을 제공'하는 것은 동일한 진술이므로, 재진술이 정답임을 알아야 한다.

어휘

- **assembly line** 일관작업, 조립 라인
- **consumerism** 소비, 소비 지상주의
- **customize** 맞춤으로 하다
- **by contrast** 대조적으로
- **in other words** 다시 말하면
- **nevertheless** 그럼에도 불구하고
- **similarly** 마찬가지로
- **moreover** 더욱이

해석

1900년대 초에 Henry Ford는 획일적으로 대중 소비가 일어나도록 일괄 작업 방식을 창조했다. 수천 명의 노동자들이 같은 검정색 차를 수백만 번씩 만들어 냈다. 소비자들에게는 선택의 여지가 거의 없었다. 대조적으로, 오늘날의 커피 전문점들은 사람들이 커피, 우유, 감미료에 있어서 선택을 하고, 사람들이 더 많은 선택권을 가질수록 그들이 느끼는 만족감은 더욱 커진다는 생각으로 운영된다. 그것들은 모든 사람들에게 모든 것을 제공할 수 있기 때문에 성공적이다. 다시 말하면, 포드 경제에서는 대중이 하나의 동일한 제품을 만들기 위해 일하는 많은 사람들에 의해 서비스를 제공받지만, 커피 전문점 경제에서의 대중은 수천 개의 개인화된(주문에 따라 만들어진) 제품을 만들기 위해 일하는 소수의 사람들에 의해 서비스를 제공받는다.

10 정답 ②

해설

연결어 중에서 전치사를 완성하는 문제이다.
(A) 진보의 시대에 살던 사람들이 인쇄술, 나침반과 화약에도 불구하고 그 이전의 세계가 더 성숙한 세계라고 여겼다고 해야 문맥이 자연스러우므로 'in spite of(~에도 불구하고)'가 들어가야 한다.
(B) 과거에 대한 진술 다음에 이어지는 현재에 대한 진술은 '대조'의 관계가 된다. 구체적으로 설명하면, '찬란하고 진보의 시대에 살았던 사람들이 스스로를 타락한 사람들이라고 여겼다'는 내용과 상반된 '우리는 스스로를 시작과 발단의 사람들로 여긴다'는 진술이 이어지므로, 'on the contrary(그와는 반대로)'가 들어가야 한다.

(A)	인쇄, 나침반, 화약 등의 발명에도 불구하고		대조		그 초기의 시대는 성숙하여 쇠락하는 시대로 여겨졌다.
(B)	엘리자베스 & 셰익스피어 시대	=	더 성숙한 시대의 사람들	대조	현재 우리 시대	=	시작과 발단의 사람들

★ (A) '신물품의 발명'과 '쇠락의 시대로 인식'은 대조의 논리임을 보여준다.
★ (B) '과거의 시대'와 '현대의 시대'의 비교는 '대조의 논리'임을 알아야 하는 글이다.

어휘

- **chronic** 만성적인
- **epoch** 시대
- **decadence** 타락
- **threshold** 문지방, 발단, 시초
- **retreat** 퇴각하다; 퇴각
- **remain to be seen** 두고 볼 일이다
  ▶ remain (남아 있다) + to be seen (봐야 하는)
  → 봐야 하는 채로 남아 있다 ➡ 두고 볼 일이다

해석

진보는 아주 최근의 발명품이다. 엘리자베스 여왕과 윌리엄 셰익스피어의 시대에, 사람들은 인류가 만성적인 부패의 상태에 있다고 믿었다. 인쇄술, 나침판 그리고 화약에도 불구하고, 보다 이전의 세계가 더 성숙한 세계라고 여겼다. 우리가 모든 역사에서 가장 찬란하고 진보적인 시대들 중 하나로 여기도록 배웠던 시대를 실제로 살았던 사람들은 스스로를 타락한 사람들로 간주했다. 그와는 반대로, 우리는 우리 스스로를 시작과 발단의 사람들, 즉 퇴각이 아니라 진보하고 있는 큰 무리로 간주한다. 미래 역사학자들의 판단이 어떻지는 두고 볼 일이다.

1 단어

순번	단어	뜻	순번	단어	뜻
1	disparage	깔보다, 비난하다, 헐뜯다, 무시하다	7	divide	나누다, 분리하다, 분할하다
2	squander	낭비[허비]하다, 함부로 쓰다	8	excruciate	몹시 괴롭히다, 고문하다
3	mock	조롱하다, 가짜의	9	make fun of	~을 놀리다
4	construe	이해[해석]하다	10	come under fire	비난을 받다
5	emulate	모방하다, 경쟁하다, 겨루다	11	probe into	~을 (면밀히) 조사하다
6	announce	발표하다, 알리다	12	fritter away	(중요하지 않은 것에 돈·시간을) 낭비하다

2 문법

순번	문장	
1	You can give it to whoever you think is honest.	○
	해설 복합관계대명사 whoever 뒤에 삽입절 'you think'를 제외하고 주어가 없는 불완전 구조가 올바르게 쓰였다.	
2	He didn't say a word, that made her irritated.	×
	해설 관계대명사 that절은 콤마를 동반한 계속적 용법으로 쓸 수 없으므로 관계대명사 that을 관계대명사 which로 써야 옳다.	
3	He wanted to marry her, which was impossible.	○
	해설 앞 문장 전체를 수식하는 계속적 용법의 관계대명사인 콤마 which가 올바르게 쓰였다.	
4	She never listened to the advice which I gave to her.	○
	해설 관계대명사 which는 앞에 나온 명사를 주어나 목적어가 없는 불완전한 구조 형태로 수식할 수 있으므로 올바르게 쓰였다.	
5	The population of Korea is much larger than that of Philippines.	○
	해설 비교급 접속사 than 뒤에 that이나 those가 나오면 앞에 나온 사물 명사가 단수인지 복수인지 확인해서 수 일치를 해야 한다. 'The population'은 단수이므로 that이 올바르게 쓰였다.	
6	The reason he has been such a success is that he never gives up.	○
	해설 the reason 뒤에 관계부사 why가 생략되고 주어 동사의 완전한 구조가 올바르게 쓰였다. 또한 be동사 뒤에 주격 보어 자리에 that절이 올바르게 쓰였다.	
7	The extent which the policy had promoted our interests was questionable.	×
	해설 사물을 수식하는 관계대명사 which는 뒤에 주어나 목적어가 없는 불완전한 절을 이끌고 '전치사 which'는 뒤에 완전한 절을 이끈다. 따라서 which를 to which로 써야 올바르다.	
8	Is the climate of Italy somewhat like that of Florida?	○
	해설 비교급 접속사 than 뒤에 that이나 those가 나오면 앞에 나온 사물 명사가 단수인지 복수인지 확인해서 수 일치를 해야 한다. 'the climate'은 단수이므로 that이 올바르게 쓰였다.	

01 정답 ①

해설

★ **prodigal** 낭비하는, 방탕한
= wasteful, lavish, extravagant, spendthrift

어휘

• **obsequious** 아부하는, 아첨하는 = servile, fawning
• **pernicious** 치명적인, 유해한
= harmful, fatal, lethal, detrimental
• **notorious** 악명 높은 = infamous

해석

당신은 아버지의 재산을 탕진하고 집에 무일푼으로 돌아온 방탕한 아들에 대해 들었을 것입니다.

02 정답 ②

해설

★ **corroborate** 확증하다, 입증하다
= validate, verify, confirm, authenticate

어휘

• **oppress** 억압하다, 압박하다 = suppress
• **assimilate** 동화되다, 완전히 이해하다[소화하다]
• **embarrass** ~을 난처하게 하다, 당혹[당황]케 하다
= confound, confuse, baffle, bewilder, puzzle, perplex

해석

일본에서 편찬된 고지도를 포함하여 거의 모든 고지도들이 독도가 한국 영토라는 사실을 입증하고 있다.

03 정답 ③

해설

★ **shallow** 얕은, 얄팍한, 피상적인

어휘

• **secretive** 비밀의, 분비의
• **solid** 단단한(= firm, hard), 고체의, 확실한
• **concurrent** 동시(발생)의 = simultaneous, synchronous

해석

그 강은 너무 좁고 얕아서 항해할[배가 다닐] 수가 없었다.

04 정답 ①

해설

① 관계대명사 who 뒤에는 주어가 없는 불완전 구조로 와야 하므로 뒤에 관사(a/the)가 없는 명사가 나오면서 완전 구조일 때는 소유격 관계대명사인 whose를 써야 한다.
② 'As is often the case with 명사'는 '명사에 흔히 있는 경우지만' 이라는 관용표현으로 올바르게 쓰였다.
③ 사물 명사를 꾸며주는 which 뒤에 목적어가 없는 불완전 구조가 올바르게 쓰였다.
④ 관계대명사 who 뒤의 삽입절 'he thought' 뒤에 주어가 없는 불완전한 구조로 올바르게 쓰였다.

해석

① Sheila는 목소리가 상당히 허스키한 영어 선생님이다.
② 그에게 흔히 있는 경우이듯, 그는 산책하러 갔다.
③ 그는 무일푼으로 떠났던 마을로 돌아왔다.
④ 그는 그가 근면하다고 생각한 사람을 진급시켰다.

05 정답 ③

해설

③ 등위접속사 and를 기준으로 형용사인 'friendless'와 명사 no money가 아닌 형용사 'moneyless'로 병치 구조를 이뤄야 올바르다.
① 'talk A out of B'는 'A에게 B하지 않도록 설득하다'라는 의미로 올바르게 쓰였다.
② 'not always'는 '항상 ~는 아니다'라는 의미를 가진 부분부정 표현으로 올바르게 쓰였다.
④ 'from A to B'라는 전치사구와 요일을 나타낼 때 쓰는 전치사 on이 올바르게 쓰였다.

06 정답 ①

해설

출발한 도시로부터 호치민까지 가는 데 여섯 시간 정도 걸린다는 것을 A가 알게 되었고, B가 이 계산이 맞다는 말에 적절한 대답은 ① '그건 제가 전에 상상한 것보다 더 머네요.'가 된다.

해석

A : 언제 도착하나요?
B : 오후 2시 30분쯤 도착할 거에요.
A : 현지 시간인가요? 저는 아직 시계를 조정하지 않았어요.
B : 맞아요. 현지 시간이에요. 우리가 출발한 곳보다 두 시간이 더 빨라요.
A : 네. 그러면, 우리가 출발한 도시에서 목적지까지 6시간 정도 걸리네요.
B : 맞아요.
A : 그건 제가 전에 생각했던 것보다 더 머네요.
B : 많은 사람들이 비슷한 말을 해요.

① 그건 제가 전에 상상한 것보다 더 머네요.
② 도착하기 전에 그 서식을 작성해야 해요.
③ 저는 여행하는 동안 꼭 시계를 차요.
④ 비행기가 연착되어서 4시에 도착할 거예요.

07 정답 ③

해설

네트워크로 연결하여 공유하는 프린터의 단점을 제시한 후 연결어 However 뒤에서 장점을 제시하고 있다. 빈칸 뒤에도 재고 관리가 덜 귀찮아진다는 장점이 나오고 있으므로 추가적인 장점을 제시하고 있다. 따라서 In addition, Additionally, Besides 등의 연결어가 적절하다.

A (공유하는 프린터의 장점 1)	나열 Additionally	B (공유하는 프린터의 장점 2)
네크워크 프린터들이 비용을 절감하게 해 준다.	=	잉크젯 리필이나 레이저 카트리지를 줄일 수 있는데, 이는 재고 관리를 훨씬 편리하게 해 준다.

★ [세부 사항의 나열] '공유 프린터의 장점'을 나열하는 글이다.

어휘

• **tend** ~하는 경향이 있다
• **workload** 작업량
• **amortize** (저당·부채 따위 채무를 할부로) 상환하다
• **standardize** 표준화하다, 규격화하다
• **vendor** 판매처, 판매상
• **select** 선택된
• **cartridge** 카트리지
• **stock** 비축하다
• **inventory** 재고품; 재고 목록
• **cumbersome** 성가신, 귀찮은

해석

네트워크로 연결되는 공유 프린터는 많은 이용자들의 작업량을 소화하기 위해 크기가 더 크고 그에 따라서 가격도 비싼 편이다. 하지만 많은 사람들이 사용한다는 점에서 프린터 비용을 상환해 보면, 네트워크용 프린터 사용이 돈이 덜 든다는 것을 알게 될 것이다. 게다가 만약 적은 수의 프린터를 사용할 때 거래처 한 곳의 몇 가지 선택된 프린터 모델로 표준화하면, 비축용 잉크젯 리필이나 레이저 카트리지를 줄일 수 있는데, 이는 재고 관리를 훨씬 편리하게 해 준다.

08 정답 ①

해설

익숙하지 않은 소리를 제대로 발음하는 데에는 어려움이 따를 것이라는 내용 다음에 사례를 제시하고 있으므로, (A)에는 For instance가 오는 것이 적절하다. 약간의 연습만으로도 발음을 향상시킬 수 있는 언어가 있는 반면에 화자들이 하는 말의 뜻을 알아차리는 데만 해도 많은 시간이 걸리는 언어가 있다는 내용이 이어지므로, (B)에는 However가 오는 것이 적절하다.

어휘

• **properly** 제대로, 적절히
• **Gaelic** 게일어(스코틀랜드 켈트어)
• **Welsh** 웨일스어
• **substitute** 대용하다; 대리인
• **tricky** 까다로운

해석

다른 모든 사람들이 우리와 같은 방식으로 그들의 언어를 쓴다고 생각하는 것은 당연하다. 그러나 우리는 현실이 매우 다르다는 점을 발견한다. 우리는 아마 익숙하지 않은 소리를 먼저 알아차리고, 우리의 입이 그것들을 제대로 발음하게 하는 데 약간의 어려움을 겪을 것이다. 예를 들어, 영어에는 게일어의 'loch(호수)'와 웨일스어의 'bach(약간)'와 같은 단어에서 사용되는 [ch] 소리가 없어서, 영어 화자들은 대개 [k] 소리를 대신 사용하여 이 단어들을 'lock'와 'back'처럼 소리나게 한다. 그것들을 잘 발음하는 데는 약간의 연습이 필요할 뿐이다. 그러나, 몇몇 언어에서는 (그 언어의) 화자들이 무얼 하는지를 깨닫기까지 많은 시간이 걸릴 수 있다. 이것은 모국어가 영어인 화자들이 처음에 중국어가 까다로운 언어라고 생각하는 이유 중 하나이다. 중국어 화자들은 영어를 하는 사람들의 귀에는 '노래를 부르는 것 같은' 방식으로 말한다.

09 정답 ②

해설

두개의 문장의 관계는 다음과 같다.

(A) 문장	연결어	(B) 문장
예를 들어, 건강한 인간관계는 건강한 개인들에 의해 좌우된다.	Similarly 마찬가지로	건강한 양육은 건강한 부모에 의해 좌우된다.
그래서 부모들의 믿음과 행동은, 음식이 신체에 기능하는 것과 거의 똑같이 기능하는 심리적 정보와 사회적 정보를 아이들에게 제공한다.	Consequently 결과적으로	부모가 제공해 주는 물리적 음식뿐만 아니라 심리적·사회적 음식은 모두 건강해야 한다.

어휘

- lay the foundation for ~을 위한 토대를 놓다
- mutually 상호 간에
- winwin (관련된) 모두에게 유리한
- agreement 합의
- maintain 유지하다
- parenting 양육
- relative to ~와 비교하여
- subconsciously 반(半) 무의식적으로
- function 기능하다
- shape 형성하다

해석

개인의 건강한 삶은 사회와 세계 전체의 건강한 삶을 위한 토대를 놓는다. 예를 들어 건강한 인간관계는 인간관계를 발전시키고 유지하는 방법에 관해 모두에게 유리한 합의를 만들어 내기 위해 개인적으로 공유하고 상호 간에 노력하는 건강한 개인들에 의해 좌우된다. 마찬가지로, 건강한 양육은 건강한 부모에 의해 좌우된다. 아이들은 자기 부모들의 인식과 행동에 따라 세상이 어떻게 돌아가는지, 또 자기의 개인적 현실을 어떻게 발전시킬지에 대한 토대를 배운다. 그들은 자기 부모들의 행동의 많은 부분을 본받고 반(半) 무의식적으로 받아들여서 그것은 그들 자신의 것이 된다. 그래서 부모들의 믿음과 행동은, 음식이 신체에 기능하는 것과 거의 똑같이 기능하는 심리적 정보와 사회적 정보를 아이들에게 제공하는데, 이 경우에는 그 정보가 그들의 개인적 현실을 만들어 내고 그들의 행동을 형성하는 것을 돕는다. 결과적으로, 부모가 제공해 주는 물리적 음식뿐만 아니라 심리적·사회적 음식은 모두 건강해야 하는데, 그렇지 않으면 그 아이들은 부모의 건강에 해로운 (삶의) 형태를 반복하는 것을 배우게 된다.

10 정답 ④

해설

이성을 대신하는 것들이 이성에 호소하는 것보다 열등하고 덜 타당한 것으로 여겨져 왔으나, (A) 다음에 '이는 논리 못지 않게 타당하다'는 내용이 이어지므로 (A)에는 'in fact'가 적절하며, (B) 다음에 '신뢰하는 자아', '감정적인 자아'로부터 '논리적인 자아'를 분리할 수 없는 내용이 이어지므로 (B)에는 'moreover'가 적절하다.

(A)	연결어	(B)
통념	in fact 사실	사실
사람들은 보통 무엇을 해야 할지 결정할 때 믿음이나 확신 그리고 감정에 의존하며, 많은 상황에서 이러한 정서는 논리 못지 않게 타당하다.	moreover 게다가	자신의 '신뢰하는 자아' 또는 '감정적인 자아'로부터 '논리적인 자아'를 깔끔하게 분리해 낼 수 있는 사람은 거의 없다.

어휘

- neatly 말끔하게
- rely on 의존하다
- partake of (특정한 성질을) 띠다
- alternatives to reason 이성의 대안들(문맥에서 감정을 의미함)
- suspect 혐의자, 미심쩍은 것
- inferior 열등한
- legitimate 타당한, 적법한
- the appeal to reason 이성에의 호소
- irrational 비이성적인
- unreasonable 비합리적인
- on the basis of ~의 근거로
- sentiments 감정들
- separate 분리시키다
- persuasive 설득적인
- argument 주장, 논쟁
- partake 참여하다(of, in)

해석

이성을 대신하는 것들은 이성에 호소하는 것보다 마치 열등하고 덜 타당한 것처럼 항상 약간 의심의 대상이 되어 왔다. 사실, 여러분 자신의 성격이나 청중의 감정에 호소하는 것에는 비이성적이거나 불합리한 것은 아무것도 없다. 순수 이성에 근거해 내려지는 결정은 거의 드물다. 사람들은 보통 무엇을 해야 할지 결정할 때 믿음이나 확신 그리고 감정에 의존하며, 많은 상황에서 이러한 정서는 논리 못지않게 타당하다. 게다가, 자신의 '신뢰하는 자아' 또는 '감정적인 자아'로부터 '논리적인 자아'를 깔끔하게 분리해 낼 수 있는 사람은 거의 없다. 그렇게 하는 것이 반드시 바람직한 것도 아니다. 일반적으로 말해, 가상 설득력 있는 주장은 호소의 모든 세 가지 방식을 가지고 있다. 즉, 그것들은 논리적으로 '타당하고', 그것들은 신뢰할 만한 누군가에 의해 지지받으며, 그리고 그것들은 청중의 정서에 부합한다.

1 단어

순번	단어	뜻	순번	단어	뜻
1	prodigal	낭비하는, 방탕한	7	assimilate	동화되다, 완전히 이해하다[소화하다]
2	obsequious	아부하는, 아첨하는	8	embarrass	~을 난처하게 하다, 당혹[당황]케 하다
3	pernicious	치명적인, 유해한	9	shallow	얕은, 얄팍한, 피상적인
4	notorious	악명 높은	10	secretive	비밀의, 분비의
5	corroborate	확증하다, 입증하다	11	solid	고체의, 확실한
6	oppress	억압하다, 압박하다	12	concurrent	동시(발생)의

2 문법

순번	문장	
1	Sheila is an English teacher who voice is very husky.	×
	해설 관계대명사 who 뒤에는 주어가 없는 불완전 구조로 와야 하므로 뒤에 관사(a/the)가 없는 명사가 나오면서 완전 구조일 때는 소유격 관계대명사인 whose를 써야 한다.	
2	As is often the case with him, he went out for a walk.	○
	해설 'As is often the case with 명사'는 '명사에 흔히 있는 경우지만'이라는 관용표현으로 올바르게 쓰였다.	
3	He returned to the village which he had left penniless.	○
	해설 사물 명사를 꾸며주는 which 뒤에 목적어가 없는 불완전 구조가 올바르게 쓰였다.	
4	He gave a promotion to a man who he thought was diligent.	○
	해설 관계대명사 who 뒤의 삽입절 'he thought' 뒤에 주어가 없는 불완전한 구조로 올바르게 쓰였다.	
5	Can you talk her out of her foolish plan?	○
	해설 'talk A out of B'는 'A에게 B하지 않도록 설득하다'라는 의미로 올바르게 쓰였다.	
6	Two girls of an age are not always of a mind.	○
	해설 'not always'는 '항상 ~는 아니다'라는 의미를 가진 부분부정 표현으로 올바르게 쓰였다.	
7	He died at the age of 70, friendless and no money.	×
	해설 등위접속사 and를 기준으로 형용사인 'friendless'와 명사 no money가 아닌 형용사 'moneyless'로 병치 구조를 이뤄야 올바르다.	
8	You can see me from 10 an to 2 pm on Sundays.	○
	해설 'from A to B'라는 전치사구와 요일을 나타낼 때 쓰는 전치사 on이 올바르게 쓰였다.	

01 ②	02 ④	03 ②	04 ①	05 ④
06 ②	07 ①	08 ④	09 ③	10 ①

01 정답 ②

해설

★ **legacy** 유산, 유물 = inheritance

어휘

- **remission** 감면, 면제, 차도, 완화
- **utility** 유용, 유익 = usefulness
- **coherence** 일관성 = consistency

해석

그들은 타락한 회사의 유산은 혼돈과 파산과 절망이었다는 데에 모두 동의했다.

02 정답 ④

해설

★ **exacerbate** 악화시키다 = aggravate, worsen, make worse

어휘

- **resist** 저항하다, 반항하다 = withstand, stand up to
- **revise** 정정[교정, 수정]하다 = correct, amend, alter, modify
- **underestimate** 과소평가하다, 경시하다, 얕보다 = undervalue

해석

격렬한 노조의 투쟁이 한국 근로자들 간의 소득 격차를 악화시키는 해외의 기술혁신을 상쇄할 수 있을까?

03 정답 ②

해설

★ **down-to-earth** 실제적인, 현실적인 = practical, pragmatic

어휘

- **venturesome** 모험적인, 대담한 = daring
- **gradual** 점진적인, 단계적인, 서서히 하는 = steady
- **visible** (눈에)보이는, 가시적인 = perceptible, perceivable

해석

Kimberly는 절대 어리석은 행동은 하지 않을 것이다. 그녀는 매우 현실적이다.

04 정답 ①

해설

① affect는 3형식 타동사로 '~에 영향을 미치다'라는 의미로 쓰인다. 따라서 전치사 on을 삭제해야 올바르다.

② suggest는 3형식 타동사로 '명사, 동명사, that절'을 목적어로 취할 수 있고 특히 '제안하다'라는 의미로 쓰일 때는 that절의 동사를 '(should) 동사원형'으로 써야하므로 올바르게 쓰였다.

③ '명령문, and 주어 동사' 구조는 '~해라 그러면 주어 동사할 것이다'라는 뜻으로 올바르게 쓰였다.

④ consist in은 '~에 있다'의 뜻으로 올바르게 쓰였다.

해석

① 그들의 의견은 나의 결정에 영향을 미치지 않을 것이다.
② 나는 그 파티가 연기되지 않아야 한다고 제안했다.
③ 들은 대로 하세요, 그러면 성공할 것입니다.
④ 행복이란 남에게 친절하게 대하는 데 있다.

05 정답 ④

해설

④ discuss는 전치사 없이 목적어를 취하므로 'discuss about'을 discuss로 써야 옳다.

① 부정부사 'On no account'는 문두에 나올 경우 '조동사 주어'의 어순을 이끈다. 따라서 'must the error remain'는 문법적으로 옳다.

② inform은 알리다(통지하다)라는 뜻의 동사로 'A of B' 구조로 쓴다.

③ 자동사 appear는 1형식 동사로 '나타나다'라는 뜻으로 쓰이거나 2형식 동사로 '~인 것 같다'라는 뜻으로 뒤에 주격 보어를 가질 수 있다. 따라서 주격 보어로 형용사 conscious가 옳게 쓰였다.

해석

① 어떤 경우에도 오류가 남아 있으면 안 된다.
② 우리가 그 문제에 대해 철저히 알아내려면 시간이 필요하다.
③ 그녀는 결과를 의식한 것 같다.
④ 그 문제는 저녁 먹으면서 의논하자.

06 정답 ②

해설

소개팅(blind date)에 대해 부정적인 견해에 관한 내용이므로 가장 적절한 것은 ②이다.

② It was a total drag. 지루하기 짝이 없었어.

해석

A : 미팅 어땠어?
B : 지루하기 짝이 없었어. 처음엔 그녀가 재미있다고 생각했는데 아니었어.
A : 무슨 말이야?
B : 그게 말이지, 시간이 좀 지나고 나니 고루하고 지루한 질문들만 하는 거였어. 내 말은, 여가 시간에 뭘 하길 좋아하냐고 세 번이나 물어 봤다고.

① 밤새 못 자고 뒤척였어.
② 지루하기 짝이 없었어.
③ 아슬아슬했어.
④ 다음에 보상할게.

07 정답 ①

해설

과거와 현재의 대조의 논리를 바탕으로 예시로 그리고 부연 설명으로 이어지고 있으므로 ① (C) – (B) – (A)가 정답이다.

주제	세부 사항(오늘날)		
가장 큰 문제 – 먹을 것을 충분히 얻는 것	그 반대 (C) 〈대조〉	이것의 예는 작은 황제들 (B) 〈예시〉	이러한 아이들 (A) 〈재진술〉

★ '과거와 현재'의 논리는 '대조, 대비'의 관계와, 'these'의 지시 대명사를 통해 '재진술'의 논리의 놀리의 글이다.

어휘
- **all but the richest people** 가장 부자들을 제외한 모든 사람들
- **have great difficulty ~ing** ~하는 데 매우 어려운 시간을 보내다
- **in turn** 그리고 나서, 번갈아, 차례차례
- **greedy** 욕심 많은
- **junk food** 정크 푸드(패스트푸드)
- **full of fat** 지방으로 가득한
- **emergence** 출현, 발생
- **emperor** 황제, 제왕
- **one-child policy** 한 아이 정책
- **translate** 번역하다
- **opposite** 반대의; 반대의 것
- **balance** 균형

해설

대부분의 역사에서, 사람들의 가장 큰 문제는 먹을 수 있는 충분한 것을 얻는 것이었다. 500년 전 가장 부유한 사람들을 제외한 모든 사람들은 자신들의 음식을 사냥하거나 수확하고 경작하는 것에 많은 어려움을 겪어 왔다.

(C) 오늘날, 많은 국가에서는 정반대가 사실이다. 너무도 많은 사람들이 지나치게 많이 먹는다. 또는 오히려 그들이 먹는 양이 그들이 필요로 하는 에너지양과 균형을 이루지 못한다.

(B) 이러한 가장 분명한 사례 중의 하나는 중국의 뚱뚱한 소황제의 출현이다. 한 자녀 갖기 정책으로 인하여 더 적은 아이가 출산되고 있지만 이러한 아이들은 여전히 부모의 애정을 독차지한다. 이들 부모들은 아이들이 필요로 하는 것보다 더 많은 음식을 주는 것으로 사랑을 해석한다.

(A) 결과적으로, 이러한 아이들은 탐욕스러워지고 지방으로 가득 차 있으나 에너지를 거의 제공하지 않는 정크 푸드를 너무 많이 먹고 싶어 한다.

08 정답 ④

해설

미국의 양당 제도에 대하 언급이 있고, 이에 대한 세부 내용이 나와야 하므로 (제시문) – (C)가 자연스럽다. however를 단서로 전체 순서를 연결하면 양당 제도가 나온 이후 however에 이어 군소 정당에 대한 진술과 그 예시가 나와야 하므로, 그 다음의 순서는 (A) – (B)가 자연스럽다. 따라서 정답은 ④ (C) – (A) – (B)이다.

순서	논리	세부 사항 (요약)
제시문	통념	미국은 흔히 양당제 국가로 생각함.
(C)	사실	실제에 있어서 그러함.
(A)	대조	그렇지만 제3당과 군소 정당들이 많이 결성
(B)	예시	예컨대, 58개 정당있음.

★ [양당제와 군소 정당들] '양당제'와 '군소 정당들'과의 대조의 구조를 파악하는 문제이다.

어휘
- **two-party system** 양당제
- **in effect** 실제로, 사실상
- **plethora** 과잉, 과다
- **ballot** 투표 용지

해석

미국은 흔히 양당제 국가로 생각된다.

(C) 실제에 있어서 그렇다. 즉 1852년 이래 4년에 한 번씩 민주당이나 공화당이 백악관을 차지해 왔다.

(A) 그렇지만 동시에 이 나라에서는 그동안에 제3당과 군소 정당들이 많이 결성되었다.

(B) 예컨대, 1992년 대통령 선거 기간 중에는 적어도 1개 주 입후보자 명단에 58개 정당의 이름이 들어 있었다.

13

09 정답 ③

해설

일화에 대한 글로서, 글의 주제는 대통령의 인터뷰이다.
시간의 흐름은 [제시문 : 대통령은 수영을 일 과전에 시작한다.]
→ [B : 그녀는 그를 추적하고, 그는 그녀를 발견한다.] → [C : 대
통령이 간청하나, 그녀는 움직이지 않았다.] → [A : 그녀는 인터
뷰를 했다.]의 순서이다. 따라서 정답은 ③ (B) - (C) - (A)이다.

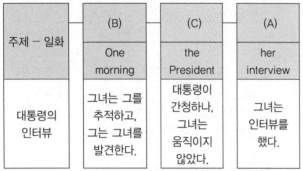

★ [사건의 전개] 과거의 사건에 대한 진술로 '시간의 흐름'과 '주
인공'의 목적이 성취가 되는 과정을 파악하는 문제이다.

어휘

- **John Quincy Adams** 미국 6대 대통령
- **enthusiastic** 열심인; 열광적인
- **bathe** 입욕[목욕]하다; 헤엄치다; 일광욕하다
- **naked** 벌거벗은, 나체의
- **newspaperwoman** 여(女)기자
- **turn away** 외면하다, 돌보지 않다(from); 떠나다
- **decently** 품위 있게
- **submerge** 물속에 잠그다; 물에 담그다
- **track** 지나간 자국; 추적하다
- **riverbank** 강기슭, 강둑
- **station** 정거장; 배치하다, 주재시키다
- **errand** 심부름, 용건
- **plead** 간청하다
- **swear** 맹세하다, 선서하다
- **adamant** 강직한, 완강한; 강경히 주장하는; 불굴의
- **comment** (시사 문제 등의) 논평, 평언(評言), 비평, 견해, 의견

해석

John Quincy Adams는 열광적인 수영하는 사람인데, 하루의 일
이 시작하기 전에 포토맥강에서 나체로 수영을 하곤 했다. 여기자
Anne Royall은 수주 동안 대통령과 인터뷰를 하고자 했으며 항상
거절당했다.

(B) 어느 날 아침 그녀는 강기슭까지 그를 추적했고 그가 그 물에
들어간 후에 그녀는 그의 옷에 그녀 자신을 위치시켰다.
Adams가 수영 후 돌아왔을 때, 그는 매우 단호한 여성이 자
신을 기다리고 있음을 발견했다. 그녀는 그녀 자신을 소개했
고, 그녀의 용건을 언급했다.

(C) 대통령이 간청하듯이 말했다. "제가 밖에 나가 옷을 입도록 해
주세요, 그러면 당신은 나와 인터뷰를 할 것이라 맹세합니다.
Anne Royall은 꿈쩍을 하지 않았다. 그녀가 그에게 하고 싶은
질문들에 대한 대통령의 답변을 들을 때까지 움직이지 않았다.

(A) 만약 그가 밖으로 나오려고 했다면, 그녀는 몇몇 어부들의 귀
에 도달할 정도로 충분히 시끄럽게 소리를 질렀을 것이다. 그
녀는 Adams가 물 속에 고상하게 잠수한 채로 있는 동안에 인
터뷰를 했다.

10 정답 ①

해설

주어진 문장은 인터넷이 예상했던 것과 다르게 언론을 변화시키고
있다는 것이고, 예전에 기대되었던 내용에 해당하는 (B)에 이어서,
반대되는 현재 상황인 (A)가 나오고, 끝으로 또 다른 예상치 못한
상황에 해당하는 (C)가 연결되는 것이 논리적이다. 따라서 정답은
① (B) - (A) - (C)이다.

제시문	세부 사항		
인터넷이 언론을 변화시키나, 기대한 것만큼은 아니다.	사실 과거에	그러나 최근	또 다른 발견은 (현재시제)
	(B)	(A)	(C)

★ [시간의 흐름] 글의 주제에 논거의 '시간의 흐름'을 통해 정답을
찾는 문제이다.

어휘

- **journalism** 언론
- **agenda** 의제, 안건
- **primarily** 주로
- **package** 포장하다
- **democratize** 민주화시키다
- **perspective** 견해, 관점
- **commentary** 논평
- **mainstream** 주류

해석

인터넷이 언론을 변화시키고 있지만 많은 사람들이 예상했던 것과
는 다르다.

(B) 실제 한때는 인터넷이 새로운 의견과 이야기, 견해를 제공해
서 언론을 민주화시킬 것으로 기대되었다.

(A) 하지만 최근의 한 보고서에 따르면 언론에서 다뤄지는 주제들
의 폭이 줄고 있으며, 대부분의 웹 사이트들은 다른 곳에서 생
산된 뉴스들을 포장하는 것에 불과하다.

(C) 또 다른 예상치 못한 발견은 일반 시민들이 만든 웹 사이트와
블로그들이 이른바 주류 언론이라고 불리는 기존 언론들보다
외부 논평을 덜 반기고 있다는 것이다.

1 단어

순번	단어	뜻	순번	단어	뜻
1	legacy	유산, 유물	7	revise	정정[교정, 수정]하다
2	remission	감면, 면제, 차도, 완화	8	underestimate	과소평가하다, 경시하다, 얕보다
3	utility	유용, 유익	9	down-to-earth	실제적인, 현실적인
4	coherence	일관성	10	venturesome	모험적인, 대담한
5	exacerbate	악화시키다	11	gradual	점진적인, 단계적인, 서서히 하는
6	resist	저항하다, 반항하다	12	visible	(눈에)보이는, 가시적인

2 문법

순번	문장	
1	Their opinion will not affect my decision.	×
	해설 affect는 3형식 타동사로 '~에 영향을 미치다'라는 의미로 쓰인다. 따라서 전치사 on을 삭제해야 올바르다.	
2	I suggested that the party was not put off.	○
	해설 suggest는 3형식 타동사로 '명사, 동명사, that절'을 목적어로 취할 수 있고 특히 '제안하다'라는 의미로 쓰일 때는 that절 동사를 (should) 동사원형으로 써야하므로 올바르게 쓰였다.	
3	Do as you are told, and you will succeed.	○
	해설 '명령문, and 주어 동사' 구조는 '~해라 그러면 주어 동사할 것이다' 라는 뜻으로 올바르게 쓰였다.	
4	Happiness consists in being kind to others.	○
	해설 consist in은 '~에 있다'의 뜻으로 올바르게 쓰였다.	
5	On no account must the error remain.	○
	해설 부정부사 'On no account'는 문두에 나올 경우 '조동사 주어'의 어순을 이끈다. 따라서 'must the error remain'는 문법적으로 옳다.	
6	We need time to inform ourselves thoroughly of the problem.	○
	해설 inform은 알리다(통지하다)라는 뜻의 동사로 A of B 구조로 쓴다.	
7	She appears conscious of the results.	○
	해설 자동사 appear는 1형식 동사로 '나타나다'라는 뜻으로 쓰이거나 2형식 동사로 '~인 것 같다'라는 뜻으로 뒤에 주격 보어를 가질 수 있다. 따라서 주격 보어로 형용사 conscious가 옳게 쓰였다.	
8	Let's discuss about the matter over dinner.	×
	해설 discuss는 전치사 없이 목적어를 취하므로 'discuss about'를 'discuss'로 써야 옳다.	

01 ④	02 ②	03 ④	04 ②	05 ②
06 ①	07 ④	08 ④	09 ②	10 ①

01 정답 ④

해설

★ **browbeat** 협박하다
= threaten, blackmail, intimidate, daunt, menace

어휘

• **refute** 논박[반박]하다 = rebut, disprove
• **appease** 달래다, 진정시키다
  = calm, ease, relieve, alleviate, assuage, soothe, pacify, placate, mollify, tranquilize
• **initiate** 시작하다, 개시하다 = begin, start, launch

해석

판사는 변호사에게 목격자를 <u>협박</u>하지 말라고 경고했다.

02 정답 ②

해설

★ **meticulous** 신중한, 세심한, 꼼꼼한
= careful, fastidious, thorough, scrupulous, punctilious

어휘

• **auspicious** 길조의, 상서로운
  = favourable, promising, propitious
• **synonymous** 동의어의, 같은 뜻의 = equivalent in meaning
• **placid** 차분한, 잔잔한, 평온한
  = calm, peaceful, tranquil, serene

해석

감사관들이 회사의 재무 기록을 검토할 때는 매우 <u>세심해야만 한다</u>.

03 정답 ④

해설

★ **reiterate** 반복하다, 되풀이하다
= recapitulate, repeat, restate, iterate

어휘

• **renounce** 버리다, 포기하다
  = abandon, forgo, relinquish, give up
• **nurture** 양육하다, 양성하다 = raise, bring up
• **uphold** 유지시키다[옹호하다], 지지하다
  = support, buttress, hold up, prop up

해석

그는 중앙은행 설립에 대해 <u>거듭</u> 반대했다.

04 정답 ②

해설

② last winter는 과거 시간부사로 현재 완료 시제 동사가 아니라 'have been to'가 아니라 과거 시제 동사 'went to'로 고쳐야 문법적으로 옳다.
① since 시점은 완료시제와 어울리는 부사이므로 문법적으로 옳다.
③ 비교급 비교 구문으로 'the story'와 'last one'의 비교 대상이 일치하며, '흥미로운'의 의미의 interesting은 사물을 수식할 수 있으므로 문법적으로 옳다.
④ '제안하다'라는 뜻의 suggest는 'that 주어 (should) 동사원형'의 목적절을 취하므로 문법적으로 옳다.

해석

① 나는 아침 식사 이후로 아무것도 안 먹었다.
② 난 지난겨울에 아버지와 제주에 갔다.
③ 우리는 그 이야기가 지난번보다 더 재미있다는 것을 알았다.
④ 그는 그녀에게 공원에 가자고 말했다.

05 정답 ②

해설

② hold는 '열다, 개최하다'라는 뜻의 타동사로 쓰이므로 뒤에 목적어가 없는 경우에는 수동태 구조인 'is held'로 써야 올바르다.
① 주절의 동사가 과거 시제이므로 시제 일치의 원칙에 따라 종속절의 동사도 과거시제로 잘 쓰였다.
③ 분사구문의 태 일치에 대한 문제이다. 분사의 의미상 주어는 '기대는 행위'를 하는 입장이므로 능동의 현재분사 'leaning'은 문법적으로 옳다.
④ rob은 'rob 사람 of 사물'로 표현하며, 사람은 '강탈을 당하는 입장'이므로 수동태 'was robbed of'는 옳다. 또한, 분사의 능동의 현재분사 'while travelling'은 문법적으로 옳다.

해석

① 그녀는 그 샴페인의 맛이 '정말 끝내준다'고 말했다.
② 월드컵은 4년마다 열린다.
③ 그는 벽에 기대어 서 있었다.
④ 그녀는 여행하는 동안 그녀의 가방을 강탈당했다.

06 정답 ①

해설

B는 소다를 부어서 천연 세제로 사용할 수 있다고 A에게 추천해 주고 있는 내용이다. A가 이상하다는 이야기에 진지하게 이야기하며 한번 해보라는 내용이므로 빈칸에는 ①이 적절하다.

해석

A : 아이고, 토마토소스를 소파에 막 쏟았어. 이제 큰 얼룩이 생겼네.
B : 걱정하지 마. 나에게 그것에 대한 좋은 해결책이 있어.
A : 진짜? 그게 뭔데?
B : 소다를 위에 한 번 부어 봐. 소다가 천연 세제로 사용될 수 있어.
A : 소다라. 그거 이상한데!
B : 나 진지해. 소다를 위에 부어 봐. 내가 효과가 있는 걸 봤다니까.
A : 좋아, 한번 해볼게.
① 나 진지해
② 맞는 말이야
③ 네가 그렇게 원한다면
④ 고의가 아니었어요

07 정답 ④

해설

주어진 글에서 동물들이 자연에서 먹이를 구해서 먹는다는 내용이 나오고 (C)에 마찬가지로 인간의 식량도 자연에서 나온다는 내용이 같이 이어진다. (C) 마지막 문장에 '자신이 먹은 것의 얼마 만큼 자연에서 직접 얻었는지'라는 질문을 던지고 그 질문에 대한 대답으로 슈퍼마켓이나 식당 등에서 얻었을 것이라고 말하고 있는 (A)가 이어지며, 만일 그러한 식당 등의 시설이 폐업을 하게 되면 많은 사람들이 굶주리게 될 것이라는 내용의 (B)가 그 다음에 오는 것이 자연스럽다. 따라서 정답은 ④ (C) − (A) − (B)이다.

소재	(C)	(A)	(B)
	too(또한)	Probably	all those institutions
그들은 자연으로부터 직접 먹이를 얻는다.	인간의 식량 또한 자연으로부터 온다. + 자연으로부터 직접 얻었는가? (질문)	(답변) 다른 사람들에 의해 마련된 것 음식점이나 카페테리아 같은 식사 시설	만일 그러한 시설들이 모두 갑자기 폐업을 하고 ~

★ [글의 일관성] 대명사 that과 연결어 too(나열), but(대조)을 바탕으로 글의 일관성을 요구하는 글이다.

어휘

• **establishment** 시설, 설립; 확립
• **institution** 시설, 기관
• **abruptly** 갑자기
• **out of business** 폐업한
• **go about** 시작하다

해석

많은 동물들은 먹이를 구하고 그것을 먹는 데 대부분의 깨어 있는 시간을 보낸다. 그들은 자신들의 환경에서 먹을 것을 찾는다. 어떤 동물들은 혼자서 찾고 어떤 동물들은 함께 찾지만, 대개 그들은 자연으로부터 직접 먹이를 얻는다.
(C) 인간의 식량 또한 자연으로부터 온다. 그러나 대부분의 사람들은 이제 그들의 식량을 다른 사람들로부터 구한다. 지난 한 해 동안, 여러분이 먹은 것 중 얼마만큼을 식물로부터 따거나 동물을 사냥하고 죽여서 자연으로부터 직접 얻었는가?
(A) 전부는 아닐지라도 여러분이 먹은 것의 대부분은 다른 사람들에 의해 마련된 식량이 판매되고 있는 슈퍼마켓이나 어떤 사람들에 의해 재배된 식량이 다른 사람들에 의해 요리되고 차려지는 음식점이나 카페테리아 같은 식사 시설에서 왔을 것이다.
(B) 만일 그러한 시설들이 모두 갑자기 폐업을 하고 사람들이 자신의 식량을 자연으로부터 직접 구해야 한다면, 우리들 대부분은 그것을 어떻게 시작해야 할지 모를 것이다. 많은 사람들은 굶주리게 될 것이다.

08 정답 ④

해설

제시문에서 서양인에 대해 언급이 되었으므로 뒤에는 (C)의 대조적으로 아시아 문화에 대한 설명이 연결이 됨을 유추할 수 있다. (B)의 These proverbs에 해당하는 내용이 (A)이므로, 정답은 ④ (C) − (A) − (B)이다.

제시문		세부 사항	
서양 침묵 불편	(C)	(In contrast) 아시아 − 조용함 장려	→ 동양과 서양의 대조
	(A)	일부(some) 속담은~	→ 속담을 통한 동양에 대한 예시
	(B)	이러한(these) 속담~	→ 속담에 대한 재진술

★ [서양과 동양의 대조] 침묵에 대한 '동서양의 차이'를 서술하는 글이다.

어휘

• **awkward** 어색한, 거북한
• **weariness** 따분함
• **essential** 꼭 필요한, 필수적인
• **discourage** 억제하다, 저지하다

해석

많은 서양인들은 침묵에 대해 불편해하는데, 그들은 침묵이 난처하고 어색한 것이라는 걸 알게 된다.
(C) 대조적으로, 아시아 문화에서는 수천 년 동안 조용함을 장려해 왔고, 생각과 느낌의 표현을 억눌러 왔다.
(A) 일부 속담들이 이러한 관점을 뒷받침하는데, 가령 "수다스러운 말속에는 엄청난 따분함이 있다." 그리고 "말 많은 사람은 유식하지 못한 사람이고, 유식한 사람은 말을 꺼내지 않는다." 같은 것들이다.
(B) 이러한 속담들은 꼭 말해야 하는 어떤 것이 없을 때는 침묵 지키는 것이 적절한 상태라는 것을 의미한다.

14

09 정답 ②

해설

고대인들도 별과 다른 천체에 대한 패턴을 알아냈었는데, (B) 실제로 고대 중국 천문학자들이 "19년 주기법"의 계산과 같은 업적을 이루어 냈고, (A) 또한 바빌로니아인들로부터 천문학적 정보를 얻기도 했으며, (C) 그 정보로 일식과 월식을 예측하는 주기와 천체의 움직임을 측정하는 도구를 개발하게 되었다는 내용으로 이어지는 것이 적절하다. 따라서 정답은 ② (B) - (A) - (C)이다.

제시문	B	A	C
고대인들은 별과 다른 천체의 ~ 패턴을 알아냈다.	고대 중국 천문학자들은 하늘을 예리하게 관찰	그 사이클	그 정보로
	19년의 사이클	천문학적 정보	

★ [대명사를 통한 일관성 파악] '19년의 사이클'을 '그 사이클로'로 이어서 설명하고 있으며, '천문학적 정보'를 '그 정보로'의 진술로 이어서 설명하는 관계를 파악해야 하는 글이다.

어휘
* celestial 하늘의, 천체의
* astronomer 천문학자
* astronomical 천문학의
* trend 경향
* phenomena 현상
* lunar 음력의
* astrological 점성술의
* Babylonian 바빌론의, 바빌로니아인
* accomplishment 성취
* solar eclipse 일식
* instrument 도구

해석

오늘날 과학자들이 자연 현상에서 패턴과 경향을 알아내는 것과 마찬가지로, 고대인들은 별과 다른 천체의 조직화되고 규칙적인 움직임에서 패턴을 알아냈다.

(B) 실제로, 고대 중국 천문학자들은 하늘을 예리하게 관찰하는 사람들이었고, 그들은 초기 천문학에서 몇몇 업적을 만들어 냈다. 그것들 중 하나가 "19년 주기법"의 계산이었다.

(A) 이 주기는 235 음력 월주기로 구성되어 있고 태양년과 태음년이 조화하는 지점이다. 그들은 또한 바빌로니아인들로부터 방대한 양의 천문학적 정보를 얻었다.

(C) 그 정보는 그들이 월식과 일식을 예측하는 주기와 천체의 움직임을 측정하는 도구를 개발하도록 해 주었는데 이는 서양에서 똑같은 과업을 성취해 내기 적어도 500년 전의 일이었다.

10 정답 ①

해설

주어진 글은 이 단락의 주제문으로 생체 시계와 수면 주기 간의 부조화를 초래하는 생활 환경이 사람들의 감정과 행동에 영향을 미친다는 중심 생각을 보여준다. (C)는 중심 생각을 지원하는 구체적 예로 야간 근무자의 적응 문제를 제시한다. (B)는 중심 생각을 지원하는 또 다른 예인 비행기의 시차증을 제시한다. (A)는 이러한 시차증 논거를 지원하는 세부 정보로 시차증의 발생 원인에 대한 설명이다. 따라서 정답은 ① (C) - (B) - (A)이다.

제시문	예를 들어 (C)	또한 (B)	(A)
삶의 환경들이 감정과 행동에 영향을 미친다.	예를 들어 -저녁에 근무하는 사람들 → 혼란스러움	- 타임존 (표준 시간대)을 날아가는 사람들 → 시차증	- 시차증을 경험하는 이유

★ [대명사를 통한 글의 일관성] 예시에서 시차증에 대한 진술이 (B) → (A)로 이어짐을 파악해야 하는 글이다.

어휘
* circumstances 환경, 상황
* bring about ~을 초래[유발]하다
* biological clock 생체 시계
* jet lag 시차증
* temporal 시간의
* physiological 생리적인
* disruption 혼란, 붕괴
* symptom 증상, 증세
* fatigue 피로
* irresistible 억누를[저항할] 수 없는
* subsequent 뒤이은, 그 다음의
* night shift 야간 근무
* cognitive 인지[인식]의
* disrupt 지장을 주다, 방해하다
* adjust 조절[조정]하다, 적응하다

해석

생체 시계와 수면 주기 간의 부조화를 초래하는 생활 환경은 사람들의 감정과 행동에 영향을 미친다.

(C) 예를 들면, 야간 근무를 하는 사람들은 자신들의 24시간 주기 리듬이 지장을 받기 때문에 흔히 신체적 어려움뿐 아니라 인지적 어려움도 겪는다. 장기간의 야간 근무를 하고 나서도, 대부분의 사람들은 이러한 부정적 효과를 극복하기 위해 자신들의 24시간 주기 리듬을 조절할 수 없다.

(B) 사람들은 또한 장거리 비행기 여행을 할 때 혼란을 겪는다. 비행기로 표준 시간대를 넘을 때 사람들은 시차증을 겪을 수 있는데, 시차증이란 피로, 억누를 수 없는 졸음, 뒤이은 보통 때와 다른 수면과 각성의 일정이라는 증상을 포함하는 상태이다.

(A) 시차증은 내부의 24시간 주기 리듬이 정상적인 시간 환경과 맞게 돌아가지 않기 때문에 발생한다. 예를 들어 현지 시간은 마치 정오인 것처럼 우리에게 행동하도록 요구하지만 우리의 몸은 새벽 두 시라고 말하고 있는데, 즉 우리의 몸은 생리적 척도로 볼 때 저점에 있다.

1 단어

순번	단어	뜻	순번	단어	뜻
1	browbeat	협박하다	7	synonymous	동의어의, 같은 뜻의
2	refute	논박[반박]하다	8	placid	차분한, 잔잔한, 평온한
3	appease	달래다, 진정시키다	9	reiterate	반복하다, 되풀이하다
4	initiate	시작하다, 개시하다	10	renounce	버리다, 포기하다
5	meticulous	신중한, 세심한, 꼼꼼한	11	nurture	양육하다, 양성하다
6	auspicious	길조의, 상서로운	12	uphold	유지시키다[옹호하다], 지지하다

2 문법

순번	문장	
1	I haven't eaten since breakfast.	○
	해설 since 시점은 완료시제와 어울리는 부사이므로 문법적으로 옳다.	
2	I have been to Je-Ju with my father last winter.	×
	해설 last winter는 과거 시간부사로 현재완료시제 동사 'have been to'가 아니라 과거시제 동사 'went to'로 고쳐야 문법적으로 옳다.	
3	We have found the story more interesting than last one.	○
	해설 비교급 비교 구문으로 'the story'와 'last one'의 비교 대상이 일치하며, '흥미로운'의 의미의 interesting은 사물을 수식할 수 있으므로 문법적으로 옳다.	
4	He suggested to her that they go to the park.	○
	해설 '제안하다'라는 뜻의 suggest는 'that 주어 (should) 동사원형'의 목적절을 취하므로 문법적으로 옳다.	
5	She said the champagne tasted 'absolutely fabulous'.	○
	해설 주절의 동사가 과거시제이므로 시제 일치의 원칙에 따라 종속절의 동사도 과거시제로 잘 쓰였다.	
6	The World Cup held every four years.	×
	해설 hold는 '열다, 개최하다'라는 뜻의 타동사로 쓰이므로 뒤에 목적어가 없는 경우에는 수동태 구조인 'is held'로 써야 올바르다.	
7	He stood leaning against the wall.	○
	해설 분사구문의 태 일치에 대한 문제이다. 분사의 의미상 주어는 '기대는 행위'를 하는 입장이므로 능동의 현재분사 'leaning'은 문법적으로 옳다.	
8	She was robbed of her bag while travelling.	○
	해설 rob은 'rob 사람 of 사물'로 표현하며, 사람은 '강탈을 당하는 입장'이므로 수동태 'was robbed of'는 옳다. 또한, 분사의 능동의 현재분사 'while travelling'은 문법적으로 옳다.	

01 ④	02 ②	03 ②	04 ②	05 ④
06 ③	07 ②	08 ②	09 ③	10 ④

01 정답 ④

해설

★ placate 달래다, 진정시키다
= appease, calm, ease, relieve, alleviate, assuage, soothe, pacify, mollify, tranquilize

어휘

• associate 연상하다, 결부짓다, 어울리다 = connect, link
• distort 비틀다, 왜곡하다 = twist, warp
• obliterate 없애다[지우다]
= erase, delete, efface, expunge, cross out, rub out

해석

정부 대표자들은 성난 원숭이들을 바나나와 사탕으로 달래려고 노력했지만 무시당했다.

02 정답 ②

해설

★ abate 약화시키다, 완화시키다
= weaken, lessen, soften, dampen, attenuate, mitigate, damp down, water down

어휘

• arouse 불러일으키다, 자아내다 = cause, induce, trigger
• linger 남다 = remain, stay
• conform 따르다, 순응하다
= obey, observe, follow, comply with, abide by, adhere to

해석

새로운 연구로 그 질병은 아프리카에서 계속 약화되는 추세다.

03 정답 ②

해설

★ wrap up 마무리하다(=end up, wind up), 끝내다, 챙겨 입다

어휘

• blow up 폭발하다, 화내다, 부풀다
• use up 고갈시키다, 다 쓰다
• put up (돈을) 내놓다, 세우다

해석

이번 주 안으로 일을 마무리하지 않으면 다음주에는 정신 없을거야.

04 정답 ②

해설

② 타동사구 'run over' 다음에 목적어가 없으므로 수동태로 표현해야 한다. 따라서 'running over'를 'being run over'로 표현해야 문법적으로 옳다.
① 'not ~ yet'은 완료시제와 잘 쓰이는 시간부사이다.
③ 일반적인 사실이나 습관 또는 반복적인 일을 현재시제로 표현하므로 올바르게 쓰였다.
④ effect는 타동사로 '가져오다, 초래하다'라는 뜻으로 올바르게 쓰였다.

해석

① 피해자의 신원은 아직 밝혀지지 않았다.
② 그녀는 거의 차에 치일 뻔했다.
③ 그 대학교는 5년마다 그 조사를 실시하고 있다.
④ 여권운동은 사회에 많은 변화를 가져왔다.

05 정답 ④

해설

④ make는 5형식 사역동사로 사용될 경우 목적보어가 능동의 의미일 때에는 '원형부정사'를 취하므로 'to laugh'를 laugh로 표현해야 옳다.
① 'what is called'는 '소위, 이른바'라는 의미의 관용표현으로 올바르게 쓰였다.
② teach는 4형식 동사로 뒤에 간접목적어(~에게), 직접목적어(~을/를) 두 개의 목적어를 취하므로 올바르게 쓰였다.
③ greet는 '~에게 인사하다'라는 뜻의 3형식 타동사로 뒤에 목적어 him이 올바르게 쓰였다.

해석

① 그녀는 소위 걸어 다니는 사전이다.
② 이 훈련은 효과적인 운동의 기본 원리를 가르쳐 줄 것이다.
③ 서커스 단원들은 모두 그에게 커다란 미소로 인사했다.
④ 그 코미디언은 초대 손님들을 마음껏 웃게 했다.

06 정답 ③

해설

★ up in the air 미결정인 = not decided

어휘

• out of the blue 갑자기, 난데없이 = all of sudden
• from top to toe 완전히, 철저히 = thoroughly, completely
• on pins and needles 조마조마해서, 안절부절못하는, 불안한 = nervous

해석

A : 그럼 너는 주말에 뭐 할 거야?
B : 내 계획은 미정이야.
A : 비가 그치면 골프를 치고 싶은데. 같이 칠래?
B : 아니. 내가 골프 별로 안 좋아하는 거 너도 알잖아.
골프는 내 관심 밖이라서.

A : 너 다리는 어때? 지난주에 다리 다치지 않았어?
B : 회복 중이야. 좋아지고 있어.
A : 잘됐네.
B : 난 그냥 집에 있으면서 책 읽고 글이나 쓸래.
A : 느긋한 주말이 되겠군.
B : 그럼 월요일에 보자.

07 정답 ②

어휘 해설

제시문에서 스쿨버스 연료비 절감의 방법을 찾고 있다고 했으므로 이에 대한 해결책이 나올 수 있음을 예상할 수 있다. (B)에서 일부 학교가 주 4일제 수업으로 전환한다고 했고, (A)에서 주 4일제 수업에 따른 결과들을 긍정적인 면과 부정적인 면을 들어 설명해 주고 있다. 마지막으로 (C)에서 (A)에 이어 부정적인 측면을 부가 설명하고 있음을 알 수 있다. 지칭어(a four-day week ⇨ the four-day school week)와 연결어/접속사(although, in addition) 등을 적절하게 이용했다. 따라서 정답은 ② (B) − (A) − (C)이다.

소재/주제	(B)	(A)	(C)
스쿨버스 연료비를 줄이고자 하는 학교들	특히 시골 지역에서 주 4일제	주 4일제는 부모에게 여전히 부담	게다가 교사와 학생들에게도 부정적인 측면

어휘

- **transportation** 수송, 운반
- **burden** 부담, 무거운 짐
- **make up for** 보충하다
- **intensive** 집중적인, 철저한

해석

많은 미국 학교들은 고유가 때문에 버스 운행에 드는 비용을 절약하기 위한 방법들을 모색하고 있다.
(B) 특히 시골 지역에 있는 일부 학교들은 주 4일제로 바꾸고 있다. 하루의 수업 결손을 보충하기 위해 등교하는 날의 하루 일과가 약 60분 정도가 길어질 것이다.
(A) 주 4일제가 연간 수천 달러의 운행 비용을 절약할 것으로 예상되기는 하지만, 맞벌이 부부는 다섯 번째 날의 보육비를 내야할지도 모르는데 이것이 그들에게는 상당한 부담이 될 것이다.
(C) 게다가 집중적인 하루 일과로 인해 교사와 학생들이 너무 지쳐 있기 때문에 수업하는 날의 늘어난 시간에 그다지 많은 교육이 이루어지지 못한다.

08 정답 ②

해설

"스포츠의 정의"에 대한 일반적인 진술 다음에 저자의 경험을 예로 들어 구체적인 진술이 나온다. 스포츠의 예를 들어보면 축구, 농구, 야구 등을 말한다는 제시문 다음에는 스포츠를 정의하는 것은 생각보다 어려운 일이라는 내용의 (B)가 오고, 그 다음 예를 들어 비디오 게임은 스포츠인가라는 물음과 그에 대한 즉각적인 응답이 서술되는 (C)가 온 다음, 마지막으로 그런 반응에서 생각할 점을 이야기하는 내용의 (A)가 오는 것이 문맥상 가장 자연스러운 글의 순서이다. 따라서 정답은 ② (B) − (C) − (A)이다.

제시문	(B)	(C)	(A)
주제	일반적인 진술	예시	대명사
스포츠 − 전통적인 예: 축구, 야구, 농구, 하키	스포츠를 정의하는 것은 도전적이다 (어렵다).	예를 들어 − 질문했을 때	그러나 − 이 본능적인 반응

★ [일관성] '일반적 진술' 다음에 구체적인 예시문이 이어지는 관계를 파악하기를 요구하는 글이다.

어휘

- **image** 이미지
- **illustration** 삽화, 실례
- **respond with** 응답하다, 대응하다
- **traditional** 전통적인
- **reflection** 숙고, 반사
- **definition** 정의
- **distinguish** 구분하다
- **challenging** 도전적인
- **colleague** 동료

해석

사람들은 "스포츠"라는 단어를 들으면 많은 이미지들을 떠올린다. 누군가에게 스포츠의 실례를 물어보면 그들은 축구, 야구, 농구, 하키와 같은 전통적인 예들로 응답할 것 같다.
(B) 하지만 누군가에게 "스포츠"를 정의해 달라고 부탁하는 것, 특히 오락과 여가의 형태로 분류될 수 있는 활동을 명확하게 구분해 주는 정의를 제공하는 것은 생각보다 어려운 일이다.
(C) 예를 들면 최근에 나는 대학 동료에게 "비디오 게임을 하는 것은 스포츠인가?"라고 물었다. 그의 즉각적인 반응은 "아니야, 물론 아니지."였다.
(A) 하지만 더 깊이 생각해 볼 때, 이러한 직관적인 반응 반응은 실제로 더 많은 생각을 필요로 할 수 있다. 적어도 "스포츠"라는 단어의 실용 정의를 필요로 한다.

09 정답 ③

해설

미국 형벌 제도 내의 재소자 숫자의 증가를 주제로 한 글로서, (B)에는 그 원인이, (A)에서는 (B)에서 언급한 법률에 대한 설명이 나오고 있고, 마지막으로 그 법안을 시행하기 위한 납세자들의 부담에 대해서 (C)가 진술하는 순서로 연결된다. 따라서 정답은 ③ (B) - (A) - (C)이다.

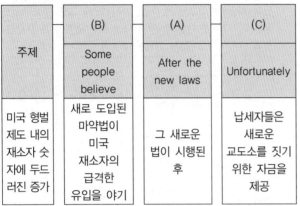

주제	(B) Some people believe	(A) After the new laws	(C) Unfortunately
미국 형벌 제도 내의 재소자 숫자에 두드러진 증가	새로 도입된 마약법이 미국 재소자의 급격한 유입을 야기	그 새로운 법이 시행된 후	납세자들은 새로운 교도소를 짓기 위한 자금을 제공

★ [대명사를 통한 일관성 확인] (B)에서 언급한 '새로 도입된 마약법'이 바로 (A)의 '그 새로운 법'이 연결되는 일관성을 확인해야 한다.

어휘

- penal system 형벌 제도
- skyrocket 급등하다
- jail 교도소
- compensate for 보충하다, 보상하다
- overcrowding 과잉 수용
- influx 유입, 쇄도
- inmate 재소자
- epidemic 유행병; 급속한 확산
- correctional institution 교도소

해석

1990년대 이후로 미국 형벌 제도 내의 재소자 숫자에 두드러진 증가가 있었다.

(B) 일부 사람들은 1980년대에 미국을 장악한 마약의 유행으로 인해 새로 도입된 마약법이 미국 재소자의 급격한 유입을 야기했다고 믿는다.

(A) 새로운 법이 시행된 후, 재소자 인구는 급등했다. 위험한 과잉 수용을 보충하기 위해 천 개가 넘는 새로운 교도소가 지어져야 했고, 이것은 미국 사회에 수억 달러의 비용이 들게 했다.

(C) 유감스럽게도, 납세자들은 새로운 교도소를 짓기 위한 자금을 제공해야 했다. 오늘날 미국은 여전히 약 천 2백억 달러를 교도소에 지출하고 있으며, 몇몇 주는 교육에 지출하는 것보다 더 많은 돈을 교도소에 들인다.

10 정답 ④

해설

주어진 글은 이집트의 상형 문자가 독창적인 글자라고는 하지만 중국과는 달리 다른 문자의 영향을 받았을 가능성이 있다는 내용이며, (C)에서 이의 구체적인 예로 상형 문자가 수메르와 가까운 곳에서 나타났다는 점을 설명하고 이집트의 건조한 기후가 글자의 발전사를 보여주는 여러 가지 증거를 남겨 두었을 것이라는 점을 설명하고 (B)에서 이와 대조적인 수메르의 여러 가지 문자 발전을 언급한 다음, 다양한 주위 국가들의 글자 체계도 또한 유사하게 영향을 받았을 것이라고 말하고 (A)에서 그런 글자 체계가 이집트나 수메르의 영향을 받았을 것이라는 내용으로 정리하는 흐름이다. 따라서 정답은 ④ (C) - (B) - (A)이다.

주제	(C) 부연 설명 시작	(B) 대조 In contrast	(A) 재진술
이집트 상형 문자	상형문자의 출현 + 증거가 전해지지 않음.	수메르식 시스템 증거가 풍부하게 전해짐. + 다른 글 시스템	그러한 시스템들 각각 ~.

어휘

- hieroglyphics 상형 문자
- writing system 문자 체계
- diffusion 산포; 전파, 만연, 보급
- feasible 실행할 수 있는, 가능한
- distinctive 독특한, 특이한, 분명한
- abundant 풍부한, 많은
- cuneiform 쐐기문자, 설형문자
- pictograph 상형 문자, 그림 문자
- full-blown 성숙한; 만발한; 완전한
- favorable 호의를 보이는, 찬성의

해석

모든 고대 문자 체계 중에서 가장 유명한 이집트의 상형 문자는 보통 독립 발명의 산물로 추정되지만, 아이디어 확산에 대한 대안적 해석은 한자의 경우보다 더 실현 가능하다.

(C) 기원전 3000년 경에 거의 완전한 형태의 상형 문자가 다소 갑자기 나타났다. 이집트는 수메르에서 서쪽으로 800마일밖에 떨어져 있지 않았고, 수메르와 교역 관계를 맺고 있었다. 이집트의 건조한 기후가 이전의 실험들을 문서로 보존하는 데 유리했을지라도 상형 문자의 점진적인 발달에 대한 증거가 우리에게 내려오지 않았다는 것이 의심스럽다.

(B) 이와는 대조적으로 수메르의 비슷하게 건조한 기후는 수메르의 설형 문자의 발달에 대한 풍부한 증거를 낳았다. 마찬가지로 의심스러운 것은 분명히 독립적으로 설계된 몇몇 다른 글쓰기 시스템이 수메르어와 이집트 글쓰기의 등장 이후 이란, 크레타, 터키(각각 프로토-엘람 문자, 크레탄 그림 문자, 히에로글리프 히타이트라고 한다)에 나타난 것이다.

(A) 그러한 시스템들 각각이 이집트나 수메르로부터 빌리지 않은 독특한 일련의 표지판을 사용하였을지라도, 관련된 민족들은 그들의 이웃 무역 상대국들의 글을 거의 모를 수 없었다.

1 단어

순번	단어	뜻	순번	단어	뜻
1	appease	달래다, 진정시키다	7	linger	남다
2	associate	연상하다, 결부짓다, 어울리다	8	conform	따르다, 순응하다
3	distort	비틀다, 왜곡하다	9	wind up	결국 ~ 되다/하다, 마무리하다
4	obliterate	없애다[지우다]	10	blow up	폭발하다, 화내다, 부풀다
5	abate	약화시키다, 완화시키다	11	use up	고갈시키다, 다 쓰다
6	arouse	불러일으키다, 자아내다	12	put up	(돈을) 내놓다, 세우다

2 문법

순번	문장	
1	The victim has not yet been identified.	○
	해설 'not ~ yet'은 완료시제와 잘 쓰이는 시간부사이다.	
2	She came near to running over by a car.	×
	해설 타동사구 'run over' 다음에 목적어가 없으므로 수동태로 표현해야 한다. 따라서 'running over'를 'being run over'로 표현해야 문법적으로 옳다.	
3	The university conducts the poll every five years.	○
	해설 일반적인 사실이나 습관 또는 반복적인 일을 현재시제로 표현하므로 올바르게 쓰였다.	
4	Feminism has effected many changes in society.	○
	해설 effect는 타동사로 '가져오다, 초래하다'라는 뜻으로 올바르게 쓰였다.	
5	She is what is called a walking dictionary.	○
	해설 'what is called'는 '소위, 이른바'라는 의미의 관용표현으로 올바르게 쓰였다.	
6	This training will teach you the fundamentals of an efficient workout.	○
	해설 teach는 4형식 동사로 뒤에 간접목적어(~에게), 직접목적어(~을/를) 두 개의 목적어를 취하므로 올바르게 쓰였다.	
7	The circus members greet him with big smiles.	○
	해설 greet는 '~에게 인사하다'라는 뜻의 3형식 타동사로 뒤에 목적어 him이 올바르게 쓰였다.	
8	The comedian made the guests to laugh heartily.	×
	해설 make는 5형식 사역동사로 사용될 경우 목적보어가 능동의 의미일 때에는 '원형부정사'를 취하므로 'to laugh'를 laugh로 표현해야 옳다.	

01 ①	02 ④	03 ②	04 ③	05 ①
06 ①	07 ④	08 ④	09 ③	10 ②

01 정답 ①

해설

★ **attenuate** 1) 약하게 하다 = lessen, weaken, reduce
2) 희석시키다

어휘

• **manacle** 수갑[족쇄]을 채우다, 속박하다 = fetter
• **sanction** 승인, 제재, 승인하다, 제재하다
• **square** 정사각형, 네모지게 만들다, 똑바로

해석

행복한 환경이 오히려 그의 성공의 가치를 떨어뜨리고 있다.

02 정답 ④

해설

★ **futile** 헛된, 소용없는, 쓸모없는
= fruitless, useless, worthless, pointless, vain, sterile

어휘

• **impending** 임박한, 절박한 = imminent, upcoming
• **incipient** 처음의, 초기의 = initial, nascent, embryonic
• **versatile** 다재다능한, 다방면의
= multifaceted, many-sided, all-purpose, all-round

해석

북한이 한국과의 관계에서 긴장감을 증가시키는 것은 확실히 쓸데없는 일이다.

03 정답 ②

해설

★ **inexorable** 냉혹한, 가차 없는 = relentless, ruthless

어휘

• **oblivious** 의식하지 못하는, 잘 잊어버리는
= unaware, unconscious, ignorant
• **arbitrary** 임의적인, 제멋대로인 = unplanned, random
• **sufficient** 충분한 = enough, adequate

해석

1974년 이후 석유 가격은 가차 없이 인상됐다.

04 정답 ③

③ '부분 of 명사'가 주어 역할을 할 때 동사의 수는 of 뒤 명사에 일치시킨다. money는 셀 수 없는 명사이므로 단수로 받아 'belongs to'로 써야 옳다.

① as 양보 도치 구문으로, 접속사 as가 '비록~라도'라는 의미를 나타낼 때 '무관사 명사 as 주어 동사' 구조로 쓴다. 따라서 'Millionaire as he was'는 문법적으로 옳다.

② 'There is no –ing'는 '~하는 것은 불가능하다'라는 뜻으로 문법적으로 올바르게 쓰였다.

④ 'Early to bed and early to rise'는 단일 개념으로 단수 취급하므로 단수 동사 makes가 올바르게 쓰였다.

해석

① 백만장자이지만, 그는 계속 열심히 일했다.
② 당신에게 당장 진실을 알려 주는 것은 불가능하다.
③ 그 회사에 투자된 돈의 반은 나의 것이다.
④ 일찍 일어나고 일찍 자는 것은 사람를 건강하게 하고, 부유하게 만들고, 현명하게 한다.

05 정답 ①

① '~할 것을 기억하다'라는 의미는 'remember to부정사'로 표현하므로 to buy로 표현해야 한다.

② '그녀의 팔'은 '접는 행위'를 당하는 처지이므로, 과거분사 'folded'는 문법적으로 옳다.

③ 비교급 및 최상급을 강조하는 부사는 'even, much, far, by far, still, a lot' 등이 쓰일 수 있다. 따라서 비교급 less는 by far의 수식을 받을 수 있다.

④ 제시된 'It ~ that …' 강조 구문에서 강조하는 것은 문장의 주어이므로 she가 문법적으로 옳게 쓰였다.

해석

① 집에 올 때 계란 몇 개 사는 것을 기억하세요.
② 그녀는 눈을 감고서 가만히 누워 있었다.
③ 그 새로운 쇼는 예전 쇼보다 훨씬 덜 흥미롭다.
④ 그런 실수를 저지른 것은 바로 그녀였다.

06 정답 ①

해설

★ **has got a big mouth** 함부로 떠들어대다

어휘

• **will keep it to herself** 비밀을 유지시킬 것이다
• **is all ears and eyes** 매우 집중하고 있다
• **is very generous** 매우 관대하다

해석

A : 이 정보는 기밀입니다.
B : 알았어요, 이해했습니다.
A : 그러니, 누구에게도 말씀하시면 안 됩니다.
B : 걱정하지 마세요. 제가 입이 무겁습니다.

A : 방금 말한 것은 정말로 진심입니다. 그리고 당신이 무슨 일을 하든, 제인이 알아서는 안 됩니다.

B : 네, 그러지 않을 겁니다. 모든 사람이 그녀가 <u>함부로 떠들어대</u>는 것을 알잖아요.

07 정답 ④

해설

이 글은 얼음 디저트의 탄생에 대한 글로 주어진 글에서 냉장 문제 때문에 얼음 디저트가 최근에야 탄생되었을 것이라는 오해에 대해 언급하고 있다. 따라서 정답은 ④ (C) - (B) - (A)이다.

주어진 글 [통념]	(C) however [반박]	(B) He [대명사를 통한 연결]	(A) ice cream today
얼린 디저트가 최근에 탄생	<u>그러나</u> 13세기에 Marco Polo 방문 당시 중국인들은 과일 향이 나는 얼음을 먹음.	그는 이탈리아로 비법 가져옴. + <u>아이스크림</u>의 정확한 형태와 이름을 갖지는 않음.	우리가 <u>아이스크림</u>이라 부르는 것은 17세기 초반에 만들어짐.

★ [아이스크림의 유래] 아이스크림의 유래에 대한 글로 '시간의 흐름'에 주목해야 한다.

어휘

• refrigeration 냉각, 냉동(보존)
• sherbet 셔벗, 과즙으로 만든 빙과
• popularize 대중화하다
• evaporation 증발, 기화
• iced dessert 얼린 후식
• pick up the idea 생각해 내다
• perfect 완벽하게 하다, 완성하다
• principle 원리, 원칙
• fruit-flavored 과일 맛의

해석

당신은 아마도 얼린 디저트가 과거 냉동 문제로 인해 꽤 최근에 탄생한 것이라고 생각할지 모른다.

(C) 하지만, 기원전 8세기에 증발 원리를 이용해 냉장 장치를 완성했던 중국 사람들은 Marco Polo가 13세기에 이곳을 방문했을 당시부터 과일 향이 나는 얼음을 먹고 있었다.

(B) 그는 이 비법을 이탈리아로 가져왔으며, 이후로 그곳에서 이 비법은 인기 있는 것이 되었다. 아랍인과 인디언들 또한 중국인들로부터 이 아이디어를 얻어 이 맛있는 디저트를 샤베트라고 이름 지었다. 하지만 그것은 아직 아이스크림의 정확한 형태와 이름을 갖지는 않았다.

(A) 소위 오늘날 우리가 말하는 아이스크림은 영국의 국왕 찰스 1세의 프랑스 요리사에 의해 17세기 초반에 탄생되었다. 그 이후로, 영부인 Dolly Madison에 의해 미국에 아이스크림이 소개되었고 대중화되기 시작했다.

08 정답 ④

해설

숙련된 제빵사들 덕분에 빵이 다양한 형태로 발전하게 되었다는 내용의 주어진 글 다음에, 좋은 빵을 만들기 위한 숙련된 제빵사들의 노력을 기술하고 있는 (C)가 온 다음, 연이어 그들의 노력을 구체적으로 설명하는 (A)가 와야 하며, 과학 기술의 발달로 더 뛰어난 제빵 방법이 나왔지만, 제빵사들은 여전히 기존의 방식을 활용하고 있다는 내용의 (B)가 맨 마지막에 오는 것이 가장 적절하다. 따라서 정답은 ④ (C) - (A) - (B)이다.

주제	(C) 부연 설명	(A) even (추가 설명)	(B) Today
빵 제품은 숙련된 제빵사들 덕분에 발전해 여러 가지의 형태를 취하게 됨.	숙련된 제빵사들은 수세기 동안 전통적인 빵의 종류를 개발	그들은 심지 어 ~ 새로운 기술을 개발	오늘 날, 그들은 여전히 자신들의 집단적 지식, 경험, 숙련된 기술을 사용하고 있다.

★ [과거와 현재의 대조] 숙련된 제빵사의 '과거'와 '현재'의 대조의 논리를 파악해야 하는 독해이다.

어휘

• foodstuff 식품
• adapt 조정하다
• on occasions 때때로
• cost-effective 비용 효율적인
• make the best use of ~을 최대한 활용하다
• raw material 원재료

해설

빵은 주요 식품이며 오늘날 빵 제품을 만들어서 먹지 않는 나라는 거의 없다. 빵 제품은 숙련된 제빵사들 덕분에 발전하여 여러 가지의 형태를 취하게 되었다.

(C) 수세기에 걸쳐서 숙련된 제빵사들은 원하는 빵의 품질을 얻어 내기 위해서 이용 가능한 원재료를 최대한 활용하는 방법에 관한 자신들의 지식을 사용하여, 전통적인 빵의 종류를 개발해 왔다.

(A) 그들은 최고의 빵을 만들기 위해 심지어 이미 존재하던 처리 기술을 조정하고 바꿔 왔고, 때로는 완전히 새로운 기술을 개발해 왔다.

(B) 오늘날 과학 연구와 기술 개발이 더 빠르고, 더 비용 효율적인 제빵 방법을 제공해 주지만, 그렇다 하더라도 제빵사들은 여전히 자신들의 집단적 지식, 경험, 숙련된 기술을 사용하고 있다.

16

09 정답 ③

해설

시각 정보를 처리하는 데 여성이 남성보다 다른 물체를 구별하는 것을 더 잘한다는 내용의 주어진 글 다음에 여성의 또 다른 장점에 대한 내용의 (B)가 나오고, On the other hand로 이어지면서 남성이 잘하는 것에 대해 설명하는 내용의 (A)가 나오고, 이러한 남성과 여성의 차이에 대한 근거가 제시되는 (C)가 맨 마지막에 오는 것이 적절하다. 따라서 정답은 ③ (B) − (A) − (C)이다.

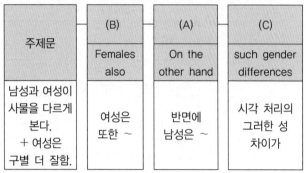

★ [설명문 → 대조] 시각 정보 처리의 남성과 여성의 차이를 나열하는 글이다.

어휘

• **discriminate** 구별하다, 차별하다
• **spatial** 공간의
• **neurological** 신경학상의, 신경의
• **nurture** 양육하다
• **process** 처리하다
• **preference for** ~에 대한 선호
• **facilitate** 촉진하다

해석

최근의 증거는 시각 정보를 처리하는 것에 관한 남성과 여성이 사물을 다르게 본다는 것을 시사한다. 여성은 한 물체를 다른 물체와 구별하는 것을 더 잘하는 경향이 있다.

(B) 여성은 또한 많은 색깔을 사용하는 것에 대한 선호를 보여주는 경향이 있다. 물체와 색깔을 잘 구별할 수 있음으로써 여성은 먹을 것을 모으는 데 아주 적절하다.

(A) 반면에 남성은 움직이는 물체와 물체의 공간적인 면을 처리하는 것을 더 잘하는 경향이 있다. 움직임과 공간적 정보를 처리할 수 있는 남성의 능력은 그들이 사냥 임무를 하는 것을 도와주었을지도 모른다.

(C) Gerianne Alexander는 시각 처리의 그러한 성 차이가 신경학적이고 그것이 진화해서 전통적인 남녀 역할의 수행을 촉진시켰다고 주장했다. 많은 사회에서 남성은 역사적으로 먹을 것을 사냥했던 반면에 여성은 농작물을 수확하고 자녀를 양육했다.

10 정답 ②

해설

(A)의 동공 변화의 또 다른 요인이 글의 주제이며 (C)의 한 중국 보석상의 예를 시작으로 (B)의 그 중국 보석상의 이야기가 계속 전개가 된다. 따라서 정답은 ② (A) − (C) − (B)이다.

★ 글의 주제가 (A)에 있고, 구체적인 사례가 (C)에서 언급이 시작됨을 파악해야 한다.

어휘

• **pupil** 동공; 학생, 제자
• **adjust** 조절하다, 맞추다, 조정하다
• **inspection** 조사, 검사
• **appropriate** 적당한, 어울리는

해석

우리는 동공의 크기가 빛의 강도와 근접성에 따라서 조절된다고 알고 있다; 빛이 밝고 사물의 거리가 가까울수록, 동공의 크기는 더 축소된다.

(A) 그렇지만, 동공의 크기는 감정에 따라서 변화되고, 만약에 당신에게 특별히 흥미를 유발시키는 장면에 직면한다면, 당신의 동공의 크기는 자동적으로 확대된다는 사실을 최근에 서구의 과학자들이 밝혀냈다.

(C) 그러한 변화는 미미하지만, 수년 동안 그런 변화를 알고 있었던 중국 보석상의 경우에서처럼, 면밀한 관찰에 의해서 목격될 수 있다.

(B) 그 중국의 보석상은 고객이 꼼꼼히 살펴볼 수 있도록 옥을 보여줌과 동시에 동공 크기의 확대를 지켜보면서, 고객의 감정에 면밀히 주목한다. 이러한 동공의 확대가 목격되어질 때, 그 상인은 적절한 가격을 제시한다.

1 단어

순번	단어	뜻	순번	단어	뜻
1	attenuate	약하게 하다, 희석시키다	7	incipient	처음의, 초기의
2	manacle	수갑[족쇄]을 채우다, 속박하다	8	versatile	다재다능한, 다방면의
3	sanction	승인, 제재, 승인하다, 제재하다	9	inexorable	냉혹한, 가차 없는
4	square	정사각형, 네모지게 만들다, 똑바로	10	oblivious	의식하지 못하는, 잘 잊어버리는
5	futile	헛된, 소용없는, 쓸모없는	11	arbitrary	임의적인, 제멋대로인
6	impending	임박한, 절박한	12	sufficient	충분한

2 문법

순번	문장	
1	Millionaire as he was, he kept working hard.	○
	해설 부사절 접속사 as의 용법을 물어보는 문제이다. 이유나 양보를 나타내는 as절에서 '명사'를 강조하기 위해 도치가 일어날 때는, 명사 앞에 관사를 붙이지 않는다. 따라서 'Millionaire as he was'는 문법적으로 옳다.	
2	There is no telling you the truth right now.	○
	해설 '~하는 것은 불가능하다'의 의미의 문장을 완성하는 문제이다. 'There is no -ing'가 'It is impossible to부정사'와 'We can't 동사원형'과 같이 '~하는 것은 불가능하다'의 의미를 갖는다. 따라서 'There is no telling you the truth right now.'는 문법적으로 옳다.	
3	Half of the money invested in the company belong to me.	×
	해설 문장의 주어 'Half of the money'와 동사 'belongs'의 수의 일치를 물어보는 문제이다. '부분 + of + 전체집합'이 주어 역할을 할 때 동사의 수는 '전체집합'에 일치시킨다. money는 셀 수 없는 명사이므로 단수로 받아 'belongs to'로 표현해야 한다.	
4	Early to bed and early to rise makes a man healthy, wealthy and wise.	○
	해설 'Early to bed and early to rise'는 단일 개념으로 단수 취급하므로 단수 동사 makes가 올바르게 쓰였다.	
5	Remember buying some eggs when you come home.	×
	해설 동사의 목적어로 to부정사와 동명사를 구분하는 문제이다. '미래에 ~할 것을 기억하다'는 'remember to 부정사'로 표현한다. 따라서 to buy로 표현해야 한다.	
6	She stood still, with her arms folded.	○
	해설 독립분사구문의 태 일치를 물어보는 문제이다. '그녀의 팔'은 '접는 행위'를 당하는 입장이므로, 과거분사 'folded'는 문법적으로 옳다.	
7	The new show was by far less interesting than the old one.	○
	해설 비교급의 강조부사를 물어보는 문제이다. 비교급인 less는 by far의 수식을 받을 수 있다. 비교급 및 최상급을 강조하는 부사는 'much, even, far, by far' 등이 있다.	
8	It was she that made such a blunder.	○
	해설 강조구문 속 대명사의 격의 일치를 물어보는 문제이다. 제시된 'It ~ that …' 강조구문에서 강조하는 것은 문장의 주어이므로 she가 문법적으로 옳다.	

01 ③	02 ③	03 ①	04 ③	05 ④
06 ①	07 ③	08 ④	09 ①	10 ②

01 정답 ③

해설

★ **vulnerable** 상처 입기 쉬운, 취약한 = weak, susceptible

어휘

• **juvenile** 청소년의, 소년[소녀]의 = adolescent, teenager
• **voracious** 게걸스럽게 먹는 = devouring
• **threshold** 문지방, 문턱, 한계점

해석

재무 이사의 갑작스런 사임으로 그 회사는 대단히 취약한 입장에 처하게 되었다.

02 정답 ③

해설

★ **ameliorate** 개선하다 = improve

어휘

• **verify** 확인하다, 입증하다 = confirm, prove
• **repeal** 무효로 하다, 폐지하다, 취소하다, 철회하다
  = cancel, annul, abolish, nullify, invalidate, revoke, rescind
• **retain** 보유하다, 유지하다 = maintain

해석

이는 인슐린 저항성 증후군의 양상을 개선하는 약물이 뇌졸중 위험을 줄이는 데 유용한지는 알려져 있지 않다.

03 정답 ①

해설

★ **cross out** 지우다
  = delete, efface, expunge, obliterate, rub out

어휘

• **pull over** (사람·동물을) 치다
• **see off** 배웅하다
• **close down** 폐쇄하다

해석

답을 정정하기 위해서는 잘못된 답을 먼저 삭제해야 한다.

04 정답 ③

해설

③ 분사의 의미상 주어인 'The sun'은 오르는 행위를 하는 능동의 의미이므로 현재분사 'having risen'으로 표현해야 문법적으로 옳다.

① 'There being no 명사' 구조는 '~이 없어서, ~이 없으므로' 등의 의미로 쓰는 분사구문이다.
② '의문사 + to부정사' 구조는 의문사구로서 문장의 주어, 목적어, 보어 자리에 쓰이는 명사 역할을 한다. 따라서 타동사 explain 뒤의 목적어 자리에 올바르게 쓰였다.
④ 'be to부정사' 구조는 '~해야 함'을 나타낼 수 있고 이를 be to 부정사 용법이라고 할 수 있으므로 올바르게 쓰였다.

해석

① 반대가 없었으므로 회의는 연기되었다.
② 그 책자는 일자리에 지원하는 방법을 설명해 준다.
③ 해가 떠서 나는 산책을 했다.
④ 그녀는 8시 30분에 여기에 와야 했는데 도착하지 않았다.

05 정답 ④

해설

④ 'too 형용사/부사 to부정사' 구문에서는 to부정사의 목적어와 그 절의 주어가 같은 경우에는 to부정사의 목적어를 생략해야 한다. 따라서 대명사 it을 생략해야 문법적으로 옳다.
① 'having p.p.' 완료형 분사구문을 올바르게 썼다.
② 'be the last man to부정사'는 '~할 사람이 아니다'라는 의미로 올바르게 쓰였다.
③ 감정분사인 astonished가 사람인 he를 꾸며주며 올바르게 쓰였다.

해석

① 그는 미국에 살았기 때문에 영어에 능통하다.
② 그가 그런 짓을 할 사람이 아니다.
③ 그는 자기가 그 대회에서 우승한 것을 알고 깜짝 놀랐다.
④ 그 일은 너무 힘들어서 그녀가 그 일을 끝내는 것은 불가능했다.

06 정답 ①

해설

텐트를 반품하는 이유에 관한 내용으로 크기 문제에 대해서 논하고 있는 것으로 보아 정답은 ①이다.

해석

여 : 여보, 집에 왔어요.
남 : 하루가 어땠어요?
여 : 괜찮았어요. 그런데, 뭔가를 주문했어요? 문밖에 큰 상자 있어요.
남 : 우리의 캠핑 여행을 위해 우리가 온라인에서 산 텐트예요. 그것을 반품하려고요.
여 : 크기 때문인가요? 당신이 우리가 모두 들어가기에는 다소 작을 수도 있다고 말했던 것이 기억나요.
남 : 사실, 그 텐트를 설치했을 때, 그것은 우리 모두를 수용하기에 충분히 큰 것처럼 보였어요.
여 : 그러면, 다른 웹사이트에서 더 싼 것을 찾았나요?
남 : 아니요, 가격은 문제가 아니에요.

① 그것은 우리 모두를 수용할 만큼 충분히 커 보였다.
② 너무 무거워서 가지고 다닐 수 없다
③ 나는 이미 픽업을 예약했다.
④ 우리는 쇼핑하러 일찍 나갈 것이다.

07 정답 ③

해설

노루와 상대가 되는 뮬에 대한 글로, 뮬은 스스로의 통제 능력이 없다. 주어진 문장은 '나무들을 죽임으로써, 생태계를 바꾼다'는 내용으로 동일한 나열이 될 수 있는 내용은 ② 음식이 희소해진다 다음인 ③이다.

소재/주제				
노루 − 개체수 스스로 통제	①	뮬(사슴) 〈반면에〉 개체수 스스로 통제 못함		문제점
	②	뮬(사슴) − 음식이 희소해지고 많은 뮬이 아사할 때까지 개체수 증가		
	제시문	뮬(사슴) ★ also (또한) 개체수의 급증은 또한 나무를 죽임으로써 생태계를 변화시킴		
	③	포식자 − 개체수 통제		문제점 해결
	④	그래서 − 늑대들은 사슴의 적이나, 사슴의 개체수의 친구이다.		

★ [문제점과 해결책] 뮬(사슴)이 일으키는 문제와 이 문제가 해결되는 과정을 그리는 글이다.

어휘

• outbreak 급격한 증가
• mule deer 뮬 사슴
• ecology 생태계
• unforeseen 예측하지 못한, 뜻밖의
• bark 나무껍질
• roe deer 노루
• density 밀도
• stabilize 안정시키다
• offspring 새끼, 자식
• self-regulating 스스로 통제하는
• predator 포식자
• reproduce 번식하다

해석

유럽에서 노루 개체군은 수가 안정되기 전 개체수가 어떤 밀도에 도달할 때까지만 확장한다. 노루의 어떤 개체군들은 (식량) 자원이 점점 부족해질 때 더 적은 수의 새끼를 낳는 것처럼 보인다. 반면, 북미의 뮬 사슴은 그러한 자체적으로 통제하는 방법을 발달시키지 못했다. 그들의 개체수를 통제하는 포식자들이 없다면, 뮬 사슴은 사슴이 너무 많아서 먹이가 부족해지고 그들 중 많은 수가 굶주리게 될 때까지 번식할 것이다. 뮬 사슴의 개체수 급증은 또한 굶주린 사슴이 나무껍질을 씹어 먹을 때 나무를 죽임으로써, 예기치 못한 방식으로 생태계를 변화시킬 수도 있다. 스스로 규제할 수 없는 개체군들은 통제를 위해 포식자와 다른 제한하는 요소들에 의존한다. 그것이 "늑대는 사슴의 적이지만 사슴 개체군의 친구이다."라고 말해지는 이유이다.

08 정답 ④

해설

이 글은 회사가 관리자들과 종업원들을 해고할 때, 그들에게 충격과 스트레스를 해소하도록 준비를 시키라는 내용의 글이다. '조직체가 종업원들에 대한 관심 표명 → 신중한 계획과 준비를 통한 종업원의 충격 해소 → 해소 방법(주어진 문장) → 종업원들의 준비'로 내용이 연결되어야 한다.

제시문	주제(문)	
		① 예시 : 예를 들어 지난 몇 년간 일부 회사들은 규모 축소를 통하여 수천 명의 관리자들과 종업원들을 해고해 왔다.
효과적이며 정직하고 때에 알맞은 대화가 항상 중요하지만, 직원 감축이 임박할 때는 그것은 결정적이 된다.	회사들은 경쟁력을 유지하기 위해 관련된 사람들의 복지를 거의 또는 전혀 고려하지 않고 종종 도끼를 휘두른다.	② 조직체들은 자신들의 종업원들에 대한 관심을 표명해야 한다.
		③ 종업원들이 해고당함으로써 받는 충격과 스트레스를 해소하는 것을 염려하는 조직체들은 신중한 계획과 준비를 통하여 그렇게 할 수 있다.
		④ 재진술 : 이러한 의사소통으로, 무슨 일이 진행되고 있는지를 아는 종업원들은 불가피한 상황에 대비할 수 있으며, 그 도끼가 마침내 떨어질 때 더 잘 대처할 수 있다.

★ [대명사를 통한 일관성 확인] 제시문에서 '의사소통의 중요성'에 대해 진술하고 있으므로, ④ 진술에서 언급된 '이러한 의사소통'과 연결됨을 파악해야 하는 문제이다.

어휘

• timely 시의적절한
• imminent 임박한, 박두한
• critical 결정적인, 중요한
• involved 관련된
• competitive 경쟁적인
• analyst 분석가
• concerned about ~에 대해 걱정하는
• ease 편안하게 하다
• being laid off 해고당하는 것
• inevitable 피할 수 없는
• the ax fall 도끼가 떨어지다, 해고하다
• wield 휘두르다
• the ax 삭감, 해고
• dismiss 해고하다
• assert 주장하다
• corporate 법인의, 회사의
• downsize ~을 축소하다

17

해석

회사들은 경쟁력을 유지하기 위해 관련된 사람들의 복지를 거의 또는 전혀 고려하지 않고 종종 도끼를 휘두른다. 예를 들어 지난 몇 년간 일부 회사들은 규모 축소를 통하여 수천 명의 관리자들과 종업원들을 해고해 왔다. 산업 전문가들은 만약 조직체들이 스스로를 책임감 있고 윤리적인 공동의 시민이라 생각하기를 바란다면, 그들은 자신들의 종업원들에 대한 관심을 표명해야 한다고 주장한다. 종업원들이 해고당함으로써 받는 충격과 스트레스를 해소하는 것을 염려하는 조직체들은 신중한 계획과 준비를 통하여 그렇게 할 수 있다. 효과적이며 정직하고 때에 알맞은 대화가 항상 중요하지만, 직원 감축이 임박할 때는 그것은 결정적이 된다. 이러한 의사소통으로, 무슨 일이 진행되고 있는지를 아는 종업원들은 불가피한 상황에 대비할 수 있으며, 그 도끼가 마침내 떨어질 때 더 잘 대처할 수 있다.

09 정답 ①

해설

중국의 동북 공정과 그 목표 그리고 주변국들의 반응에 대한 글이다. (동북 공정 → 동북 공정의 목표 → 주변국의 반응)
따라서 제시문은 중국 동북 공정의 보충 설명이 되어야 하기 때문에, ①이 정답이다.

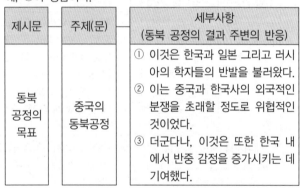

제시문	주제(문)	세부사항 (동북 공정의 결과 주변의 반응)
동북 공정의 목표	중국의 동북공정	① 이것은 한국과 일본 그리고 러시아의 학자들의 반발을 불러왔다. ② 이는 중국과 한국사의 외국적인 분쟁을 초래할 정도로 위협적인 것이었다. ③ 더군다나, 이것은 또한 한국 내에서 반중 감정을 증가시키는 데 기여했다.

★ [지칭어 대명사] '한국과 일본, 러시아 학자들의 반발'을 일으키는 것은 글의 주제인 '동북 공정'이므로 정답의 위치는 ①임을 파악해야 한다.

어휘

• interpret 해석하다
• Goguryeo 고구려
• textbook 교과서
• restore 복원하다
• launch 시작하다
• yuan 위엔화
• China's Northeast 중국의 동북 공정
• threatening 위협하는
• diplomatic dispute 외교적 분쟁

해석

중국 정부는 200억 위안(미화 24억 달러)의 프로젝트를 발주했는데, 이는 중국의 동북 공정(동북 변경 지역의 역사와 현상에 관한 체계적인 연구 과제 또는 공정)이었다. 이 프로젝트의 목표는 일부 사람들에 의해서 고구려를 중국내 지방 정부로 취급하는 것으로서, 역사 교과서를 새로 쓰고 중국의 중요한 고구려 터를 복원하는 것으로서 해석되었다. 이것은 한국과 일본 그리고 러시아의 학자들의 반발을 불러왔다. 이는 중국과 한국사의 외국적인 분쟁을 초래할 정도로 위협적인 것이었다. 더군다나, 이것은 또한 한국 내에서 반중 감정을 증가시키는 데 기여했다.

10 정답 ②

해설

이 글의 주제는 '대본과 현실의 차이'로, '대조, 대비'의 구조를 띤다. 따라서 정답은 ②이다.

제시문		그러나 실제 삶에서 우리가 가지고 있는 대본은 훨씬 더 일반적이고 모호하다.	실제 생활에서
주제(문)		무대에서 배우들은 그들이 무엇을 말하고 행동할지를 정확하게 연습할 수 있게 하는 세부적인 대본을 가지고 있다.	무대에서
상호작용을 할 때 우리는 타인에게서 배운 대본을 따름으로써 배우처럼 행동한다.	①		
	②	그 대본들은 우리가 어떻게 행동할지 혹은 다른 사람이 어떻게 행동할지 정확하게 우리에게 알려 줄 수 없다.	실제 생활에서
	③	사실 우리가 매일 새로운 경험을 하기 때문에 우리는 끊임없이 대본을 수정한다. 그러므로 우리가 제대로 예행 연습을 한 상태가 된다는 것은 훨씬 어렵다.	
	④	이것은 우리가 상당히 많이 즉흥적이어야 한다는 것으로, 바로 직전까지 생각나지 않은 많은 것들을 즉석에서 말하고 행동해야 한다는 뜻이다.	

★ [대조의 논리] '무대에서의 대본'과 '현실에서의 대본'을 대조하는 구조의 글이다.

어휘

• script 대본
• status 지위
• in accordance with ~에 따라, 일치하여
• ambiguous 모호한
• detailed 세부적인
• improvise 즉흥적으로 하다
• analogy 비유, 유사, 유추
• cross one's mind 머리에 문득 떠오르다

해석

상호 작용을 할 때, 우리는 타인에게서 배운 대본을 따름으로써 배우처럼 행동한다. 이 대본은 근본적으로 우리에게 우리의 지위와 역할에 따라서 행동하는 법을 말해준다. 그러나 인생을 무대에 비유하는 것은 한계가 있다. 무대에서 배우들은 그들이 무엇을 말하고 행동할지를 정확하게 연습할 수 있게 하는 세부적인 대본을 가지고 있다. 그러나 실제 삶에서 우리가 가지고 있는 대본은 훨씬 더 일반적이고 모호하다. 그 대본들은 우리가 어떻게 행동할지 혹은 다른 사람이 어떻게 행동할지 정확하게 우리에게 알려 줄 수 없다. 사실 우리가 매일 새로운 경험을 하기 때문에 우리는 끊임없이 대본을 수정한다. 그러므로 우리가 제대로 예행 연습을 한 상태가 된다는 것은 훨씬 어렵다. 이것은 우리가 상당히 많이 즉흥적이어야 한다는 것으로, 바로 직전까지 생각나지 않은 많은 것들을 즉석에서 말하고 행동해야 한다는 뜻이다.

1 단어

순번	단어	뜻	순번	단어	뜻
1	vulnerable	상처 입기 쉬운, 취약한	7	repeal	무효로 하다, 폐지하다, 취소하다, 철회하다
2	juvenile	청소년의, 소년[소녀]의	8	retain	보유하다, 유지하다
3	voracious	게걸스럽게 먹는	9	cross out	지우다
4	threshold	문지방, 문턱, 한계점	10	pull over	(사람·동물을) 치다
5	ameliorate	개선하다	11	see off	배웅하다
6	verify	확인하다, 입증하다	12	close down	폐쇄하다

2 문법

순번	문장	
1	There being no objection, the meeting adjourned.	○
	해설 'There being no 명사' 구조는 '~이 없어서, ~이 없으므로' 등의 의미로 쓰는 분사구문이다.	
2	The leaflet explains how to apply for a place.	○
	해설 '의문사 + to부정사' 구조는 의문사구로서 문장의 주어, 목적어, 보어 자리에 쓰이는 명사 역할을 한다. 따라서 타동사 explain 뒤의 목적어 자리에 올바르게 쓰였다.	
3	The sun having been risen, I took a walk.	×
	해설 분사의 의미상 주어인 'The sun'은 오르는 행위를 하는 능동의 의미이므로 현재분사 'having risen'으로 표현해야 문법적으로 옳다.	
4	She was to be here at 8.30 but she didn't arrive.	○
	해설 'be to부정사' 구조는 '~해야 함'을 나타낼 수 있고 이를 'be to부정사 용법'이라고 할 수 있으므로 올바르게 쓰였다.	
5	Having lived in America, he is proficient in English.	○
	해설 'having p.p.' 완료형 분사구문을 올바르게 썼다.	
6	He is the last man to do such a thing.	○
	해설 'be the last man to부정사'는 '~할 사람이 아니다'라는 의미로 올바르게 쓰였다.	
7	He was astonished to learn he'd won the competition.	○
	해설 감정분사인 astonished가 사람인 he를 꾸며주며 올바르게 쓰였다.	
8	The task is too laborious for her to finish it.	×
	해설 'too 형용사/부사 to부정사' 구문에서는 to부정사의 목적어와 그 절의 주어가 같은 경우에는 to부정사의 목적어를 생략해야 한다. 따라서 대명사 it을 생략해야 문법적으로 옳다.	

ANSWER

01 ③	02 ④	03 ②	04 ②	05 ③
06 ②	07 ②	08 ④	09 ③	10 ③

01 정답 ③

해설

★ **obscure** 모호한, 불명확한, 무명의
= ambiguous, equivocal, vague, indistinct, nebulous, unknown

어휘

• **pompous** 젠체하는, 거만한
= haughty, pretentious, patronizing, condescending, supercilious, stuck-up

• **innocent** 순진한, 천진난만한, 무죄의

• **dejected** 낙담한, 기가 죽은 = despondent, depressed, dismal

해석

그는 1650년경에 태어났지만 그의 기원은 여전히 불명확하다.

02 정답 ④

해설

★ **indisposed** 마음이 내키지 않는, 기분[몸]이 안 좋은
= disinclined, unwilling, reluctant

어휘

• **tattered** 낡은, 누더기가 된 = ragged

• **automatic** 자동의, 반사적인, 무의식적인

• **passive** 수동적인, 소극적인 = inactive

해석

저녁 식사를 마친 후 그녀는 소년에게 다른 방문객들에게 그녀가 몸이 안좋다고 말하라고 지시하고 방으로 갔다.

03 정답 ②

해설

★ **work up** ~을 불러일으키다, 북돋우다 = whet

어휘

• **make fun of** 놀리다 = ridicule

• **close off** ~을 차단[고립]시키다

• **let on** (비밀을) 말하다 = reveal, disclose, unveil, divulge

해석

그녀는 식욕을 돋우려고 긴 산책을 했다.

04 정답 ②

해설

② 'many a 단수 명사 단수 동사' 구조로 써야 하므로 복수 동사 'are'를 단수 동사 'is'로 수정해야 문법적으로 옳다.

① 사역동사 let의 목적격 보어 자리에 목적어와 목적격 보어 관계가 능동의 의미로는 '원형 부정사'를 쓰고, 수동의 의미로는 'be p.p.'를 쓴다. 따라서, 목적어 him 다음의 원형 부정사 go는 문법적으로 옳다.

③ '~하지 않을 수 없다'는 'can't help -ing' 구조로 표현할 수 있으므로 문법적으로 옳다.

④ 명사절을 이끄는 what 다음에 전치사 like 뒤에 목적어 없는 불완전한 절이 문법적으로 올바르게 쓰였다.

해석

① 당신은 가게 해 달라 부탁받으면 그를 허락하는 것이 좋다.

② 많은 여학생이 자신의 직업을 더 가질 가능성이 있다.

③ 그가 아직 살아 있다고 생각할 수밖에 없다.

④ 그녀는 배고픈 것이 어떤 것인지 모른다.

05 정답 ③

해설

③ 타동사 'run over' 뒤에 목적어가 없어 수동형으로 써야 하므로 'running over'를 'being run over'로 고쳐야 문법적으로 옳다.

① 'disappoint(실망시키다)'는 감정 타동사로 사물을 서술하거나 수식할 때, 능동태로 표현해야 한다. 따라서 disappointing은 문법적으로 옳다.

② 앞 명사 'the dangers'를 수식하는 과거분사 involved가 올바르게 쓰였다.

④ 'when 주어 과거동사'면 주절에 과거 관련 시제로 쓴다.

06 정답 ②

해설

(1) 학기초라 매우 바쁘다는 것은 현재 상황에서 해결이 불가능한 문제이기 때문에, 감정적인 응대가 정답이 된다.

(2) 'I am afraid so'에서 so는 앞에 나온 문장을 대신하는 대명사이다. 따라서, 선택지에서 가장 알맞은 문장은 "우리는 처지가 비슷하다"이다.

★ **We are in the same boat** 우리는 같은 처지구나

해석

팀: 이번 주 바빠?

마크: 응, 학기 초잖아.

팀: 언제 끝나?

마크: 밤늦게.

팀: 비슷한 처지구나.

마크: 응, 그런 것 같아.

① 나는 너를 끝까지 지지한다

③ 그때가 좋았어

④ 사실을 사실대로 보자

07 정답 ②

해설

주어진 문장은 사회가 적절하게 장애인들에게 응하면 장애인들이 많은 문제와 한계를 겪지 않을 수 있다는 내용이다. ② 뒤에서부터는 근무 환경을 개선하여 장애인이 장애를 겪지 않는 사례를 제시하고 있다. 따라서 제시문은 '일반적 진술'이므로 '구체적 진술'인 ② 앞에 들어가야 한다.

제시문	주제(문)		
사회가 장애를 가지고 있는 사람들에게 더 적절하게 응한다면 그들은 결코 그 정도로 많은 문제와 한계를 겪지 않을 것이다.	▷ 통념 : 많은 사람들이 신체적 장애가 있는 사람들을 제대로 이해하는 것이 어렵다고 생각	① 재진술	이런 이해의 부족은 장애가 있는 사람에게 추가적인 문제를 일으킬 수 있다.
		② 예시	휠체어를 사용하게 된 사무원들을 생각해 보라.
		③ 예시	단지 한 층만 있거나, 층 간에 연결용 경사로 혹은 승강기가 있다면 그들은 직장에서 아무 도움도 필요하지 않을 수도 있다.
		④ 재진술	다시 말해서 (적합하게) 개선된 근무 환경에서는, 그들은 장애가 없는 것이다.

★ [포괄적 진술과 세부적 진술의 구분] 제시문은 '포괄적, 일반적 진술'이므로, 제시문을 '예시'가 시작하기 전에 위치시키는 것을 요구하는 문제이다.

어휘

- impairment 장애
- not nearly 결코 ~이 아니다
- limitation 한계, 제약
- relate to ~을 제대로 이해하다, ~에 공감하다
- disability 장애
- level (건물의) 층
- adapted (용도에 맞게) 개조된, 각색된

해석

많은 사람들이 신체적 장애가 있는 사람들을 제대로 이해하는 것이 어렵다고 생각하는데, 그것은 흔히 그들이 장애가 있는 어떤 사람과도 아무런 개인적인 상호 작용이 없었기 때문이다. 예를 들어 그들은 이동 장애가 있어서 휠체어를 사용하는 사람에게 무엇을 기대할지 확신이 서지 않을 수 있는데, 그것은 그들이 휠체어 사용자와 결코 시간을 보낸 적이 없기 때문이다. 이런 이해의 부족은 장애가 있는 사람에게 추가적인 문제를 일으킬 수 있다. <u>사회가 장애를 가지고 있는 사람들에게 더 적절하게 응한다면 그들은 결코 그 정도로 많은 문제와 한계를 겪지 않을 것이다.</u> 휠체어를 사용하게 된 사무원들을 생각해 보라. 단지 한 층만 있거나, 층 간에 연결용 경사로 혹은 승강기가 있다면 그들은 직장에서 아무 도움도 필요하지 않을 수도 있다. 다시 말해서 (적합하게) 개선된 근무 환경에서는, 그들은 장애가 없는 것이다.

08 정답 ④

해설

제시문에서의 내용과 대조를 이루는 것은 ③ 이하 문장이다. 따라서 주어진 문장은 ④에 들어가는 것이 적절하다.
[③ : 처음에는 근접성이 우정을 결정했다]
→ [제시문 : 그러나 시간이 지남에 따라 …]

주제문	제시문		
우정에 대한 연구	그러나 시간이 지나면서, 학생들은 비슷한 태도를 가진 다른 학생들을 그들의 친구라고 말하기 시작했다.	①	도착하자마자, Newcomb은 정치와 같은 주제에 관한 그들의 태도를 알아본 다음 다른 학생과 방을 함께 쓰게끔 학생들을 각각 무작위로 배정했다.
		②	몇 주마다 Newcomb은 학생들에게 그들의 친구가 누구인가를 말하라고 요청했다.
		③	처음에는 근접성이 우정을 결정했는데, 즉 방을 함께 쓰는 학생들이 서로의 이름을 댔다.
		④	Newcomb은 전학생들의 비슷한 태도가 우정의 형성을 예견한다는 것을 발견했다.

★ [실험 연구 → 결과] 우정에 대한 실험 연구의 결과를 보여주는 글이다.

어휘

- attitude 태도
- formation 형성
- in exchange for ~와 교환으로, ~대신
- take up (시간, 공간을) 차지하다, 들어 올리다
- residence 주거, 주택
- measure 측정
- randomly 닥치는 대로
- assign 할당하다
- proximity 근접, 가까움

해석

우정 형성에 관한 대표적인 연구에서, Theodore M. Newcomb은 그의 연구에 참여하는 대가로 전학 오는 남학생들에게 무료 숙소를 제공했다. 학생들이 다른 학교에서 온 전학생이었기 때문에, Newcomb의 기숙사에 입주하기 전에는 어느 누구도 서로를 알지 못했다. 도착하자마자, Newcomb은 정치와 같은 주제에 관한 그들의 태도를 알아본 다음 다른 학생과 방을 함께 쓰게끔 학생들을 각각 무작위로 배정했다. 몇 주마다 Newcomb은 학생들에게 그들의 친구가 누구인가를 말하라고 요청했다. 처음에는 근접성이 우정을 결정했는데, 즉 방을 함께 쓰는 학생들이 서로의 이름을 댔다. <u>그러나 시간이 지나면서, 학생들은 비슷한 태도를 가진 다른 학생들을 그들의 친구라고 말하기 시작했다.</u> Newcomb은 전학생들의 비슷한 태도가 우정의 형성을 예견한다는 것을 발견했다.

18

ᆫ진가영을 만나야 완성된다!

09　정답 ③

해설

주어진 문장에 However와 unhealthy family systems가 있으므로, 그 앞 문장에서 대조적으로 '건강한 가족 체계'와 관련된 언급을 했을 것이라 짐작할 수 있고, 주어진 문장의 at this stage는 첫 문장의 a new stage를 가리키고 있음을 알 수 있다. 따라서 주어진 문장이 들어가기에 가장 적절한 곳은 ③이다.

제시문	하지만 건강하지 못한 가족 체계	
주제	① 이 단계는 자주 다양한 재정적, 사회적, 그리고 감정적 스트레스 요인을 다루는 것을 수반한다.	건강한 가족 체계
가족 체계의 발달	② 건강한 가족 체계에서는 자녀가 완전히 성인 생활 방식으로 해방되려는 노력을 지지	
	③ 어떤 체계에서 그 자녀는 여러 이유로 저항	건강하지 못한 가족 체계
	④ 다른 체계에서 부모는 의존이 계속되기를 바람	

★ [대조의 논리] 가족 체계에서의 '건강한 가족'과 '건강하지 못한 가족'을 대조시킨 글이다.

어휘
• family system 가족 체계
• early adulthood 성인 초기
• developmental task 발달 과업
• center on ~에 초점을 맞추다
• adult child 성인 자녀
• individuate 개체[개별]화하다, 개성화하다, 특징짓다
• maintain 유지하다, 주장하다, 보존하다
• stressor 스트레스의 요인
• resistant 저항[반대]하는, 저항력 있는
• dependency 의존, 종속
• adjust 조정[조절]하다, 적응하다
• initiate 시작하다, 착수시키다
• equalitarian 평등주의의, 평등주의를 주창하는
• emancipate 해방시키다

해석

가족 체계는 맏이가 성인 초기에 접어들 때 새로운 단계에 진입한다. 가족 체계의 발달 과업은 성인 자녀가 충분히 개별화하면서 이 과정이 일어나는 동안에 본거지를 유지하도록 돕는 것에 중점을 둔다. 이 단계는 자주 다양한 재정적, 사회적, 그리고 감정적 스트레스 요인을 다루는 것을 수반한다. 건강한 가족 체계의 부모는 성인 자녀들과 더 평등주의에 입각한 상호 작용 방식으로 변화하는데, 이는 성인 자녀가 완전히 성인 생활 방식으로 해방되려는 노력을 지지한다. 하지만 건강하지 못한 가족 체계는 이 단계에서 어려움을 겪을 수도 있다. 어떤 체계에서 부모는 자녀가 개별화하기를 원하지만, 그 자녀는 여러 이유로 저항한다. 다른 체계에서 자녀는 완전히 개별화하기를 바라지만 부모는 의존이 계속되기를 바란다. 두 상황에서 관계의 본질을 조정하고 싶어 하는 각각의 가족 구성원들은 자신들이 건강한 발전의 길로 나아가도록 돕는 변화를 시작할 수도 있다.

10　정답 ③

해설

탄수화물의 중요성에 대한 글이다. ③ 다음에는 부적절한 탄수화물의 섭취에 대한 이야기를 하고 있으므로, 탄수화물 섭취에 대한 긍정적인 내용과는 연결될 수가 없다. 따라서 주어진 문장은 ③에 들어가야 한다.

주제	제시문		
탄수화물	그러므로, 탄수화물이 충분히 많은 음식을 섭취하는 것이 현명해 보인다.	①	1시간 이상의 운동의 경우, 탄수화물을 섭취하는 것이 운동 수행 능력을 높이고 피로를 느낄 때까지의 시간을 연장시킴.
		②	게다가 탄수화물이 높은 식사는 회복을 향상시키고 글리코겐 수치를 재충전하는 데 도움을 줌.
		③	불행히도 많은 사람들이 부적당한 양의 탄수화물을 섭취
		④	탄수화물 수치는 전체 에너지 섭취량, 신체 크기, 건강 상태, 운동 시간, 빈도, 종류에 달려 있음.

어휘
• sensible 현명한
• carbohydrate 탄수화물
• stored 저장된
• endurance 지구력, 인내, 내구성
• fatigue 피로
• intake 섭취
• lasting 지속되는
• prolong 연장시키다
• inadequate 부적당한
• duration 지속 기간

해석

탄수화물이 운동 수행 능력에 중요하다는 것은 상식이다. 지구력 운동을 하기 전에 저장된 높은 수치의 글리코겐은 운동하는 동안의 피로를 예방하는 데 도움을 줄 수 있다. 운동하는 동안, 특히 1시간 이상 지속되는 운동의 경우, 탄수화물을 섭취하는 것은 운동 수행 능력을 높이고 피로를 느낄 때까지의 시간을 연장시킨다. 게다가, 운동 후에 탄수화물이 높은 식사는 회복을 향상시키면서 근육의 글리코겐 수치를 재충전하는 데 도움을 준다. 그러므로, 많은 운동선수들과 활동적인 사람들이 운동을 하는 동안에 사용된 근육의 글리코겐을 다시 채우기 위해 탄수화물이 충분히 많은 음식을 섭취하는 것이 현명해 보인다. 불행히도, 그들 중 많은 사람들은 종종 부적당한 양의 탄수화물을 섭취한다. 적절한 음식을 통한 탄수화물 수치는 전체 에너지 섭취량, 신체 크기, 건강 상태, 개인이 참여하는 운동의 지속 시간과 강도, 빈도, 종류에 달려 있다.

178　진가영 영어 적중 하프 모의고사

1 단어

순번	단어	뜻	순번	단어	뜻
1	obscure	모호한, 불명확한, 무명의	7	automatic	자동의, 반사적인, 무의식적인
2	pompous	젠체하는, 거만한	8	passive	수동적인, 소극적인
3	innocent	순진한, 천진난만한, 무죄의	9	work up	~을 불러일으키다, 북돋우다
4	dejected	낙담한, 기가 죽은	10	make fun of	놀리다
5	indisposed	마음이 내키지 않는, 기분[몸]이 안 좋은	11	close off	~을 차단[고립]시키다
6	tattered	낡은, 누더기가 된	12	let on	(비밀을) 말하다

2 문법

순번	문장	
1	You had better let him go when you are asked to.	○
	해설 사역동사 let의 목적격 보어 자리에 목적어와 목적격 보어 관계가 능동의 의미로는 '원형 부정사'를, 수동의 의미로는 'be p.p.'를 쓴다. 따라서, 목적어 him 다음의 원형 부정사 go는 문법적으로 옳다.	
2	Many a girl are more likely to have her own job.	×
	해설 'many a 단수 명사 단수 동사' 구조로 써야 하므로 복수 동사 are를 단수 동사 'is'로 수정해야 문법적으로 옳다.	
3	I cannot help thinking that he is still alive.	○
	해설 '~하지 않을 수 없다'는 'can't help -ing' 구조로 표현할 수 있으므로 문법적으로 옳다.	
4	She doesn't know what it is like to go hungry.	○
	해설 명사절을 이끄는 what 다음에 전치사 like 뒤에 목적어 없는 불완전한 절이 문법적으로 올바르게 쓰였다.	
5	그의 이야기는 너무 실망스러워서 나는 방을 나갔다. ➡ His story was so disappointing that I went out of the room.	○
	해설 disappoint(실망시키다)는 감정 타동사로 사물을 서술하거나 수식할 때, 능동태로 표현해야 한다. 따라서 disappointing은 문법적으로 옳다.	
6	그는 그들이 착수하려는 일의 위험성을 경고했다. ➡ He warned them of the dangers involved in their undertaking.	○
	해설 앞 명사 'the dangers'를 수식하는 과거분사 involved가 올바르게 쓰였다.	
7	어제 한 할머니가 거의 버스에 치일 뻔 했다. ➡ An old woman came near to running over by a bus yesterday.	×
	해설 타동사 'run over' 뒤에 목적어가 없어 수동형으로 써야 하므로 running over를 being run over로 고쳐야 문법적으로 옳다.	
8	저는 열여덟 살 때 부모님으로부터 독립을 선언했습니다. ➡ I declared my independence of my parents when I was eighteen.	○
	해설 'when 주어 과거동사'면 주절에 과거 관련 시제로 쓴다.	

ANSWER

01 ②	02 ①	03 ④	04 ④	05 ②
06 ②	07 ②	08 ③	09 ②	10 ④

01 정답 ②

해설

★ **legitimate** 합법적인, 정당한, 합법[정당]화하다 = legal, lawful

어휘

• **precarious** 불안정한, 위험한 = unsafe
• **suspensive** 미결정의, 중지하는
• **precedented** 선례가 있는

해석

프랑스 정부는 아이티 쿠데타를 규탄하고 합법적인 정부의 복원을 요구해왔다.

02 정답 ①

해설

★ **abduct** 납치하다, 유괴하다 = kindnap

어휘

• **distort** 비틀다, 왜곡하다 = twist, warp
• **exaggerate** 과장하다 = magnify, overstate
• **interrogate** 질문하다, 심문하다 = question

해석

그 남자는 아이를 유괴하려다 체포되었다.

03 정답 ④

해설

★ **make up with** ~와 화해하다

어휘

• **make against** 불리하게 작용하다
• **make over** 양도하다, 고치다
• **make away with** ~을 면하다, 벗어나다

해석

나는 내 아내와 화해하려고 노력했으나 그녀는 저녁 내내 나와 대화하기를 거부했다.

04 정답 ④

해설

④ only 부사 구조가 문두에 나올 때 조동사 주어로 도치되어야 하므로 'did the 'Kong Mountains' disappear'로 써야 올바르다.

① 'on the platform'이라는 장소 부사가 나오고 'be동사+주어'가 도치되어 있으므로 be동사와 주어의 수 일치를 확인해야 한다. a woman이 단수 주어이므로 단수 동사 was가 제대로 나왔다.

② 시간 부사절 접속사 before 뒤에는 미래의 내용을 현재시제로 대신하므로 현재 동사 depart는 올바르게 쓰였다.

③ 조건 부사절 접속사 'on condition that' 뒤에는 미래의 내용을 현재시제로 대신하므로 현재 동사 is는 올바르게 쓰였다.

해석

① 플랫폼에는 검은 드레스를 입은 여자가 있었다

② 한참 후에야 다음 기차가 출발할 것이다.

③ 그녀가 돈을 받는다면 그녀는 그것을 할 것이다.

④ 그때서야 'Kong Mountains'는 지도상에서 사라졌다.

05 정답 ②

해설

② 'should have p.p.'는 과거에 대한 후회나 유감을 나타내는 표현이고, 'must have p.p.'는 과거에 '~했음에 틀림없다'라는 의미이다. 따라서 문맥상 보고서를 제출했어야 했는데, 제출하는 것을 잊었다는 뜻이므로 'must have handed'를 'should have handed'로 바꿔야 한다.

① 'It be not until ~ that 주어 동사' 구조는 '~하고 나서야 ~ 하다'라는 의미의 표현으로 올바르게 쓰였다.

③ 부정부사 Scarcely 뒤에 '조동사 주어' 구조의 도치 구문이 올바르게 쓰였다.

④ 'have no choice(option, alternative) but to부정사'는 '~할 수 밖에 없다'라는 뜻으로 올바르게 쓰였다.

해석

① 나는 한국에 와서 비로소 한글을 배웠다.

② 나는 과제를 제출했어야 했는데, (제출하는 것을) 잊었다.

③ 그는 자기의 일에서의 어려움을 거의 얘기하지 않았다.

④ 나는 네가 계속해서 게으름을 피우면 너를 해고할 수밖에 없다.

06 정답 ②

해설

★ **rings a bell** 들어본 적이 있는 것 같다

어휘

• **gets along well** 사이좋게 지내다
• **calls me** 나에게 전화하다
• **gets me creepy** 나를 오싹하게 만들다

해석

A : 내가 백화점에서 누구를 만났는지 맞춰봐.

B : 모르겠는데.

A : 우리 초등학교 때 에드워드 씨 기억해?

B : 그 이름을 들어본 적이 있는 것 같은데, 기억이 안 나.

A : 우리 6학년 때 담임선생님이잖아.

B : 아, 맞다. 이제 기억난다. 키가 크시고 안경을 쓰셨었지.

07 정답 ②

해설

그 동일한 것은 '안전벨트를 착용하도록 강제하는 것'을 의미하므로 ① 다음인 ②가 정답이다. 안전벨트 착용의 강제성과 투표의 강제성을 비교하는 글의 구조이다.

제시문	주제(문)		
이와 마찬가지로 우리는 투표의 경우에도 동일한 것을 하는 것 (강제 규정)을 두려워해서는 안 된다.	우리 민주주의가 참여의 결여로 위기에 빠졌다.	① 이러한 위기의 해결이 자유를 제한하지만, 사회 전체의 이익을 위한 것이다.	안전벨트
		② 우리는 이러한 종류의 조치가 분명히 필요하다.	투표
		③ 우리의 정치가들이 우리를 대표하지 못 한다.	
		④ 가난하고 소외된 사람들은 덜 투표할 것이다.	

★ [세부 사항의 비교] 세부 사항에서의 비교가 되는 대상을 파악하는 것을 요구하는 문제이다.

어휘

• liberal democracy 자유 민주주의
• endanger 위험에 처하게 하다
• restrict 제한하다
• liberty 자유
• as a whole 전체로서, 총괄하여
• definitely 명백히, 틀림없이
• representative of ~을 대표하는
• disadvantaged 불우한, 불리한 처지에 있는
• mainstream 주류의

해석

자유 민주주의는 개인의 직접적인 참여에 달려 있는데, 이러한 관점에서 볼 때, 우리의 민주주의는 참여 부족으로 위험에 처해 있다. 이러한 위기에 대한 해법이 적게나마 개인의 자유를 일부 제한할 수 있는데, 이것은 사회 전체의 이익을 위한 것이다. 우리는 사람들에게 자동차를 타고 갈 때 안전벨트를 맬 것을 강요한다. 이와 마찬가지로 우리는 투표의 경우에도 동일한 것을 하는 것(강제 규정)을 두려워해서는 안 된다. 낮은 참여율이 이중적으로 위험하다는 점에서, 우리는 이와 같은 류의 조치를 명백히 필요로 한다. 낮은 참여율은 정치적인 이슈나 결정에 일반적으로 관심이 없다는 것뿐만 아니라 우리가 뽑은 정치인이 주민 전체를 대표하지 못한다는 것을 의미한다. 가난하고 불우한 사람들이 다른 집단보다도 투표할 가능성이 훨씬 낮기 때문에 이들은 주류 정치가들에 의해 쉽게 무시당할 수 있다.

08 정답 ③

해설

제시문은 '캠페인'의 내용이고, ③ 다음의 문장에 그 결과가 나오고 있다. 따라서 정답은 ③이다.

주제문	제시문		
무단 투기를 줄이기 위한 텍사스의 창의적이고 놀랄 정도로 성공적인 노력	반응을 보이지 않는 사람들을 겨냥해서, 주 정부는 인기 있는 Dallas Cowboys 풋볼 선수들에게 TV 광고에 참여해 달라고 부탁하였고, 그 광고 속에서 그들은 쓰레기를 수거하고, 맥주 캔을 맨손으로 으깨면서 '텍사스를 더럽히지 매'라고 거칠게 말했다.	① 쓰레기를 버리는 사람들 중 많은 이들이 18세에서 24세 사이의 남자들이었고, 그들은 관료적인 엘리트들이 자신들의 행동을 바꾸기를 원한다는 사실에 깊은 감화를 받지 않았다.	
		② 공무원들은 독특한 텍사스의 자부심에 호소하는 거칠게 말하는 슬로건이 필요하다고 결정했다.	
		③ 그 캠페인은 성공적이었고 1986년부터 1990년 사이에 텍사스 고속도로에서 쓰레기를 72퍼센트 줄이는 공을 세웠다.	
		④ 쓰레기를 줄이는 즉각적인 성공 이상으로, 그 슬로건은 텍사스의 하나의 문화 현상이 되었다.	

★ [문제점 → 해결책 → 결과] 문제점에 대한 해결책과 그 결과로 이어지는 글의 구조이다.

어휘

• target 겨냥하다
• unresponsive 반응이 없는
• smash 으깨다, 내리치다
• growl (화가 나서) 으르렁거리다
• mess 더럽히다
• stunningly 놀랄 정도로
• litter 쓰레기를 마구 버리다; 쓰레기
• official 공무원, 관리
• frustrate 좌절시키다
• well-funded 자금을 많이 들인
• impress 영향을 주다, 감화시키다
• bureaucratic 관료주의적인
• tough-talking 거칠게 말하는
• resort to ~에 호소하다, 의지하다
• be credited with ~라는 공적이 돌아가다

해석

고속도로에 쓰레기 무단 투기를 줄이기 위한 텍사스의 창의적이고 놀랄 정도로 성공적인 노력을 생각해 보자. 텍사스의 공무원들은, 쓰레기 무단 투기를 멈추는 것이 시민의 의무라고 사람들을 납득시키려고 시도했던, 많은 자금을 들인 광고 캠페인이 실패한 것에 크게 좌절했다. 쓰레기를 버리는 사람들 중 많은 이들이 18세에서 24세 사이의 남자들이었고, 그들은 관료적인 엘리트들이 자신들의 행동을 바꾸기를 원한다는 사실에 깊은 감화를 받지 않았다. 공무원들은 독특한 텍사스의 자부심에 호소하는 거칠게 말하는 슬로

19

건이 필요하다고 결정했다. 반응을 보이지 않는 사람들을 겨냥해서, 주 정부는 인기 있는 Dallas Cowboys 풋볼 선수들에게 TV 광고에 참여해 달라고 부탁하였고, 그 광고 속에서 그들은 쓰레기를 수거하고, 맥주 캔을 맨손으로 으깨면서 '텍사스를 더럽히지 마!'라고 거칠게 말했다. 그 캠페인은 성공적이었고 1986년부터 1990년 사이에 텍사스 고속도로에서 쓰레기를 72퍼센트 줄이는 공을 세웠다. 쓰레기를 줄이는 즉각적인 성공 이상으로, 그 슬로건은 텍사스의 하나의 문화 현상이 되었다.

09 정답 ②

해설

주어진 문장의 'Even so(그렇다 하더라도)'는 '대부분의 연구자들은 비언어적 신호가 빈정거림 또는 그것을 촉발하는 감정을 인지하는 데 필수적인 것인지에 대해 의견이 다르다'고 기술된 지문의 두 번째 문장의 내용에 이어진다. 따라서 주어진 문장이 들어가기에 가장 적절한 곳은 ②이다. 주어진 문장을 ②에 넣으면 '또한 비언어적 신호가 화자의 의도를 더 잘 보여 준다'는 바로 뒤에 나오는 문장과도 흐름이 매우 자연스럽게 이어진다.

주제(문)		대부분의 연구자들은 비언어적 신호가 빈정거림 또는 그것을 촉발하는 감정을 인지하는 데 필수적인 것인지에 대해 의견이 다르다.
빈정거림의 다양한 비언어적 특성	①	
제시문	②	또한 비언어적 신호가 화자의 의도를 더 잘 보여준다.
그렇다 하더라도 연구는 특히 언어적 신호와 비언어적 신호가 상충할 때에는 비언어적 신호가 언어적 신호보다 더 신빙성이 있다는 연구 결과를 확증해 준다.	③	빈정거림의 본질이 ….
	④	외견적으로, 빈정대는 말을 하는 사람은 받아들이는 사람이 그 빈정대는 의도를 알아차리기를 바라지만, …

★ [실험 연구 → 연구 결과] '비언어적 신호'와 '빈정거림'에 대한 연구 결과가 제시문임을 파악해야 하는 글이다.

어휘

- **even so** 그렇다고 하더라도; 그러나
- **sarcasm** 비꼼
- **ostensibly** 표면상으로
- **confirm** 확증하다, 확인해 주다
- **nonverbal** 비언어적인, 말을 쓰지 않는
- **credible** 신빙성이 있는, 믿을 수 있는
- **conflict** 상충하다, 충돌하다
- **perception** 인지, 지각
- **prompt** 촉발하다, 자극하다
- **indicator** 보여 주는 것, 지표
- **intent** 의도
- **imply** 암시하다
- **contradiction** 모순
- **deception** 속임, 사기

해석

연구자들은 빈정거림의 다양한 비언어적 특성들을 보고했다. 대부분의 연구자들은 비언어적 신호가 빈정거림 또는 그것을 촉발하는

감정을 인지하는 데 필수적인 것인지에 대해 의견이 다르다. 그렇다 하더라도 연구는 특히 언어적 신호와 비언어적 신호가 상충할 때에는 비언어적 신호가 언어적 신호보다 더 신빙성이 있다는 연구 결과를 확증해 준다. 또한 비언어적 신호가 화자의 의도를 더 잘 보여준다. 빈정거림의 본질이 의도와 메시지 사이의 모순을 암시하므로, 속임수를 쓸 때 그러는 것처럼 비언어적 신호가 '새어 나와' 말하는 사람의 진정한 기분 상태를 드러낼지도 모른다. 외견적으로 빈정대는 말을 하는 사람은 받아들이는 사람이 그 빈정대는 의도를 알아차리기를 바라지만, 반면에 속임수를 쓸 때는 일반적으로 화자가 듣는 사람이 그 속이려는 의도를 알아차리지 못했으면 하고 바란다는 점에서 표면상으로 빈정거림은 속임과 반대되는 것이다. 따라서 의사 전달자들은 어떤 화자가 빈정대는 것인지 판단하려고 할 때, 언어적 메시지와 비언어적 메시지를 비교하여 두 개가 서로 반대이면 그 화자가 빈정대고 있다는 결론을 내릴 수 있다.

10 정답 ④

해설

인간보다 컴퓨터의 능력이 뛰어난 사례를 들고 있다가 ④ 이후에 컴퓨터가 할 수 없는 일에 대한 언급이 이어지고 있다. 제시된 문장에서 부정/대조의 접속사 but이 왔으므로 ④에 들어가야 함을 유추할 수 있다.

제시문	주제(제시문)	선택지		
그러나 가장 강력한 컴퓨터조차도 트럭을 운전할 수 없다.	당신의 시각체계의 힘	①	기계가 사람을 이긴다.	기계의 장점
		②	계산기	
		③	체스 소프트웨어	
	인간의 장점 = 기계의 단점	④	왜냐하면 컴퓨터는 볼 수 없기 때문이다.	기계의 단점

★ [기계의 장점과 단점] 기계의 장점과 단점을 대조시킨 글이다.

어휘

- **accurately** 정확히
- **appreciate** 감사히 여기다, 평가하다, 감상하다
- **when it comes to** ~에 관해서라면
- **rocky** 암석이 많은
- **shore** 해변
- **footing** 발디딤, 발판

해석

인간의 능력을 컴퓨터의 능력과 비교해 봄으로써 시각 체계의 능력을 이해할 수 있다. 수학, 과학 그리고 그 외에 다른 전통적인 '사고를 필요로 하는' 일에서, 기계는 사람을 이기며, 전혀 상대가 안 된다. 5달러만 있으면 단순한 계산을 그 어떤 인간보다도 더 빠르고 정확하게 수행할 수 있는 계산기를 살 수 있다. 50달러만 있으면 전 세계 인구 중 99퍼센트가 넘는 사람들을 이길 수 있는 체스 소프트웨어를 살 수 있다. 하지만 지구상에서 가장 강력한 컴퓨터도 트럭을 운전하지는 못 한다. 그것은 컴퓨터가, 특히 운전을 할 때마다 직면하는 환경처럼 복잡하고 계속 변하는 환경에서는 볼 수 없기 때문이다. 예를 들어, 발 디딜 곳이 불확실한 바위로 이루어진 해안 위로 걷는 것 같은 당연하게 생각되는 일이 최고 수준의 체스를 하는 것보다 훨씬 더 어렵다.

1 단어

순번	단어	뜻	순번	단어	뜻
1	legitimate	합법적인, 정당한, 합법[정당]화하다	7	exaggerate	과장하다
2	precarious	불안정한, 위험한	8	interrogate	질문하다, 심문하다
3	suspensive	미결정의, 중지하는	9	make up with	~와 화해하다
4	precedented	선례가 있는	10	make against	불리하게 작용하다
5	abduct	납치하다, 유괴하다	11	make over	양도하다, 고치다
6	distort	비틀다, 왜곡하다	12	make away with	~을 면하다, 벗어나다

2 문법

순번	문장	
1	On the platform was a woman in a black dress.	○
	해설 'on the platform'이라는 장소 부사가 나오고 'be동사＋주어'가 도치되어 있으므로 be동사와 주어의 수 일치를 확인해야 한다. a woman이 단수 주어이므로 단수 동사 was가 제대로 나왔다.	
2	It will be long before the next train departs.	○
	해설 시간 부사절 접속사 before 뒤에는 미래의 내용을 현재시제로 대신하므로 현재 동사 depart는 올바르게 쓰였다.	
3	She will do it on condition that she is paid.	○
	해설 조건 부사절 접속사 'on condition that' 뒤에는 미래의 내용을 현재시제로 대신하므로 현재 동사 is는 올바르게 쓰였다.	
4	Only then the 'Kong Mountains' disappeared from maps.	×
	해설 only 부사 구조가 문두에 나올 때 조동사 주어로 도치되어야 하므로 'did the 'Kong Mountains' disappear'로 써야 올바르다.	
5	It was not until I came to Korea that I learned Han-geul.	○
	해설 'It be not until ~ that 주어 동사' 구조는 '~하고 나서야 ~ 하다'라는 의미의 표현으로 올바르게 쓰였다.	
6	I must have handed in the paper, but I forgot to.	×
	해설 'should have p.p.'는 과거에 대한 후회나 유감을 나타내는 표현이고, 'must have p.p.'는 과거에 '~했음에 틀림없다'라는 의미이다. 따라서 문맥상 보고서를 제출했어야 했는데, 제출하는 것을 잊었다는 뜻이므로 'must have handed'를 'should have handed'로 바꿔야 한다.	
7	Scarcely did he speak about the difficulties in his work.	○
	해설 부정부사 Scarcely 뒤에 '조동사 주어' 구조의 도치 구문이 올바르게 쓰였다.	
8	I have no option but to fire you if you keep on being lazy.	○
	해설 'have no choice(option, alternative) but to부정사'는 '~할 수 밖에 없다'라는 뜻으로 올바르게 쓰였다.	

20회 정답 및 해설

| 01 ③ | 02 ③ | 03 ② | 04 ① | 05 ③ |
| 06 ② | 07 ② | 08 ③ | 09 ② | 10 ② |

01 정답 ③

해설

★ **analogous** 유사한 = similar

어휘

• **cover** 덮다, 가리다, 숨기다, 감추다, 보도하다
• **precise** 정확한, 정밀한 = accurate, exact
• **altruistic** 이타적인 = unselfish

해석

잠은 종종 어떤 면에서 죽음과 유사하다고 여겨져 왔다.

02 정답 ③

해설

★ **reveal** 드러내다, 폭로하다
= divulge, disclose, unveil, let on

어휘

• **exhort** 권하다, 권고[훈계]하다 = admonish, advise
• **compassionate** 동정하는, 인정 많은 = sympathetic
• **threaten** 위협하다
= intimidate, browbeat, blackmail, menace, daunt

해석

그의 글은 매력 없을 정도로 지나친 스타일의 중시를 드러낸다.

03 정답 ②

해설

★ **pore over** ~을 자세히 보다, ~을 살펴보다
= examine, inspect, investigate, scrutinize, go over,
look into, delve into, probe into

어휘

• **dispense with** ~없이 지내다 = do without, go without
• **cater to** ~에 맞추어 주다, ~을 충족시키다
• **resort to** ~에 의지하다, 기대다
= depend on, rely on, count on, hinge on, lean on, rest on,
fall back on, turn to, look to

해석

그의 변호사들이 오도할 수 있는 세부 사항들을 발견하기 위해 그 계약서의 작은 글자들을 자세히 보고 있다.

04 정답 ①

해설

① 'It is (about/high) time that 주어 should 동사원형 또는 과거 동사' 구조로 쓰는 가정법이다. 따라서 be가 아니라 should be로 써야 옳다.
② 'have come a long way'는 '많은 진전을 보았다'라는 의미로 올바르게 쓰였고 because of는 전치사로 뒤에 명사 목적어가 올바르게 쓰였다.
③ 'as if 주어 과거 동사' 구조로 가정법 구조가 올바르게 쓰였다.
④ 가정법 미래 공식이 올바르게 쓰였다.
　If 주어 should 동사원형 ~, 주어 will/may/can/must 동사원형
　If 주어 should 동사원형 ~, 주어 w/s/c/m 동사원형
　If 주어 should 동사원형 ~, (please) 명령문

해석

① 이젠 그것을 해야 할 시기다.
② 기술 덕분에 많은 진보를 했다.
③ 그는 마치 아무 일도 없었던 듯이 행동했다.
④ 당신이 만약 가영이를 본다면, 그녀에게 안부를 전해줘라.

05 정답 ③

해설

③ 비교대상의 일치에 대한 문제로 비교대상이 'Sales'이므로 복수명사로 일치시켜야 한다. 따라서 'that'을 'those'로 표현해야 문법적으로 옳다.
① 부정문에서 anything은 '아무것도'라는 의미로 올바르게 쓰였다.
② '3년 전에 죽었다'의 표현은 'died 3 years ago' 혹은 'has been dead for 3 years'로 표현해야 한다. 따라서 'has been dead'는 문법적으로 옳다.
④ 'is tied to'는 '~에 얽매이다, 엮이다, 관련 있다'라는 표현으로 이때 to는 전치사이므로 명사나 동명사가 뒤에 쓰인다.

06 정답 ②

해설

★ **The ball's in your court.** 결정은 네게 달려 있어.

어휘

• **Let's hit the road.** 이만 가자, 출발하자.
• **I'll flip you for it.** 내가 동전을 던질게.
• **My hands are tied.** 너무 바쁘다.

해석

A : 결정했니?
B : 아니, 어떻게 해야 할지 모르겠어.
A : 결정은 네게 달려 있어.
B : 네 말이 맞아. 내가 결정해야 해.

07 정답 ②

해설

주어진 제시문은 '뇌도 다른 하나의 기관에 지나지 않다'라는 내용을 담고 있고 역접의 연결사인 however를 포함하고 있는 것으로 보아 뇌와 몸은 다르다는 내용 뒤에 들어가야 하므로 ②에 들어가는 것이 가장 적절하다.

주제(문)		
우리는 정신이 육체와 다르지 않다.	①	정신의 세계는 우리의 육체의 세계와 아주 다르다고 여겨져 왔다.
	★	그러나 최근의 정신과 육체에 관한 연구에 따르면, 뇌는 비록 다른 것들보다 더 복잡하기는 하지만 또 다른 신체 기관에 불과하다는 것이다.
	②	육체를 자르면 피가 쏟아져 나온다.
	③	그러나 뇌를 자르면 생각과 감정이 수술대 위로 쏟아져 나오지는 않는다.
	④	생각과 감정은 신경 세포들 사이의 복잡한 전기적, 화학적 상호 작용의 결과이다.

어휘

- **another** 또 다른
- **organ** 기관
- **pour forth** 쏟아져 나오다
- **spill out** 쏟아져 나오다
- **interaction** 상호 작용
- **worthlessness** 무익함
- **accompany** ~와 동반하다, ~와 동행하다
- **depression** 우울증
- **electrochemistry** 전기 화학

해석

우리가 정신의 내적 작용에 대해 많이 알게 되면 될수록, 우리는 정신이 육체와 다르지 않다는 것을 더욱더 깨닫게 된다. 정신의 세계는 우리의 육체의 세계와 아주 다르다고 여겨져 왔다. 그러나 최근의 정신과 육체에 관한 연구에 따르면, 뇌는 비록 다른 것들보다 더 복잡하기는 하지만 또 다른 신체 기관에 불과하다는 것이다. 육체를 자르면 피가 쏟아져 나온다. 그러나 뇌를 자르면 생각과 감정이 수술대 위로 쏟아져 나오지는 않는다. 생각과 감정은 신경 세포들 사이의 복잡한 전기적, 화학적 상호 작용의 결과이다. 우울증을 수반하는 무가치한 느낌은 뇌의 전기 화학적 질병에 지나지 않는다.

08 정답 ③

해설

제시문은 화석이 되는 과정과는 대조적인 분해되는 과정에 대한 언급이므로 ③에 들어가는 것이 가장 적절하다.

주제		세부 사항	
모든 동식물이 화석이 되는 것은 아니다.	①	… 그것은 1퍼센트 미만의 작은 부분일 것이다.	화석의 비율
	②	… 적어도 쉽게 보존될 수 있는 골격, 껍질 또는 각화된 목질의 줄기와 같은 딱딱한 부분들 ….	화석의 조건
	★	설령 그렇더라도, 죽은 동물과 식물들 대다수가 거의 즉시 먹이 사슬에 들어가서 동물들에 의해 소화되고 박테리아에 의해 분해된다.	화석이 되지 못하는 조건
	③	죽은 유기체들은 퇴적 작용이 발생하고 있으면 화석으로 변할 수 있을 뿐이다.	
	④	다시 말해서, 그것들은 아마도 깊은 호수의 바닥, 강 속의 모래톱 또는 바다의 깊은 곳에서 진흙이 유해의 꼭대기에 쏟아 부어질 때만 화석화된다.	화석의 조건

★ [화석의 조건] 나열되는 것이 '화석이 되는 조건들'임을 알아야 하며, ③과 ④가 '재진술'로 묶여 있음을 파악해야 한다.

어휘

- **the majority of** ~의 대부분
- **food chain** 먹이 사슬
- **immediately** 즉각적으로
- **digest** 소화하다
- **decompose** 분해하다
- **turn into** ~으로 바뀌다
- **fossil** 화석
- **indeed** 사실, 참으로
- **avalanche** (산)사태
- **end up** ~으로 끝나다
- **fossilized** 화석화된
- **at least** 적어도
- **skeleton** 해골
- **toughen** 거칠게 하다
- **trunk** 줄기
- **preservable** 보존할 수 있는
- **organism** 유기체, 생물
- **sedimentation** 퇴적 작용
- **dump** 버리다
- **the floor of a deep lake** 깊은 호수의 바닥
- **sandbar** (조류 때문에 형성된) 모래톱

20

해석

여태까지 살아 온 모든 식물이나 동물이 화석으로 변한 것은 아니었다. 정말 만약 이것이 그러하면, 지구의 표면은 사방에서 화석 사태로 덮여 있게 될 것이다. 생명체 중 어느 정도의 비율이 결국 화석이 되었는지 어느 누구도 알지 못하지만 분명히 그것은 1퍼센트 미만의 작은 부분일 것이다. 식물이나 동물들은 적어도 쉽게 보존될 수 있는 골격, 껍질 또는 각화된 목질의 줄기와 같은 딱딱한 부분들을 분명히 갖고 있기 마련이다. 설령 그럴더라도, 죽은 동물과 식물들 대다수가 거의 즉시 먹이 사슬로 들어가서 동물들에 의해 소화되고 박테리아에 의해 분해된다. 죽은 유기체들은 퇴적 작용이 발생하고 있으면 화석으로 변할 수 있을 뿐이다. 다시 말해서, 그것들은 아마도 깊은 호수의 바닥, 강 속의 모래톱 또는 바다의 깊은 곳에서 진흙이 유해의 꼭대기에 쏟아 부어질 때만 화석화된다.

09 정답 ②

해설

therefore 이후의 내용이 결과를 유도하고 있다. 주어진 문장이 영국의 영화감독들이 미국에 가는 이유가 나와 있으므로 이전에는 이에 대한 근거가 나와야 함을 알 수 있다. 따라서 정답은 ②이다.

주제(문)	선택지
영국에서 영화는 종종 예술의 일부가 아니라 오락으로써 여겨진다.	① 부분적으로 이런 이유로 인해, 영국은 영화 산업에 재정적인 지원을 전혀 제공하지 않는다는 점에서 유럽 국가들 중에 특이하다.
	★ (제시문) 따라서 영국 영화감독들은 종종 할리우드로 가야 하는데, 자신들이 필요로 하는 재원들이 영국에는 제한되어 있기 때문이다.
	② 그 결과, 상대적으로 높은 수준의 영화들이 영국에서 만들어지지 않는다.
	③ 그러나 영국이 그럭저럭 만든 영화들 중의 일부는 전 세계적으로 대단히 존중받는다.

★ 영국에서 '상대적으로 높은 수준의 영화'가 만들어지지 않는 '이유'와 '그 원인'의 관계를 찾는 문제이다.

어휘

- film director 영화감독
- resource 재원, 자원
- limit 제한(하다)
- cinema 영화관
- regard A as B A를 B로 여기다
- entertainment 오락, 위로
- unique 유일한, 독특한
- financial 재정의
- film industry 영화 산업
- manage to부정사 겨우 ~하다

해석

영국에서 영화는 종종 예술의 일부가 아니라 오락으로써 여겨진다. 부분적으로 이런 이유로 인해, 영국은 영화 산업에 재정적인 지원을 전혀 제공하지 않는다는 점에서 유럽 국가들 중에 특이하다. 따라서 영국 영화감독들은 종종 할리우드로 가야 하는데, 자신들이 필요로 하는 재원들이 영국에는 제한되어 있기 때문이다. 그 결과, 상대적으로 높은 수준의 영화들이 영국에서 만들어지지 않는다. 그러나 영국이 그럭저럭 만든 영화들 중의 일부는 전 세계적으로 대단히 존중받는다.

10 정답 ②

해설

예시의 진술을 통해 '더 오래된 항공기를 계속 유지하기로 한 이유'는 '판매에서의 부진'의 진술을 통해 정답은 ②임을 알 수 있다.

소재/주제	주제문	예시
항공기의 세계에서의 은퇴	그것들이 비경제적이게 되었기 때문에	★ (제시문) 이것은 항공기를 만든 날짜와는 직접적인 연관이 있을 수도 없을 수도 있다.	부진한 실적은 빠른 퇴장을 의미한다.

★ [결과 ← 원인] 결과 '항공기의 은퇴(폐기)'의 이유를 찾아야 하는 글이다.

어휘

- carrier 항공 회사, 운수 회사
- scrapping 파기, 폐기
- mothball (항공기나 장비를) 예비로 돌리다
- retirement 퇴직, 은퇴, 철수
- ambiguous 애매한
- term 용어
- reassignment 재할당
- fairly 상당히, 공정히
- uncommon 흔하지 않은
- fall apart 산산조각이 나다, 붕괴되다
- be related to ~와 관련되다
- construction 건설
- fragile 약한, 깨지기 쉬운
- revenue 수입금
- poor performance 좋지 않은 성과
- profitable 이익이 되는, 유익한

해석

은퇴라는 것은 항공기의 세계에서 애매한 용어이다. 실제로 (항공기를) 폐기하는 일은 매우 흔치 않기 때문에 재배치한다는 것이 더 나은 용어이다. 이는 다양한 이유에서 기인하는데, 엄밀히 말해서 (항공기의) 나이가 언제나 그러한 이유 중 하나는 아니다. 항공기들은 위험해지거나 망가지고 있어서가 아니라, 그것들이 비경제적이게 되었기 때문에 팔리고, 교환되고 혹은 예비로 돌려지게 되는 것이다. 이것은 항공기들이 만들어진 날짜와는 직접 연관이 있을 수도 그렇지 않을 수도 있다. Delta와 American 항공사를 예로 들어보면, 그들은 자신들의 McDonnell Douglas MD-11 항공기들을 '은퇴시키기'로 했지만, 더 오래된 MD-80과 Boeing 767 항공기들은 여러 해 동안 계속 보유할 계획이다. (항공사) 운영자들은 특정한 모델의 "(비행기) 운항 임무"에 대해 자주 이야기를 할 것인데, 그것은 비용과 수입의 아주 작으면서도 변하기 쉬운 비율, 즉 매우 깨지기 쉬운 수지 균형이 적자와 흑자에 영향을 미치는 것이다. 부진한 실적은 판매 대로의 빠른 퇴장을 의미한다. 다른 비용과 경로 그리고 필요성을 가진 다른 항공사에게 같은 항공기는 이익이 되는 것일지도 모른다.

1 단어

순번	단어	뜻	순번	단어	뜻
1	analogous	유사한	7	compassionate	동정하는, 인정 많은
2	cover	덮다, 가리다, 숨기다, 감추다, 보도하다	8	threaten	위협하다
3	precise	정확한, 정밀한	9	pore over	~을 자세히 보다, ~을 살펴보다
4	altruistic	이타적인	10	dispense with	~없이 지내다
5	reveal	드러내다, 폭로하다	11	cater to	~에 맞추어 주다, ~을 충족시키다
6	exhort	권하다, 권고[훈계]하다	12	resort to	~에 의지하다, 기대다

2 문법

순번	문장	
1	It is about time that the thing be done.	×
	해설 'It is (about/high) time that 주어 should 동사원형 또는 과거 동사' 구조로 쓰는 가정법이다. 따라서 be가 아니라 should be로 써야 옳다.	
2	We have come a long way because of technology.	○
	해설 'have come a long way'는 '많은 진전을 보았다'라는 의미로 올바르게 쓰였고 because of는 전치사로 뒤에 명사 목적어가 올바르게 쓰였다.	
3	He behaved as if nothing had happened.	○
	해설 'as if 주어 과거 동사' 구조로 가정법 구조가 올바르게 쓰였다.	
4	If you should see Ga-young, give her best wishes.	○
	해설 가정법 미래 공식이 올바르게 쓰였다. 'If 주어 should 동사원형 ~, 주어 will/may/can/must 동사원형 / If 주어 should 동사원형 ~, 주어 w/s/c/m 동사원형 / If 주어 should 동사원형 ~, (please) 명령문'	
5	나는 너에게 아무것도 숨기지 않는다. ➡ I do not conceal anything from you.	○
	해설 부정문에서 anything은 '아무것도'라는 의미로 올바르게 쓰였다.	
6	그의 아버지는 3년 전에 돌아가셨다. ➡ His father has been dead for 3 years.	○
	해설 '3년 전에 죽었다'의 표현은 'died 3 years ago' 혹은 'has been dead for 3 years'로 표현해야 한다. 따라서 'has been dead'는 문법적으로 옳다.	
7	7월 매출은 6월보다 훨씬 높았습니다. ➡ Sales in July were a lot higher than that in June.	×
	해설 비교대상의 일치에 대한 문제로 비교대상이 'Sales'이므로 복수 명사로 일치시켜야 한다. 따라서 'that'을 'those'로 표현해야 문법적으로 옳다.	
8	나에게는 행복은 우리 가족과 밀접한 관계가 있다. ➡ For me, happiness is closely tied to my family.	○
	해설 'is tied to'는 '~에 얽매이다, 엮이다, 관련 있다'라는 표현으로 이때 to는 전치사이므로 명사나 동명사가 뒤에 쓰인다.	

01	③	02	④	03	①	04	④	05	②
06	①	07	④	08	②	09	③	10	②

01 정답 ③

해설

★ **discreet** 신중한, 분별 있는
= cafeful, circumspect, cautious, wary

어휘

• **dilapidated** 황폐한, 허물어진, 낡아빠진
• **greedy** 탐욕스러운, 욕심 많은 = avaricious, selfish
• **lukewarm** 미지근한, 미온적인 = tepid

해석

어떤 것에 서명하기 전에 몇 가지 <u>신중한</u> 문의를 해야 한다.

02 정답 ④

해설

★ **incessant** 끊임없는, 쉴 새 없는
= continuous, constant, permanent, perennial, persistent,
incessant, endless, eternal, lasting, everlasting

어휘

• **bizarre** 이상한, 기괴한
= strange, odd, weird, peculiar, uncanny, eerie,
out in left field
• **substantial** 상당한, 실질적인
• **inevitable** 불가피한, 필연적인

해석

나는 편히 낮잠을 잘 준비가 되었지만, 외부로부터의 <u>끊임없는</u> 소음이 나를 괴롭히기 시작했다.

03 정답 ①

해설

★ **dispense with** ~없이 지내다 = do without, go without

어휘

• **take off** 이륙하다, 벗다, 쉬다, 빼다
• **leave out** ~을 빼다, 생략하다 = exclude, omit
• **come up with** ~을 생각해내다, 제시하다

해석

각질 제거는 거친 건성 피부를 벗고 살로 파고든 털이 <u>없이 지낼 수 있도록</u> 도울 것이다.

04 정답 ④

해설

④ 문장의 어순에 대한 문제로, 부정부사 'Rarely'는 동사를 부정하므로 '동사 주어'의 어순으로 표현해야 한다. 따라서 'I have eaten'을 'have I eaten'으로 표현해야 문법적으로 옳다.
① 'providing (that)'은 접속사로 쓰일 경우 '만일 ~이라고 한다면'이라는 뜻으로 쓰이므로 올바르게 쓰였다.
② 상관 접속사 'as well as'가 명사를 올바르게 병치하고 있다.
③ 부정문, 'much less~' 구조가 올바르게 쓰였다.

해석

① 한가할 때 해도 좋다면 그는 그 일을 맡을 것이다.
② 그곳에는 프랑스 음식뿐만 아니라 훌륭한 영국 음식도 있었다.
③ 그는 다른 나라들을 방문하고 싶어하지 않고 하물며 한 나라에서 살고 싶어 하지도 않는다.
④ 지금까지 더 좋은 음식을 먹어본 적이 거의 없다.

05 정답 ②

해설

② '주장·요구·명령·제안·충고' 동사는 목적어절로 '주어 (should) 동사원형'으로 표현해야 한다. 따라서 is를 be로 써야한다.
① 'Were it not for 명사'는 '~이 없다면'이라는 표현으로 가정법 과거 구조이므로 could 동사원형 구조와 함께 올바르게 쓰였다.
③ 'would rather 동사원형 than 동사원형' 구조가 올바르게 쓰였다.
④ 긍정문 뒤에 'and so 조동사 주어' 구조가 올바르게 쓰였다.

해석

① 당신이 도와주지 않았다면, 저는 그 과정을 끝낼 수 없었을 거예요.
② 결국 그는 그 양을 법정으로 데려오라고 요구했다.
③ 그들은 사회 보장 연금에 기대어 살기보다 일을 하기를 더 원한다.
④ 그녀는 Atlanta에서 일하고 그녀의 오빠도 마찬가지이다.

06 정답 ①

해설

★ **on the tip of my tongue**
말이 허끝에서 뱅뱅 돌며 (생각이 안나는)

어휘

• **walls have ears** 낮말은 새가 듣고 밤 말은 쥐가 듣는다
• **out of the question** 불가능한
• **a tip of the iceberg** 빙산의 일각
• **bothersome** 성가신
• **get rid of** ~을 제거하다

M : 인터넷 여기저기에 뜨는 팝업 광고들 말이야. 정말 성가셔.
W : 무슨 느낌인지 알겠어. 웹 사이트를 방문할 때 너무 짜증 나. 하지만 난 더 이상 그런 문제가 없어.
M : 정말? 넌 어떻게 그런 쓸데없는 광고들을 없앴어?
W : 응, 광고 방지 프로그램을 설치했어.
　　모든 팝업 광고들을 거의 없애 줘.
M : 그 프로그램 이름 좀 알려 줄래? 나도 사용해 보게.
W : 아, 기억이 날 듯 말 듯 하는데 지금은 생각이 안 나.

07 정답 ④

해설

두번째 문장의 예시를 통해 동물들이 두려워하면서도 호기심을 가지고 있다는 진술을 하고 있다. 따라서 ④ 번 '두려움을 가장 많이 느끼는 동물이 또한 호기심이 가장 많다'가 정답이다.

주제문 완성	예시
두려워하는 동물들은 호기심이 가장 많다.	더 두려워할수록, 그만큼 더 들여다 본다(조사한다).

★ [일반화 → 예시] 글의 주제와 관련된 구체적인 진술을 찾는 문제이다.

어휘

- investigate 조사하다
- compel 강요[강제]하다
- prior 사전의, 이전의
- curious 호기심 있는, 사물을 알고 싶어 하는
- fearful 두려워하는
- prey 먹잇감, 희생자
- principle 원칙
- antelope 영양
- buffalo 물소
- in the middle of ~의 중간의
- prairie 대초원, 목장
- delicate 섬세한, 약한
- look into 조사하다, 안을 쳐다보다

해석

동물이 두려움을 가지는 데 있어서 흥미로운 점은 두려움을 가장 많이 느끼는 동물이 또한 호기심이 가장 많다는 것이다. 사슴처럼 두려움이 많은 사냥감 동물은 자신이 이해하지 못하는 이상하고 색다른 일을 볼 때마다 바로 그 자리에서 벗어나야 한다. 그러나 그런 일은 일어나지 않는다. 동물이 두려움을 더 많이 느낄수록 그 동물은 조사를 할 가능성이 더 높다. 인디언들이 영양을 사냥하기 위해 이 원리를 이용했다. 그들은 깃발을 쥔 채로 땅에 누워 영양이 뭔지 알아보려고 다가오면 그것을 잡곤 했다. 인디언들이 들소를 잡기 위해 깃발을 들고 바닥에 누워 있었다는 이야기는 들은 적이 없다. 들소는 초원의 한가운데서 펄럭이고 있는 깃발을 보고 영양처럼 그렇게 꼭 조사를 해야겠다고 할 것 같지는 않다. 엄청나게 크고 힘센 들소인데, 걱정할 것이 무엇이 있겠는가? 그러나 가냘프고 작은 영양은 걱정할 것이 많으며, 그렇기 때문에 영양은 늘 이런 저런 것들을 들여다 본다.
① 두려움은 지능과 관련이 있는 듯하다
② 앞선 경험이 이후의 삶에 위험을 피하게 도와준다
③ 그들의 두려움은 그들의 생존과 직접적으로 관련이 있다
④ 두려움을 가장 많이 느끼는 동물이 또한 호기심이 가장 많다.

08 정답 ②

해설

편향은 진지한 저널리즘의 영역에서 악명이 높지만 사실 이런 편향은 사건을 평가하는 방법을 지시할 뿐이며 현실에 보다 초점을 맞추기 위한 렌즈라고 말하는 것으로 보아 빈칸에 들어갈 말로 ② '관대한'이 가장 적절하다.

주제문	세부 사항
그러나 우리는 아마도 편견에 대해 좀 더 관대해야 할 것이다.	− 단순히 인간의 기능과 번영에 대한 일관성 있는 기초 이론에 의해 인도되는 사건을 평가하는 방법을 나타냄. − 현실 위를 미끄러지며 더욱 선명하게 초점을 맞추려는 렌즈 − 아이디어와 사건을 판단하기 위한 가치들의 척도를 소개

어휘

- journalistic 저널리즘적인, 신문 잡지 기자의
- quarters (특수한) 방면, 출처, 숙소
- bias 편견, 편향
- synonymous 동의어의
- malevolent 악의적인
- agenda 안건, 의제
- authoritarian 권위주의의, 독재주의의
- indicate 나타내다
- coherent 시종일관된, 통일성 있는
- underlying 근간이 되는
- thesis 논제, 주제, 논문
- flourishing 번영하는
- strive 노력하다, 싸우다
- scale of values 가치들의 척도

해석

진지한 저널리즘적인 부분에서, 편견은 매우 나쁜 평판을 가지고 있다. 그것은 관객들이 스스로 마음을 정할 수 있는 자유를 부정하려는 악의적인 의제, 거짓말, 권위주의적인 시도와 동의어다. 그러나 우리는 아마도 편견에 대해 좀 더 관대해야 할 것이다. 순수한 형태에서, 편견은 단순히 인간의 기능과 번영에 대한 일관성 있는 기초 이론에 의해 인도되는 사건을 평가하는 방법을 나타낸다. 현실 위를 미끄러지며 더욱 선명하게 초점을 맞추려는 렌즈다. 편견은 사건이 무엇을 의미하는지 설명하기 위해 노력하고 아이디어와 사건을 판단하기 위한 가치들의 척도를 소개한다.
① 위급한, 결정적인
② 관대한
③ 취약한
④ 알고 있는

09 정답 ③

해설

예시를 통한 주제문을 완성하는 문제로, 세부 사항에서 'chromosome(염색체), gene(유전자)'이라는 단어들과 관련된 것이기 때문에 '유전 공학'이 가장 잘 어울리므로 정답은 ③이다.

주제	세부 사항 1	세부 사항 2
유전 공학	1990년대 초 작은 인간의 염색체를 분해	모든 유전자들을 통제할 수 있는 기초를 마련해 줄 것으로 믿음

★ [예시 → 주제문] 예시를 통해 주제를 완성하는 문제이다.

어휘

- **genetic** 유전자의
- **radically** 혁신적으로
- **alter** 바꾸다
- **agriculture** 농업
- **shed** 흘리다, 발산하다
- **evolution** 진화
- **take apart** 분해하다
- **chromosome** 염색체
- **segment** 조각, 부분
- **lay** 낳다
- **groundwork** 토대

해석

유전 공학은 과학에 지대한 영향을 미쳤으며 의학과 농업을 혁신적으로 변화시키기 시작했다. 인간의 진화에 새로운 빛을 발하고 많은 질병들을 통제할 수 있는 첫 번째 단계들 중의 하나는 1990년대 초에 이루어졌는데, 그때 과학자들은 가장 작은 인간의 염색체를 분해했다. 염색체를 조그마한 단위로 쪼개는 것은 연구가들로 하여금 대량으로 이 조각들을 재생산할 수 있게 해 주었다. 연구가들은 이러한 일이 특정 질병과 관련되어 있는 것들을 포함해 모든 유전자들을 통제할 수 있는 기초를 마련해 줄 것이라고 믿고 있다.

① 공상 과학
② 인터넷망
③ 유전 공학
④ 컴퓨터 프로그래밍

10 정답 ②

해설

실패한 원인을 남의 탓으로 한다는 것은, 외부적인 원인으로 돌린다는 의미이므로 정답은 ②이다.

주제문	세부 사항	빈칸 완성
성공에 대한 장애물	승진 실패 → 사장의 과실	예시들의 공통점 ⇒ 외부적이다.
	새로운 사업 실패 → 대부를 거절하는 은행	
	살을 빼는 것 실패 → 가족의 유전자, 음식	

★ [문제점 제시형] '문제점'을 제시한 후, '해결책'을 제시하지 않는 구조를 갖는 글이다. 따라서 앞에서 열거한 '예시들'의 공통점이 정답이 된다.

어휘

- **barrier** 장벽, 장애물
- **block** 가로막다
- **fault** 잘못, 결점
- **spouse** 배우자
- **temporary** 일시적인
- **abstract** 발췌하다, 추상적인; 요약

해석

사람들은 그들의 성공을 가로막고 있는 장애물들에 대해 질문을 받을 때마다 비난받게 될 모든 원인들을 즉시 언급한다. 그들이 승진을 할 수 없는 것은 그들의 사장의 과실이거나, 새로운 사업을 위한 그들의 대출을 거절하는 은행의 과실이거나, 그들을 방해하는 그들의 친구들, 가족 혹은 배우자의 과실이다. 만약 그들이 성취하려고 하는 것(성공)이 현저한 체중 감소(살을 빼는 것)가 된다면 그들은 그들의 가족 유전자나 일상 음식을 비난한다. 아주 이상하게도 그들을 성공으로부터 방해하게 될지도 모를 모든 원인들은 외부적이다.

① 재정적인
② 외부적인
③ 일시적인
④ 추상적인

1 단어

순번	단어	뜻	순번	단어	뜻
1	discreet	신중한, 분별 있는	7	substantial	상당한, 실질적인
2	dilapidated	황폐한, 허물어진, 낡아빠진	8	inevitable	불가피한, 필연적인
3	greedy	탐욕스러운, 욕심 많은	9	dispense with	~없이 지내다
4	lukewarm	미지근한, 미온적인	10	take off	이륙하다, 벗다, 쉬다, 빼다
5	incessant	끊임없는, 쉴 새 없는	11	leave out	~을 빼다, 생략하다
6	bizarre	이상한, 기괴한	12	come up with	~을 생각해내다, 제시하다

2 문법

순번	문장	
1	He will take the job providing he may do it in his own time.	○
	해설 'providing (that)'은 접속사로 쓰일 경우 '만일 ~이라고 한다면'이라는 뜻으로 쓰이므로 올바르게 쓰였다.	
2	It had excellent British food as well as French food.	○
	해설 상관 접속사 'as well as'가 명사를 올바르게 병치하고 있다.	
3	He doesn't want to visit other countries, much less live in one.	○
	해설 '부정문, much less~' 구조가 올바르게 쓰였다.	
4	Rarely I have eaten better food so far.	×
	해설 문장의 어순에 대한 문제로, 부정부사 'Rarely'는 동사를 부정하므로 '동사 주어'의 어순으로 표현해야 한다. 따라서 'I have eaten'을 'have I eaten'으로 표현해야 문법적으로 옳다.	
5	Were it not for your help, I couldn't finish the course.	○
	해설 'Were it not for 명사'는 '~이 없다면'이라는 표현으로 가정법과거 구조이므로 'could 동사원형' 구조와 함께 올바르게 쓰였다.	
6	He demanded that the sheep is brought into the courtroom.	×
	해설 '주장·요구·명령·제안·충고' 동사는 목적어절로 '주어 (should) 동사원형'으로 표현해야 한다.	
7	They would rather work than live on welfare.	○
	해설 'would rather 동사원형 than 동사원형' 구조가 올바르게 쓰였다.	
8	She works in Atlanta and so does her brother.	○
	해설 긍정문 뒤에 'and so 조동사 주어' 구조가 올바르게 쓰였다.	

01 ③	02 ②	03 ②	04 ④	05 ④
06 ③	07 ④	08 ③	09 ④	10 ④

01 정답 ③

해설

★ **intricate** 복잡한 ＝ complex, complicated, convoluted

어휘

- **adverse** 해로운, 부정적인, 불리한, 반대의 ＝ harmful, unfavorable
- **susceptible** 민감한, ~에 취약한 ＝ vulnerable, weak
- **polite** 예의 바른, 공손한, 정중한 ＝ courteous

해석

한국 음식은 맵고, 강렬한 맛과 <u>복잡한</u> 준비 과정을 가지고 있다.

02 정답 ②

해설

★ **attribute** 속성, 특징, 자질 ＝ trait

어휘

- **attraction** (사람, 마음, 흥미를) 끄는 힘, 매력
  ＝ appeal, enticement
- **atrocity** 잔악 행위 ＝ abomination, horror
- **competence** 능숙함, 능숙도 ＝ capability, expertise, mastery

해석

인내는 교사의 가장 중요한 <u>자질</u> 중 하나이다.

03 정답 ②

해설

★ **consistent with** ~와 일치한 ＝ congruent with

어휘

- **keep up with** ~에 뒤지지 않다 ＝ keep abreast of
- **incompatible with** ~와 양립할 수 없는, ~와 맞지 않는
- **obsessed with** ~에 사로잡힌

해석

아이들은 그들의 인종적 기원, 문화, 그리고 성과 <u>일관되게</u> 긍정적인 역할 모델에 노출되어야 할 필요가 있다고 비평가들은 말한다.

04 정답 ④

해설

④ 복합관계부사 'however'에 대한 문제로, 'however 형용사(부사) 주어 동사 ~'의 어순을 이끈다. 따라서 'However you go fast'를 'However fast you go'로 표현해야 한다.

① 원인결과의 부사절에서는 'so/such~'가 문장 앞에 위치하면 '동사 주어'의 도치구문이 된다. 따라서 'did he work'는 문법적으로 옳다.

② 'would like'의 목적보어에 대한 문제로, '강제하다, 유도하다, 요청하다, 기대/희망하다'등의 일반동사는 목적보어로 'to부정사'와 '(to be)과거분사'를 취한다. 따라서 'to help'는 문법적으로 옳다.

③ 도구의 전치사 with는 'with 부정관사 명사' 혹은 'with 복수명사'로 표현하므로 'with a stick'은 옳다.

해석

① 그는 일을 너무 소홀히 해서 해고당했다.
② 당신이 제 연구를 도와주셨으면 합니다.
③ 막대기로 저 살아있는 게들을 자극하지 말아라.
④ 당신이 아무리 빨리 가더라도, 당신은 결코 어디론가 움직이지 않는다.

05 정답 ④

해설

④ 부사절 접속사의 구조를 물어보는 문제로, 'so ~ that' 구문에서의 that절은 완전한 절을 이끌어야 한다. 따라서, 'he can't read'를 'he can't read it'으로 바꾸어야 문법적으로 옳다.

① '~하지 않도록'을 뜻하는 부사절 접속사 lest에 대한 문제로, lest는 '주어 (should) 동사원형'을 이끌며, should는 생략이 가능하므로, 'he be late'는 문법적으로 옳다.

② '~ 하자마자'라는 의미를 갖는 접속사에 대한 문제이다. the instant는 'as soon as, the moment' 등과 함께 '~ 하자마자'라는 의미를 이끄는 부사절 접속사이다. 주어진 문장은 'The instant 주어 과거동사, 주어 과거동사' 어순과 시제에 맞게 쓰였으므로 옳은 문장이다.

③ 두 개의 문장을 연결하려면 접속사가 필요하므로 'some of which'는 옳다. 또한 'some of which'는 'and some of them'이라는 의미로 복수동사 are를 쓴 것 또한 옳다.

해석

① 그는 늦지 않도록 서둘러서 갔다.
② 그가 집을 나서자마자 눈이 내리기 시작했다.
③ 나는 많은 책을 가지고 있는데, 그 중 몇 권은 정말 재미있다.
④ 그 책은 너무 어려워서 그가 읽을 수 없다.

06 정답 ③

해설

★ have(get) goose bump(pimple) 닭살이 돋다

어휘

• you drive a hard bargain 심하게 값을 깎다
• you drop him a line 그에게 편지를 보내다
• That'll help keep you fit 네가 건강을 유지하는 데 도움을 줄 것이다

해석

A : 이봐 John, 왜 Smith씨는 항상 노래방에서 그냥 앉아 계시지?
B : 노래하는 걸 싫어 하셔. 그는 음치거든.
A : 그렇지만 그는 항상 우리에게 자기가 노래 정말 잘한다고 했는데.
B : 그가 노래하면 너는 닭살 돋을 텐데.
A : 그렇게나 노래를 못해?

07 정답 ④

해설

예시의 진술에서 '은행과 음악 회사에서 가치 있는 특성은 다르다. 법률 회사나 광고 회사에 있을 때도 다르다'의 진술을 통해 조직의 문화는 '직장에 따라 다양성을 보여준다'는 진술인 ④가 정답이다.

소재/주제	주제의 정의	재진술	인과	예시
조직의 문화	조직의 목표와 관습	직장에서 사람들의 행동을 조직하고 지휘하는 틀을 제공	조직의 문화는 직장에 따라 다양성을 보여준다.	은행과 음악 회사에서 가치 있는 특성은 다르다. 법률 회사나 광고 회사에 있을 때도 다르다.

★ [예시 → 일반화] 예시를 통해 일반화시키기를 요구하는 글이다.

어휘

• practice 관습
• align 나란히 만들다, 배열하다
• loyalty 충실
• factor 요소
• assumption 추정, 가정
• interact with ~와 상호 작용하다
• advertising agency 광고 대행업체, 광고 회사

해석

외부 환경에 대한 조직의 반응에 영향을 미치는 가장 중요한 요인들 가운데 하나는 조직의 문화이다. 조직 문화는 조직에 대한 일련의 중요한 가정과 회사의 구성원들이 공유하는 조직의 목표와 관습이다. 이런 방식으로 회사의 문화는 직장에서 사람들의 행동을 조직하고 지휘하는 틀을 제공한다. 그러므로 조직의 문화는 직장에 따라 다양성을 보여준다. 예를 들어, 사람들이 옷 입고 행동하는 방식, 그들 상호 간 그리고 고객과 서로 상호 작용하는 방식, 경영자에 의해서 가치 있게 여겨질 가능성이 있는 특성들은 일반적으로 은행에서 있을 때와 록 음악 회사에 있을 때와는 사뭇 다르고, 역시 법률 회사나 광고 회사에 있을 때와도 다르다.

① 사람들에게 무시당하기 쉽다
② 협력 환경에 맞춘다
③ 회원의 그룹에 대한 충성도를 높인다
④ 직장에 따라 다양함을 보여준다

08 정답 ③

해설

발명에 관한 아이디어가 떠오르면 기자 회견을 열어 공언한 다음에 작업을 시작한 Thomas Edison처럼 약속을 공개적으로 하는 것이 그것을 실행하는 데 도움이 된다는 내용이므로, 빈칸에는 ③ '공개적인'이 가장 적절하다.

소재	주제	빈칸 완성		세부 사항
말하는 것과 행하는 것	약속의 이행	①	고의적인	Thomas Edison이 행했던 것 ⇨ 기자회견을 통해서 자신의 연구 계획을 이야기 함
		②	짐짓 겸손하게 구는 (생색을 내는)	
		③	공개적인	
		④	현실적인	

★ [예시 → 일반화] Edison의 예시를 통한 '일반화'를 요구하는 글이다.

어휘

• make a commitment 약속[서약]을 하다
• commitment 약속
• press conference 기자 회견
• announce 발표하다
• be committed to ~에 헌신하다
• follow through on ~을 이행[완수]하다
• deliberate 신중한; 고의적인
• condescending 짐짓 겸손하게 구는, 생색을 내는

해석

약속하는 것에 대해 말로 하는 것과 실제로 그것에 대해 뭔가 행하는 것은 별개이다. 약속을 이행하는 것에 대해 여러분은 어떻게 하고 있는가? 약속하는 것에 대해 첫 번째 조치를 취하는 데 문제가 있다면, Thomas Edison이 행했던 것을 시도해 보라. 그가 발명에 대한 좋은 아이디어를 가졌을 때, 그는 그것을 발표하기 위해 기자 회견을 소집했다. 그는 자기의 발명에 대한 진술을 약속했다. 기자 회견이 끝난 후에 그는 자기 실험실로 돌아가 그 프로젝트에 대한 작업을 시작했다. 여러분이 기자 회견을 소집할 필요는 없지만 동료와 직원, 상사에게 여러분의 목표가 무엇인지 알려 두어라. 약속을 공개적으로 함으로써, 그것을 이행하는 데 더 많이 헌신하게 될 것이다.

09 정답 ④

해설

지문 첫 부분에서 작가는 교육의 중요성에 대해 말하고 있으며 중간 부분에서는 교육에 따른 경제적 성장률을 수치로 보여주고 있다. 그리고 나서 교육에 대한 투자의 90퍼센트를 극소수의 회사만 하고 있다는 내용이 나온다. 그렇다면 빈칸에는 대부분의 회사들이 제대로 된 교육을 제공하지 않고 있다는 내용이 들어가야 적합하다. 따라서 정답은 ④이다.

소재/주제	세부 사항	세부 사항	재진술
미국 기업체들은 미국 전체의 공공 교육 기관보다 매해 훨씬 많은 교육비를 쓴다.	공식·비공식 교육에 2천 1백억 달러를 투자한다.	불과 1만 5천 개의 회사가 이러한 투자의 90%를 차지한다.	즉 대부분의 조직이 어떤 형태의 공식화된 교육도 제공하지 않는다는 것을 의미한다.

★ [재진술] 이 문제는 앞 진술의 재진술의 논리를 파악해야 하는 문제이다.

어휘

• annually 매년
• by estimate 어림잡아
• moderate 보통의, 중간 정도의
• sobering 과장이 없는, 진지한

해석

미국 기업체들은 미국 전체의 공공 교육 기관보다 매해 훨씬 많은 교육비를 쓴다. 미국 고용주들이 공식·비공식 교육에 2천 1백억 달러를 투자했다는 것은 조직 내 교육의 중요성을 분명히 보여준다. 그러나 이러한 투자는 불충분할지도 모른다. 어림잡아 겨우 3퍼센트의 별로 높지 않은 경제 성장률을 이루기 위해서는 2천 5백만 노동자들의 기술이 최대 40퍼센트 정도 향상되어야만 한다. 불과 1만 5천 개의 회사가 이러한 투자의 90퍼센트를 차지한다는 사실을 고려하면 이 수치는 더욱 분명해진다. 즉 대부분의 조직들이 어떤 형태의 공식화된 교육도 제공하지 않는다는 것을 의미한다.
① 일부 회사들은 그들의 고용 관행을 바꿔야 할 것이다
② 대다수의 직원들은 미래를 위해 준비될 것이다
③ 미국 정부는 추가적인 재정적 지원을 제공해야 한다
④ 대부분의 조직들이 어떤 형태의 공식화된 훈련도 제공하지 않는다

10 정답 ④

해설

이 글은 '사람들의 동기 부여'를 위해서는 '무엇을 잃는지'에 대한 설명이 '무엇을 얻는지'에 대한 설명보다 더 효율적이다는 것을 주장하고 있다. 따라서 빈칸에 들어갈 말로 ④ '비효율적인'이 정답이다.

주제문	예시	선택지	
사람들은 동등한 가치의 무언가를 얻는다는 생각보다 무언가를 잃는다는 생각에 의해서 좀 더 동기 부여를 받는 것 같다.	담배를 끊을 때 얻게 되는 기대 수명을 설명하는 것	① 절대 필요한	×
		② 접근할 수 없는	×
		③ 양립할 수 없는	×
		④ 비효율적인	○

★ [주제문 → 예시문] 주제문에서 주장하는 것과 '반대되는 예시의 내용'의 정의를 요구하는 글이다.

어휘

• potential 잠재적인
• uncertainty 불확실성
• motivate 동기 부여하다
• threat 위협
• according to N ~에 따르면
• grade point averages(GPA) 평점
• as opposed to N ~와는 대조적으로
• play a critical role in ~에 중요한 역할을 하다
• in this vein 이런 맥락에서

해석

사람들은 동등한 가치의 무언가를 얻는다는 생각보다 무언가를 잃는다는 생각에 의해서 좀 더 동기 부여를 받는 것 같다. 어떤 조사자에 따르면, 대학생들은 낭만적 관계나 평점에서 이익에 반대되는 손실을 상상하라고 부탁받을 때 훨씬 더 강한 감정을 경험하게 된다. 특히 위험과 불확실성의 상태하에서 잠재적 손실의 위협은 인간의 의사결정에 중요한 역할을 한다. 이런 식으로 흡연자들이 담배를 끊지 않는다면 손실되는 생명 연수를 설명하는 충고와 비교하여, 그들이 담배를 정말로 끊는다면 얻게 되는 생명 연수를 설명하는 내과 의사의 충고는 다소 비효율적일지 모른다.
① 절대 필요한
② 접근할 수 없는
③ 양립할 수 없는
④ 비효율적인

1 단어

순번	단어	뜻	순번	단어	뜻
1	intricate	복잡한	7	atrocity	잔악 행위
2	adverse	해로운, 부정적인, 불리한, 반대의	8	competence	능숙함, 능숙도
3	susceptible	민감한, ~에 취약한	9	consistent with	~와 일치한
4	polite	예의 바른, 공손한, 정중한	10	keep up with	~에 뒤지지 않다
5	attribute	속성, 특징, 자질	11	incompatible with	~와 양립할 수 없는, ~와 맞지 않는
6	attraction	(사람, 마음, 흥미를) 끄는 힘, 매력	12	obsessed with	~에 사로잡힌

2 문법

순번	문장	
1	So negligently did he work that he got fired. **해설** 원인결과의 부사절에서는 'so/such~'가 문장 앞에 위치하면 '동사 주어'의 도치구문이 된다. 따라서 'did he work'는 문법적으로 옳다.	○
2	I would like you to help me with my research. **해설** 'would like'의 목적보어에 대한 문제로, '강제하다, 유도하다, 요청하다, 기대/희망하다'등의 일반동사는 목적보어로 'to부정사'와 '(to be)과거분사'를 취한다. 따라서 'to help'는 문법적으로 옳다.	○
3	Don't provoke those living crabs with a stick. **해설** 도구의 전치사 with는 'with 부정관사 명사' 혹은 'with 복수명사'로 표현하므로 'with a stick'은 옳다.	○
4	However you go fast, you never move anywhere. **해설** 복합관계부사 'however'에 대한 문제로, 'however 형용사(부사) 주어 동사 ~'의 어순을 이끈다. 따라서 'However you go fast'를 'However fast you go'로 표현해야 한다.	×
5	He made haste lest he be late. **해설** '~하지 않도록'을 뜻하는 부사절 접속사 lest에 대한 문제로, lest는 '주어 (should) 동사원형'을 이끌며, should는 생략이 가능하므로, 'he be late'는 문법적으로 옳다.	○
6	The instant he left his home, it began to snow. **해설** '~ 하자마자'라는 의미를 갖는 접속사에 대한 문제이다. the instant는 'as soon as, the moment' 등과 함께 '~ 하자마자'라는 의미를 이끄는 부사절 접속사이다. 주어진 문장은 'The instant 주어 과거동사, 주어 과거동사' 어순과 시제에 맞게 쓰였으므로 옳은 문장이다.	○
7	I have many books, some of which are really interesting. **해설** 두 개의 문장을 연결하려면 접속사가 필요하므로 'some of which'는 옳다. 또한 'some of which'는 'and some of them'이라는 의미로 복수동사 are를 쓴 것 또한 옳다.	○
8	The book is so difficult that he can't read. **해설** 부사절 접속사의 구조를 물어보는 문제로, 'so ~ that' 구문에서의 that절은 완전한 절을 이끌어야 한다. 따라서, 'he can't read'를 'he can't read it'으로 바꾸어야 문법적으로 옳다.	×

ANSWER

01 ③	02 ①	03 ③	04 ②	05 ③
06 ③	07 ③	08 ①	09 ④	10 ①

01 정답 ③

해설

★ captivate 매혹하다, 사로잡다 = enchant, fascinate, charm

어휘

• cloy 물리다, 질리다
• drain 배수하다, 소모시키다 = deplete, exhaust, use up
• disperse 흩트리다, 퍼트리다 = diffuse, disseminate, spread

해석

나는 그녀의 아름다운 목소리에 매혹되었다. 40년 동안 그녀는 혼이 담긴 목소리로 세계를 사로잡았다.

02 정답 ①

해설

★ immutable 불변의 = unchanging, unchangeable, unalterable

어휘

• impudent 무례한, 버릇없는 = rude, impolite, impertinent, insolent, ill-mannered, disrespectful, discourteous
• impeccable 완벽한, 무결점의
  = faultless, flawless, unblemished, immaculate
• immoral 부도덕한
  = wicked, unscrupulous, unprincipled, corrupt

해석

전 세계적으로 모성애는 선천적이며 불변의 것으로 간주된다.

03 정답 ③

해설

★ mull over 숙고하다
  = ponder, consider, contemplate, deliberate, meditate, reflect

어휘

• put off 미루다, 연기하다
  = hold over, lay over, delay, defer, postpone, procrastinate
• take up (시간, 공간을) 차지하다 = occupy
• weigh down 짓누르다

해석

음, 난 내 인생에 대한 새로운 관점을 탐구할 때마다 주변에 놓인 두려움을 믿을 수 있다. 내가 성장과 모험에 대한 새로운 영역에 대해 곰곰이 숙고할 때마다, 그 즉시 두려움이 내 곁에 있게 될 것이라는 걸 난 알고 있다.

04 정답 ②

해설

② 사물 선행사를 수식하는 주격 또는 목적격 관계대명사인 which는 뒤에 주어나 목적어가 없는 불완전 구조일 때 쓴다. 'I grew up'은 완전한 구조이므로 which 대신에 완전 구조를 취하면서 장소 선행사를 수식해 주는 where로 써야 옳다.

① 관계부사 where가 뒤에 완전 구조를 취하면서 올바르게 앞에 장소 선행사 the city를 수식해 주고 있다.

③ 관계부사 when이 뒤에 완전 구조를 취하면서 시간 선행사를 올바르게 수식해 주고 있다.

④ 소유격 관계대명사 whose가 뒤에 완전 구조를 취하면서 사물 선행사를 올바르게 수식해 주고 있다.

해석

① 내가 태어난 그 도시는 공원이 많다.

② 나는 내가 자랐던 집의 사진을 한 장 가지고 있다.

③ 8시까지 기다리세요, 그때엔 그도 돌아올 것입니다.

④ 그것은 문이 빨간색으로 칠해진 집이다.

05 정답 ③

해설

③ '비교급 than any other 단수 명사' 구조로 쓰여야 최상급 의미를 나타내므로 cities를 단수 명사인 city로 써야 옳다.

① '두 개 중 더 ~한'의 의미로 쓰일 때는 비교급에 the를 붙여서 쓰이므로 올바르게 쓰였다.

② '부정어 비교급 than'은 최상급의 의미로 쓰일 수 있으므로 올바르게 쓰였다.

④ 'more than 수사'는 '~이상의'라는 뜻으로 쓰이므로 올바르게 쓰였다.

해석

① 이 컴퓨터가 둘 중에 더 낫다.

② 내게는 무엇보다도 가족이 소중하다.

③ 서울은 한국에 있는 어느 도시보다도 크다.

④ 100명 이상의 학생들이 회의에 참석했다.

06 정답 ③

해설

★ You really dodged the bullet there 간신히 문제를 피했구나

어휘

• get in trouble 곤경에 처하다
• mess up 엉망으로 만들다, 망치다
• spill the beans 비밀을 누설하다
• pick on 괴롭히다
• for nothing 아무 이유 없이, 공짜로, 헛되이
• dodge the bullet 간신히 문제를 피하다
• hold water 이치에 맞다, 타당하다

[해석]

A : 헨더슨 건에서 실수한 일로 문제 생겼니?

B : 아니. 다른 사람이 알아채기 전에 모든 문제를 해결했어!

A : 간신히 문제를 피했구나. 큰 일이 될 수 있는 문제였는데.

① 비밀을 아무에게나 털어 놓으면 안 돼

② 그는 이유 없이 나를 괴롭혔어

③ 간신히 문제를 피했구나

④ 단지 그것은 타당하지 않아

07 [정답] ③

[해설]

곤충의 내성이 사람에도 적용되는지에 관한 내용으로 빈칸 앞에서 이론적으로 그럴 수 있다고 했지만, 역접의 접속사 but 뒤에 빈칸이 이어지고 있으므로 반대의 내용이 나와야 한다. 빈칸 뒤에 이어 부연 설명으로 내성이 개인으로부터 생겨나는 것이 아니라고 하고 있으므로 가장 적절한 것은 ③이다.

소재	주제	이유
곤충들이 화학 물질에 저항력이 있음.	사람도 그렇지 않을까?	이론적으로 가능하나, 지금 살고 있는 사람들은 그것을 향유할 수 없다.	수세대 거쳐야 가능하다.

★ [세부 사항 → 일반화] 세부 사항의 내용을 바탕으로 일반화한 내용을 찾는 글이다.

[어휘]

• **resistant** 내성이 있는

• **susceptible** 민감한, 취약한

• **disturb** 방해하다

• **eco-system** 생태계

[해석]

사람들에게 곤충이 화학 약품에 점점 더 내성을 갖게 된다고 말하면 몇몇 사람들은 희망을 안고 나에게 물어본다. "만일 곤충들이 가능하다면 사람도 그렇게 될 수 있겠네요?" 이론적으로는 사람도 그렇지만 지금 살고 있는 사람들은 그것을 향유할 수 없다. 내성이란 개인으로부터 생겨나는 것이 아니다. 만일 어떤 사람이 다른 사람보다 독극물에 덜 민감한 성질을 태어날 때부터 가졌다면 그는 살아남아서 자손을 생산할 확률이 더 높을 것이다. 그러므로 내성이란 여러 세대가 지난 다음에 어떤 집단에게 생겨나는 무엇인가이다. 인간 집단은 1세기에 대략 3세대 정도의 속도로 재생산되지만 곤충은 며칠이나 몇 주 만에 새로운 세대가 생겨난다.

08 [정답] ①

[해설]

일상적인 활동과 다르게 꿈을 꾸는 것은 특이한 사적 영역을 가지기 때문이라는 진술의 근거로 '이것들은 부분적으로 그리고 종종 자기기만적으로 감소될 수 있다'는 것을 들고 있다. 따라서 정답은 ① privacy이다.

소재	주제	이유	
우리의 꿈	우리가 그 꿈을 꾸었는지를 확신시킬 방법이 없다.	일상적인 활동과 다르게 꿈을 꾸는 것은 특이한 사적영역을 가지기 때문이다.	이것들은 부분적으로 그리고 종종 자기기만적으로 감소될 수 있다.

★ '상대방이 꿈을 꾸었는지의 여부를 확인'하는 것의 '어려움'의 이유가 '꿈의 사적 영역'에 있음을 보여주는 글이다.

[어휘]

• **illusion** 환상, 착각

• **turn out** 판명되다

• **confirm** 확증하다, 확인해 주다

• **peculiar** 특유의, 특이한

• **self-deceptively** 자기기만적으로

• **recount** 이야기하다, 상술하다

• **sceptic** 의심 많은 사람

• **principle** 원리, 법칙

[해석]

우리는 다른 누군가에게 우리의 꿈에 대해 말해 줄 수 있으며, 운이 좋으면 그 꿈에 대한 상상력을 동원한 그의 반응이 우리에게 공유된 경험이라는 착각을 줄 수도 있다. 하지만 우리가 꿈에 대해 말해 주는 그 사람이 의심 많은 사람이라고 판명되면, 우리는 그에게 말해 준 꿈을 우리가 정말로 꾸었다는 것을 그에게 납득시킬 수단이 없다. 우리가 다른 꿈이 아니라 정확하게 그 꿈을 꾸었으며 우리가 그것을 올바르게 기억했다는 증거를 그가 요청하면, 우리는 그것을 제시할 수 없다. 우리는 그 꿈에 나타난 사람들에게 우리의 이야기를 확증해 달라고 부탁할 수 없다. 원칙적으로 증거의 법칙에 의해서 확증되거나 혹은 그 반대로 될 수 있는 일상생활에서의 사건과는 달리, 꿈속에서의 경험은 그것들에 관한 특유의 사적 영역을 지니는데, 그것(사적 영역)은 다른 사람들에게 그것들(꿈속에서의 경험)에 대해 이야기해 주는 것에 의해 오직 부분적으로만 혹은 흔히 오직 자기기만적으로만 감소될 수 있다.

① 사적 영역 ② 익숙함

③ 일관성 ④ 추상성

23

09 정답 ④

해설

연구 결과가 사랑하는 사람의 손을 잡고 있을 때 발목의 통증에 대한 반응이 줄어들었다는 것이므로 빈칸에는 ④가 적절하다.

주제문	세부 사항	세부 사항	주제문
스트레스를 줄이고 스트레스에 대한 자신들의 반응을 조절할 수 있는 많은 방법	특별한 일상 호흡법, 운동, 명상, 그리고 기분 전환(오락)	사회적인 지지도 스트레스에 대처하는 가장 강력한 방법의 하나	뇌 반응은 사랑하는 사람으로부터의 사회적인 지지가 스트레스를 줄이는 데 도움이 된다는 사람들의 자기 보고와 일치한다.

★ [일반적 진술 → 구체적 진술] 글의 주제인 '스트레스를 해소할 수 있는 사회적 지지'에 대한 '세부 사항'으로 가장 적합한 것을 고르는 문제이다.

어휘

- **meditation** 명상
- **distraction** 기분 전환, 오락, 주의 산만
- **ankle** 발목
- **demonstrate** 입증하다, 증명하다
- **moderately** 적당하게
- **correspond to** 일치하다

해석

사람들은 스트레스를 줄이고 스트레스에 대한 자신들의 반응을 조절할 수 있는 많은 방법을 찾아내 왔다. 가능한 방법에는 스트레스를 유발하는 문제를 처리하려고 노력하는 것뿐만 아니라 특별한 일상 호흡법, 운동, 명상, 그리고 기분 전환(오락)이 포함된다. 사회적인 지지도 스트레스에 대처하는 가장 강력한 방법 중 하나이며, 연구자들은 사람들의 자기 보고뿐만 아니라 뇌 측정을 통해 그것(사회적 지지)의 효과를 입증했다. 한 연구에서는 행복한 결혼을 한 여성들의 발목에 적당한 통증이 있는 충격이 가해졌다. 여러 번의 시도에서 그들은 남편의 손을 잡거나, 그들이 알지 못하는 사람의 손을 잡거나, 혹은 누구의 손도 잡지 않았다. 남편의 손을 잡았을 때는 뇌의 여러 부위에서 그 반응이 줄었다. 알지 못하는 남자의 손을 잡았을 때는 평균적으로 반응이 약간 줄긴 했지만, 남편의 손을 잡았을 때만큼 많이 줄지는 않았다. 요컨대 예상한 대로, 뇌 반응은 사랑하는 사람으로부터의 사회적인 지지가 스트레스를 줄이는 데 도움이 된다는 사람들의 자기 보고와 일치한다.
① 손을 잡는 것은 사람들로 하여금 더욱 친근감이 들게 해 준다
② 운동과 명상은 발목 통증을 덜어준다
③ 뇌를 자극하는 것은 한층 더한 행복감을 유발시킨다
④ 사회적인 지시가 스트레스를 줄이는 데 도움이 된다

10 정답 ①

해설

예시의 내용을 일반화한 진술인 'Then the victim ~(그러면 그 희생자~)'의 진술을 통해, 주어진 선택지에서 ① insulting(모욕적인)이 정답임을 알 수 있다.

소재/주제	예	선택지	
광고 전략	다른 이들은 다 하는데, 왜 당신은 하지 않습니까?	① 모욕적인	○
		② 신뢰하는	×
		③ 용서하는	×
		④ 재미있는	×

★ [예시를 통한 주제문의 추론] 예시의 내용을 일반화한 진술을 통해 정답을 추론하는 문제이다.

어휘

- **come up with** 내놓다, 고안하다
- **victim** 희생자
- **disgrace** 수치

해석

광고주들은 가능한 한 많은 소비자들을 유혹하기 위한 많은 광고 전략을 고안해 왔다. 최근에는 새로운 광고 전략이 개발되었는데, 그것은 광고주들이 목표로 하고 있는 어떤 사람을 모욕하는 것이다. 예를 들어 당신이 Boom이라는 이름의 새 MP3 플레이어를 광고하기를 원한다고 가정해 보자. 당신은 이렇게 쓴다. "Boom으로 음악을 즐기십니까? 그렇지 않다면 왜입니까? 다른 사람은 다 그렇게 하고 있습니다." 그러면 그 희생자(모욕을 당한 사람)는 자신에게 이렇게 외칠지도 모른다. "나도 알아. 정말 나 자신이 부끄러워. 나는 정말 구식인가 봐." 이제 당신은 계속한다. "구식이라고요? 그건 아무것도 아닙니다. 당신은 첨단 기술 시대의 수치라고요. 어떻게 Boom 없이 음악을 들으려고 하죠?"
① 모욕하는
② 신뢰하는
③ 용서하는
④ 재미있는

23회 적중 하프 모의고사 복습 테스트 정답

1 단어

순번	단어	뜻	순번	단어	뜻
1	captivate	매혹하다, 사로잡다	7	impeccable	완벽한, 무결점의
2	cloy	물리다, 질리다	8	immoral	부도덕한
3	drain	배수하다, 소모시키다	9	mull over	숙고하다
4	disperse	흩트리다, 퍼트리다	10	put off	미루다, 연기하다
5	immutable	불변의	11	take up	(시간, 공간을) 차지하다
6	impudent	무례한, 버릇없는	12	weigh down	짓누르다

2 문법

순번	문장	
1	The city where I was born has a lot of parks.	○
	해설 관계부사 where가 뒤에 완전 구조를 취하면서 올바르게 앞에 장소 선행사 the city를 수식해 주고 있다.	
2	I have a photograph of the home which I grew up.	×
	해설 사물 선행사를 수식하는 주격 또는 목적격 관계대명사인 which는 뒤에 주어나 목적어가 없는 불완전 구조일 때 쓴다. 'I grew up'은 완전한 구조이므로 which 대신에 완전 구조를 취하면서 장소 선행사를 수식해 주는 where로 써야 옳다.	
3	Wait till eight, when he will be back.	○
	해설 관계부사 when이 뒤에 완전 구조를 취하면서 시간 선행사를 올바르게 수식해 주고 있다.	
4	It's the house whose door is painted red.	○
	해설 소유격 관계대명사 whose가 뒤에 완전 구조를 취하면서 사물 선행사를 올바르게 수식해 주고 있다.	
5	This computer is the better of the two.	○
	해설 '두 개 중 더 ~한'의 의미로 쓰일 때는 비교급에 the를 붙여서 쓰므로 올바르게 쓰였다.	
6	Nothing is more precious to me than my family.	○
	해설 '부정어 비교급 than'은 최상급의 의미로 쓰일 수 있으므로 올바르게 쓰였다.	
7	Seoul is larger than any other cities in Korea.	×
	해설 '비교급 than any other 단수 명사' 구조로 쓰여야 최상급 의미를 나타내므로 cities를 단수 명사인 city로 써야 옳다.	
8	More than 100 students were present at the meeting.	○
	해설 'more than 수사'는 '~이상의'라는 뜻으로 쓰이므로 올바르게 쓰였다.	

01	①	02	①	03	①	04	④	05	④
06	②	07	④	08	②	09	③	10	②

01 정답 ①

해설

★ **canny** 영리한, 민첩한 = shrewd, agile, nimble

어휘

- **misanthropic** 사람을 싫어하는
- **consequential** 결과로서 일어나는, 중대한
- **creaky** 삐걱거리는

해석

그녀의 성공은 그녀가 소신을 가지고 영리하게 작품을 선택해 온 결과이다.

02 정답 ①

해설

★ **proscribe** 금지하다, 배척하다 = prohibit, forbid, ban, bar

어휘

- **aggregate** 종합하다, 집합하다, 모으다
- **allocate** 할당하다, 배치하다 = allot, assign
- **gnarl** 비틀다 = twist

해석

육상 연맹은 금지된 약물 사용을 이유로 그 선수의 앞으로의 경기 참여를 금지했다.

03 정답 ①

해설

★ **by leaps and bounds** 급속하게 = rapidly, swiftly, promptly

어휘

- **inevitably** 불가피하게 = inescapably, unavoidably
- **abnormally** 비정상적으로
- **substantially** 실체상, 본질상 = actually

해석

2차 세계대전 이후로 도하는 석유 개발 덕분에 급속하게 성장했다.

04 정답 ④

해설

④ irritated는 '짜증이 난'이라는 감정분사로 사람을 수식하는 표현이므로 '짜증[화]나게 하는'이라는 irritating으로 써야 옳다.

① 소유격 관계대명사 'whose 명사' 구조는 '콤마(,) the 명사 of which'로 바꿔서 쓸 수 있다.

② 소유격 관계대명사 'whose 명사' 완전 구조가 올바르게 쓰였다.

③ 관계부사 when은 시간 선행사를 꾸며주는 표현으로 뒤에 완전 구조를 취하는 표현이다.

해석

① 나는 은색 차를 샀다.

② 저 사람이 내가 항상 이름을 잊어버리는 바로 그 사람이다.

③ 나는 지난 겨울에 고향을 방문했는데, 그곳에서 첫사랑을 만났다.

④ 그는 내 다이어리를 몰래 읽는 정말 짜증나는 버릇이 있다.

05 정답 ④

해설

④ 분사의 의미상의 주어와 문장의 주어가 일치하지 않을 때 주의한다. 주어진 문장에서 걸어가는 행동을 하는 주체는 모자가 아니라 의미상 'I'가 되어야 하므로 'while walking'을 'while I was walking'으로 써야 옳다.

① 분사구문의 태 일치에 대한 문제이다. 분사의 의미상 주어는 춤을 추는 행위를 하는 입장이므로 능동의 현재분사 Dancing이 올바르게 쓰였다.

② 복합관계대명사 whoever와 whomever를 구분하는 문제이다. 'wants read it'은 주어가 없는 불완전한 절이므로 'whomever'가 아니라 'whoever'로 표현해야 한다. 복합관계대명사가 이끄는 절의 구조에 의해 격이 결정된다는 것을 기억한다.

③ 이유 및 양보의 의미를 이끄는 부사절 접속사 as와 though는 보어 및 수식어를 강조하는 '보어/수식어 as/though 주어 동사'의 구조로 강조할 수 있다. 이때 주의할 것은 '명사'는 '무관사 명사'로 표현해야 한다. 따라서 'Great scholar as he is'는 문법적으로 옳다.

06 정답 ②

해설

② 부정의문문으로 물었으므로 주의해서 대답해야 한다. stay longer하면 yes, 그렇지 않으면 no가 되는데 '지금 가야 한다'고 말했으므로 no로 대답해야 올바른 문장이 된다.

해석

① A : 앞에서 가까운 곳에 앉고 싶으세요?
B : 네, 여기서는 거의 안 보여요.

② A : 좀 더 있으면 안되니?
B : 응, 지금 가야 해.

③ A : 아침 이후로 아무것도 못 먹었어. 너무 배고파.
B : 샌드위치 하나 만들어 줄게.

④ A : 너 오늘 심란해보이는구나. 다 괜찮은 거니?
B : 생각이 좀 많은 것 뿐이야.

07 정답 ④

해설

첫 문장에서 지나친 것에 대한 부정적인 견해를 농부와 작물의 관계를 예를 들어 설명하고 있다. 작가의 경우에 대입하여 설명하던 중에 빈칸이 마지막에 들어갔으므로 필요 이상의 많은 씨앗을 뿌린 것과 문맥상 일치할 수 있는 요소를 선택한다.

소재/주제	주제문
더 많은 씨앗을 뿌리는 농부들 / 작자들	만일 당신이 특정 재료가 제대로 기능을 하지 못 한다는 바람직하고 건전한 조언을 주변의 많은 사람들로부터 받는다면, 그것들이 이야기 전체를 질식시키지 않도록 확실하게 하기 위해 융통성을 가지는 것에 대해 생각해 보라.

★ [비교의 논리] 비교를 통한 작가의 주장을 밝히는 구조의 글이다.

어휘

• **breed** 기르다
• **sprout** 싹
• **flexible** 신축성 있는, 융통성 있는
• **choke** 숨 막히게 하다, 질식시키다
• **offspring** 자식, 자손
• **adore** 매우 좋아하다, 숭배하다

해석

농부들은 작물의 충분한 번식을 위해 필요한 양보다 많은 씨앗을 뿌린다. 만약 필요 이상으로 많은 싹이 난다면, 그 여분의 싹은 그것들이 가장 잘 자라날 가능성을 가진 싹의 성장을 방해하기 전에 뽑아 주어야 한다. 비록 그것이 최선의 결과를 얻기 위한 것이라는 점을 알지만, 농부들이 자식 같은 싹을 죽이는 것은 어려운 일이 될 수 있다. 작가들도 때때로 같은 어려운 상황에 직면한다. 자신이 사랑하고 열심히 작업한 몇몇 장면들이 이야기에 잘 어울리지 않는 어려운 상황에 직면한다. 아마도 아주 좋아하지만 이야기를 이끌어 나가는 데에는 아무런 역할을 하지 못하는 등장인물도 있을지 모른다. 만일 당신이 특정 재료가 제대로 기능을 하지 못 한다는 바람직하고 건전한 조언을 주변의 많은 사람들로부터 받는다면, 그것들이 이야기를 질식시키지 않도록 확실하게 하기 위해 융통성을 가지는 것에 대해 생각해 보라.
① 당신의 이야기를 더 복잡해지는 방법을 발견하기 위하여
② 당신의 일을 위하여 가능한 많은 세부 사항들을 모으기 위하여
③ 그것들이 당신의 이야기를 질식시키지 않도록 확실하게 하기 위하여
④ 당신의 독자들과 함께 가고 싶어 하는 장소를 숨기기 위하여

08 정답 ②

해설

하와이와 중국에서 소비자가 관광객인지 현지인인지에 따라 가격을 다르게 책정하고 있다는 내용의 글이다. 두 수준의 가격 체계와 세 가지 수준의 가격 체계를 대표할 수 있는 단어는, ② 'multiple pricing(복수의)' 가격 책정이다.

세부 사항	빈칸 완성
하와이에서의 두 수준의 가격 체계 제공	복수의 가격 체계
중국에서의 세 가지 수준의 가격 체계 제공	

★ [두 개의 예시 → 일반화] 두 개의 예시를 일반화시키기를 요구하는 문제이다.

어휘

• **local** 현지인; 그 고장 특유의
• **readily** 기꺼이, 쉽사리
• **low season** 비수기
• **supplier** 공급하는 사람
• **excess** 초과분의, 여분의
• **capacity** 용량, 능력, 수용력
• **charge** (요금을) 부과하다
• **anger** 화내다, 화나게 하다
• **resident** 거주자, 주민
• **qualify for** ~로서 적임이다

해석

하와이에서는, 관광객과 현지인들에게 두 수준의 가격 체계가 적용된다는 것이 호텔, 렌터카 회사, 오락, 그리고 관광 명소에서 공개적으로 홍보되고 있다. 현지인들은 같은 구매에 대해 훨씬 적은 요금을 낸다. 현지인에게만 적용되는 가격 할인은 대개 공급자들이 여분의 수용 능력을 많이 갖고 있는 비수기에 더 쉽게 제공된다. 중국에서는, 세 가지 수준의 가격 체계를 접하는 경우가 흔한데, 중국 내 다른 지역에서 방문하는 국내 관광객들이 가장 비싼 값을 내고, 외국에서 오는 외국인 관광객들이 더 낮은 가격을, 그리고 현지인들이 가장 낮은 가격을 낸다. 하와이와 중국에서처럼 공개적으로 관광객들에게 더 높은 가격을 청구하는 것은 다른 여행지에서는 흔치 않다. 아마도 언젠가 다시 방문하게 될 관광객들을 성나게 하지 않으려는 의도일 것이다. 하지만 하와이와 중국에서는, 복수의 가격 책정(가격 차별제)이 현지인에게만 적용되는 할인을 받을 수 있는 현지인들 사이에서는 "공개적인 비밀"이다.
① 합법적인
② 복수의
③ 표준적인
④ 합리적인

09 정답 ③

해설

제시되는 첫 정보에 따라 계산 값의 예상치가 크게 달라지는 바와 같이 첫 번째 정보가 다음에 나오는 것에 큰 영향을 미친다(the first information has a large influence on what follows)는 내용이므로 정답은 ③이다.

소재/주제	주제문
두 개의 곱셈 문제	두 번째 문제에서는 앞의 세 숫자의 산물이 높으며, 첫 번째 문제에서는 낮은 것으로 나타나므로 예측이 크게 다르다.

★ [두 개의 예시 → 일반화] 두 개의 예시를 종합한 일반화된 진술을 고르는 문제이다.

어휘

• multiplication 곱하기
• reverse 거꾸로 하다
• shortcut 지름길, 손쉬운 방법
• projection 예상; 투사, 투영

해석

여기 두 개의 곱하기 문제가 있다. 문제1 : 1×2× 3×4×5×6×7×8의 계산 값은 무엇인가? 그리고 문제2 : 8×7×6×5×4×3×2×1의 계산 값은 무엇인가? 답을 계산하는 대신에 2 또는 3초간 대략 어림잡아 보아라. 만일 우리가 이 문제들을 나란히 놓는다면 그 숫자들은 같다. 그러므로 우리가 정말로 논리적인 존재라면 우리의 답은 둘 다 똑같을 것이다. 그러나 우리는 심리적인 존재이고 그래서 우리는 지름길을 택한다. 우리가 첫 번째 문제 하나에만 답을 하라고 요구받으면 그 답들은 평균 500 정도이다. 그러나 그 숫자의 순서가 거꾸로 되면 그 답들은 평균 2,000을 충분히 넘는다. 두 번째 문제에서 첫 세 개의 숫자들의 계산 값은 크고 그리고 첫 번째 문제에서는 작으므로, 엄청나게 다른 예상치를 가져온다. 이것은 첫 번째 정보가 다음에 오는 것에 큰 영향을 끼친다는 것을 보여준다.
① 우리가 문제를 피하는 방법은 우리가 생각하는 방법을 통제한다
② 주의를 기울이는 노력이 인생에 좋은 결과를 가져온다
③ 첫 번째 정보는 다음에 오는 것에 큰 영향을 끼친다
④ 그 결과를 면밀히 관찰하면 옳은 판단이 된다

10 정답 ②

해설

풍요로움과 사회적인 위치 중 사회적 위치가 주된 목표라는 주제의 글이다. 풍성함(부) 자체가 목표가 아니라, 사회적 위상을 강화하기 위해서 필요하다는 진술은, 풍성함(부)이 사회적 위상을 강화하기 위한 도구가 된다는 것을 의미하므로, ②가 정답이다.

주제		보충 설명
풍요로움과 사회적인 위치 중 사회적 위치가 주된 목표	not	풍성함 자체가 아니라
	but	풍요로움이 사회적 위상을 강화시키기 때문이다.

★ '풍요로움'과 '사회적인 위치'의 비교에서, '사회적인 위치'가 더 중요함을 '강조'하고 있으므로 '풍요로움'은 '사회적인 위치'에 이르기 위한 '도구'가 됨을 추론하는 문제이다.

어휘

• affluence 부, 풍요, 풍부
• primary 주된
• attain 얻다, 획득하다
• make a case 주장을 전개하다
• enhance 향상하다, 강화하다
• long for ~을 갈망하다
• despise 경멸하다
• abandon 버리다
• mansion 대저택
• late-model 신형의
• modest 검소한, 수수한, 겸손한
• driveway 진입로

해석

사람들은 사회적 지위와 부를 모두 추구하지만, 그들의 주된 목표는 사회적 지위를 얻는 것이다. 특히 부의 추구는 도구적이라는 주장이 전개될 수 있다. 그들이 부를 추구하는 것은 부 자체를 위해서가 아니라 증가한 부가 그들의 사회적 지위를 향상해 줄 것이기 때문이다. 결국 무엇 때문에 그들은 자신들이 갈망하는 그 옷, 그 자동차, 그리고 그 집을 원하는 것이겠는가? 대부분의 경우 이런 것을 얻는 것이 다른 사람들에게 깊은 인상을 줄 것이기 때문이다. 사실 주위에 깊은 인상을 줄 사람이 아무도 없다면, 그 호화로움을 위해 일하지 않고도 그것을 얻을 수 있다 하더라도, 호화로운 삶을 살고자 하는 충동을 느끼는 사람은 거의 없을 것이다. 마찬가지로 만약 부유한 개인들이, 자신들이 호화롭게 사는 사람들을 동경하기보다는 경멸하는 문화 속에서 살고 있다는 것을 알게 된다면, 그들은 자신들의 대저택과 최근 모델의 자동차를 버리고 낡은 자동차가 자택 진입로에 주차되어 있는 검소한 주택을 선호할 것이라고 사람들은 상상한다.
① 비자발적인
② 도구적인
③ 물질적인
④ 무조건적인

1 단어

순번	단어	뜻	순번	단어	뜻
1	canny	영리한, 민첩한	7	allocate	할당하다, 배치하다
2	misanthropic	사람을 싫어하는	8	gnarl	비틀다
3	consequential	결과로서 일어나는, 중대한	9	by leaps and bounds	급속하게
4	creaky	삐걱거리는	10	inevitably	불가피하게
5	proscribe	금지하다, 배척하다	11	abnormally	비정상적으로
6	aggregate	종합하다, 집합하다, 모으다	12	substantially	실체상, 본질상

2 문법

순번	문장	
1	I bought a car, the color of which is silver.	○
	해설 소유격 관계대명사 'whose 명사' 구조는 '콤마(,) the 명사 of which'로 바꿔서 쓸 수 있다.	
2	That's the man whose name I always forget.	○
	해설 소유격 관계대명사 'whose 명사' 완전 구조가 올바르게 쓰였다.	
3	I visited my hometown last winter, where I met my first love.	○
	해설 관계부사 when은 시간 선행사를 꾸며주는 표현으로 뒤에 완전 구조를 취하는 표현이다.	
4	He has a very irritated habit of reading my diary secretly.	×
	해설 irritated '짜증이 난'이라는 감정분사로 사람을 수식하는 표현이므로 '짜증[화]나게 하는'이라는 irritating으로 써야 옳다.	
5	함께 춤을 추면서 우리는 즐거운 시간을 보냈다. ➡ Dancing together, we had a good time.	○
	해설 분사구문의 태 일치에 대한 문제이다. 분사의 의미상 주어는 춤을 추는 행위를 하는 입장이므로 능동의 현재분사 Dancing이 올바르게 쓰였다.	
6	이 잡지를 읽고 싶은 사람에게 주어라. ➡ Give this magazine to whomever wants to read it.	○
	해설 복합관계대명사 whoever와 whomever를 구분하는 문제이다. 'wants read it'는 '주어'가 없는 불완전한 절이므로 'whomever'가 아니라 'whoever'로 표현해야 한다. 복합관계대명사가 이끄는 절의 구조에 의해 격이 결정된다는 것을 기억한다.	
7	위대한 학자인 그는 상식이 부족하다. ➡ Great scholar as he is, he is lacking in common sense.	○
	해설 이유 및 양보의 의미를 이끄는 부사절 접속사 as와 though는 보어 및 수식어를 강조하는 '보어/수식어 as/though 주어 동사'의 구조로 강조할 수 있다. 이때 주의할 것은 '명사'는 '무관사 명사'로 표현해야 한다. 따라서 'Great scholar as he is'는 문법적으로 옳다.	
8	좁은 길을 걷다가 내 모자가 바람에 날아갔다. ➡ My hat was blown off by the wind while walking down a narrow street.	×
	해설 분사의 의미상의 주어와 문장의 주어가 일치하지 않을 때 주의한다. 주어진 문장에서 걸어가는 행동을 하는 주체는 모자가 아니라 의미상 'I'가 되어야 하므로 'while walking'을 'while I was walking'으로 써야 옳다.	

진가영

약력

現 박문각 공무원 영어 온라인, 오프라인 대표강사
– 서강대학교 우수 졸업(전액장학생)
– 영미어문(심화) 전공
– 중등학교 정교사(2급) 영어 소지
– 경찰 및 9급 공무원 영어 강의 6년 이상(개인 운영)

저서

– 진가영 단기합격 영어문법
– 진가영 단기합격 영어독해
– 진가영 단기합격 영어어휘
– 진가영 단기합격 영어 기출문제집
– 진가영 영어문법 이론적용 200제
– 진가영 영어독해 이론적용 200제
– 진가영 영어 적중 하프 모의고사

진가영 영어
적중 하프 모의고사

초판 인쇄 | 2022. 10. 20.   **초판 발행** | 2022. 10. 25.
편저 | 진가영   **발행인** | 박 용   **발행처** | (주)박문각출판
등록 | 2015년 4월 29일 제2015-000104호
주소 | 06654 서울시 서초구 효령로 283 서경 B/D 4층
팩스 | (02)584-2927   **전화** | 교재 주문·내용 문의 (02)6466-7202

저자와의
협의하에
인지생략

정가 15,000원   ISBN 979-11-6704-278-1